公務員試験

適性試験対策

やればやるほど伸びるトレーニング

第3版

JN015546

TAC出版編集部

適性試験対策の進め方

■適性試験とはどんな試験なの？

公務員試験で行われる適性試験(事務能力適性検査なども言われます）は、書類の処理や事務仕事などには欠かせない、事務処理能力を調べるための試験です。

多くの場合、①計算問題 ②分類問題 ③照合問題 ④置換問題 ⑤図形問題という５種類の問題のなかから３種類が「スパイラル方式」といわれる循環配列で出題されます。これは３つの種類の問題が、それぞれ10問ずつ繰り返し出題されるというものです。

また、試験時間が比較的短いというのも特徴の一つで、多くの場合、10分から15分程度の時間で行われます。

ではここで、ある年に行われた国家一般職(高卒者)試験の例を見てみましょう。

（例）ある年に行われた国家一般職(高卒者）の適性試験の出題例(解答時間15分)

第 1 問～第 10 問：計算問題	第 11 問～第 20 問：分類問題	第 21 問～第 30 問：照合問題
第 31 問～第 40 問：計算問題	第 41 問～第 50 問：分類問題	第 51 問～第 60 問：照合問題
第 61 問～第 70 問：計算問題	第 71 問～第 80 問：分類問題	第 81 問～第 90 問：照合問題
第 91 問～第100問：計算問題	第101問～第110問：分類問題	第111問～第120問：照合問題

出題方法としては、問題が１種類だけで構成されることもありますし、計算をして、その答えを分類するといったように、２つ以上の種類を複合して出題される場合などもあります。

適性試験の問題には ①計算問題 ②分類問題 ③照合問題 ④置換問題
⑤図形問題の５つの種類があるのか！

■適性試験のポイントはココだ！

適性試験は「解答スピード」と「正確性」の両方を検査するため、「減点法」という特徴的な採点方法が採用されています。この減点法による計算方法は以下の通りです。

① 受験生が最後に解答した問題番号から、その問題までの間に 間違った問題数 をマイナスして、正解した問題数 を計算します。そのとき、途中で飛ばしてしまった問題や、１問に２つ以上マークしてしまった問題も、間違った問題数 としてカウントされるので注意が必要です。

② ①で計算した 正解した問題数 から、さらに 間違った問題数 をマイナスします。これにより算出された数字が 得点 となります。

例としてAさん～Eさんの５人が適性試験を受けた結果を表にしてみましょう。

	解答した問題数	正解した問題数	間違った問題数
Aさん	70問	66問	4問
Bさん	120問	40問	80問
Cさん	80問	62問	18問
Dさん	120問	102問	18問
Eさん	100問	97問	3問

⇒
それぞれの
結果

得　点
62点
−40点
44点
84点
94点

この例の場合、得点の高い順にEさん（94点）、Dさん（84点）、Aさん（62点）、Cさん（44点）、Bさん（−40点）となります。120問を解答したBさんですが、80問の間違いがあったため、得点はマイナスの点数になってしまっています。逆に５人のなかでは最も少ない70問という解答数だったAさんですが、間違った問題数が少なかったため、３番目の得点となっています。

これを見れば、単にスピードが速く、解答した問題数が多ければよいというわけではないことがわかるはずです。つまり、わからない問題を飛ばしたり、時間がないからといって適当にマーク（解答）したりすると、減点が多くなり、かえって得点が伸びないのです。

ですから、どんな問題が出題されても、かならず第１問から順番に解いていくこと、そしてスピードだけではなく、正確性を高める必要があるということがわかると思います。

どんな問題でも、第１問から順番に解いていかなきゃダメで、
スピードだけではなく、正確性を高める必要があるってことか！

■国家一般職（高卒者）ではこう採点される

国家一般職（高卒者）では、第１次試験と第２次試験で行われる各試験種目に、以下のような配点比率が設定されており、各試験種目ごとに基準点として、最低限必要な点数が定められています。

この基準点は原則として30％の得点であり、それ以下の場合には、採点されずに不合格となります。

国家一般職（高卒者試験）・税務職員採用試験の配点比率（2022年度試験実施例）

	試験種目	配点比率	
		事　務	税務職員
第１次試験	基礎能力試験	4/9	2/4
	適性試験	2/9	1/4
	作文	1/9	合否の判定のみ
第２次試験	人物試験	2/9	1/4
	身体検査		合否の判定のみ

そのうえで、国家一般職（高卒者）で行われる適性試験でも、減点法により採点されることになりますが、単純にその値を用いるのではなく、平均点と標準偏差を用いて偏差値をとり、それに配点比率をかけることで **標準点** を算出し、評価が行われます。

この **標準点** の算出方法は、次の通りです。

$$\text{標準点} = 10\times\text{当該種目の配点比率}\times\left(15\times\frac{\text{ある受験者の得点（素点）}-\text{当該試験種目の平均点}}{\text{当該試験種目の標準偏差}}+50\right)$$

この **標準点** の算出方法はそのままでは難しいと思いますので、例を挙げて説明しましょう。たとえばある年の適性試験で、基準点が36点、平均点が53.919点、標準偏差が18.054だったとします。このとき、さきほどのＡさん～Ｅさんの **標準点** はどうなるのか、計算してみましょう。

	解答した問題数	正解した問題数	間違った問題数	得点（素点）	事務の場合 標準点	税務職員の場合 標準点
Aさん	70問	66問	4問	62点	126点	141点
Bさん	120問	40問	80問	−40点*	−62点*	−69点*
Cさん	80問	62問	18問	44点	93点	104点
Dさん	120問	102問	18問	84点	167点	187点
Eさん	100問	97問	3問	94点	185点	208点

＊Bさんの得点はマイナスになっていますが、実際には基準点があるため、採点されずに不合格となります。

５人の得点（素点）から **標準点** はこのようになります。見てもらえば分かるとおり、その点数の開きが大きくなっています。

このように、適性試験の得点は１次・２次を通じた試験全体に大きく影響します。しかし、逆に考えれば適性試験の得点により、基礎能力試験の結果をカバーする（リカバリーする）ことだって可能ということです。

適性試験の得点は間違いなく合否に大きく影響するんだ。
基礎能力試験の結果をカバーすることだってできるわけだね！

■適性試験を乗り切るには？

ここまで適性試験について説明をしてきましたが、「もともと解答スピードが遅いので苦手」とか、「パズルみたいで好きじゃない」といった受験生も少なくありません。しかし「やればやるほど伸びる」のが、この適性試験なのです。

本書を使って学習初期は１日１回程度、だんだんと学習が進んできたら、勉強を始める前に１度、そして１日の勉強時間の終わりに１度といったように、リズムをつけて繰り返し練習をすると良いでしょう。飛躍的に得点を向上させることができます。

また試験直前は、メリハリをつけて日に３～４回取り組めば、万全の体勢を整えられるはずです。

この『適性試験対策 やればやるほど伸びるトレーニング』の巻末には、マークシートによる解答を疑似体験できる「オリジナル解答用紙」(切り取って使用してください）がついていますが、さらに読者特典としてWeb上からこの「オリジナル解答用紙」をダウンロードできるサービスを用意しています（詳細につきましては、下段の案内をご覧ください)。

巻末掲載の解答用紙をコピーして使用するほか、このダウンロードサービスでWebからダウンロードしたデータをプリンタで出力したものを使うなどして、トレーニングを重ねていきましょう。毎日コツコツ繰り返すことで、得点は飛躍的にアップします。

適性試験は繰り返しの練習で飛躍的に得点アップできるから、
毎日コツコツ繰り返して取り組んでいこう！

解答用紙ダウンロードサービスのご案内

本書巻末掲載の「オリジナル解答用紙」を、TAC出版書籍販売サイト「サイバーブックストア」より無料でダウンロードいただける「ダウンロードサービス」を実施しております。ぜひご活用ください。

CYBER TAC出版書籍販売サイト BOOK STORE　TAC 出版 で 検索

https://bookstore.tac-school.co.jp/

もくじ

トレーニング 第1回 問題

（解答時間：15分間）

検査の説明

検査1 この検査は，手引に従ってひらがなと記号の組合せを数字に置き換えて計算し，その答がある箇所と同じ選択肢の番号の位置にマークをするものです。

（手引）

	π	μ	β	λ	α
い	11	17	20	8	24
え	16	3	10	19	7
あ	4	14	5	2	18
お	15	1	12	25	13
う	9	22	21	23	6

		1	2	3	4	5
例題(1)	い α ÷ え μ	1	7	8	2	6

例題では，『いα＝24』『えμ＝3』に置き換えられるため，計算式は『24÷3』となり，計算の結果『8』となりますから，マークは次のようになります。

→ 例題(1)正答 1 ○ 2 ○ 3 ● 4 ○ 5 ○

検査2 この検査は，手引に従って数字をアルファベットに置き換えたとき，正しく置き換えられているものがいくつあるかをみて，その数と同じ選択肢の番号の位置にマークをするものです。ただし，すべて違っている場合は『**5**』の位置にマークをします。

（手引）

74～85	10～21	38～46	61～73	22～37	86～99	47～60
H	L	T	C	N	Q	F

例題(2) 43 89 65 12 ┆ T Q C L

例題では，『43…T』『89…Q』『65…C』『12…L』の四つとも正しく置き換えられていますから，マークは次のようになります。

→ 例題(2)正答 1 ○ 2 ○ 3 ○ 4 ● 5 ○

検査3 この検査は，左の図形と同じ図形をA～Eのうちから選び，その答がある箇所と同じ選択肢の番号の位置にマークをするものです。なお，図形は回転させてもいいですが，裏返さないものとします。

例題(3)

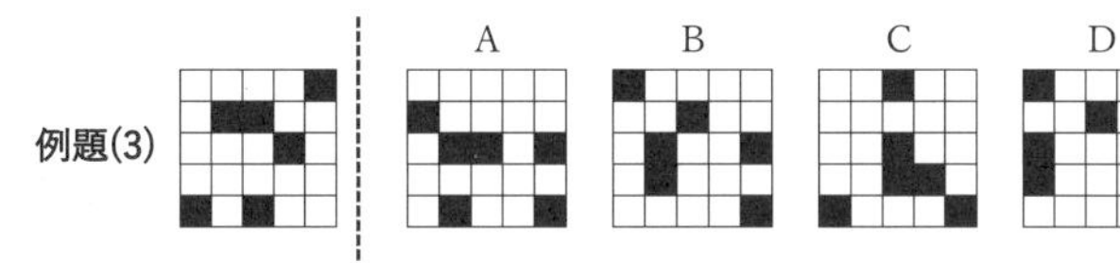

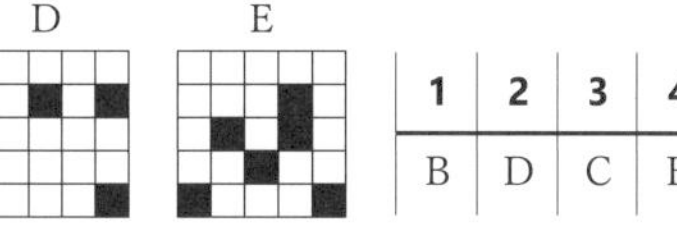

1	2	3	4	5
B	D	C	E	A

例題では，Bの図形が同じですから，マークは次のようになります。

→ 例題(3)正答 1 ● 2 ○ 3 ○ 4 ○ 5 ○

（手引）

	α	π	λ	β	μ
つ	22	1	7	12	15
て	6	14	20	5	25
ち	18	11	3	16	10
と	17	9	21	4	24
た	2	19	8	13	23

		1	2	3	4	5
（**1**）	ち λ − つ β	4	−9	36	−12	8
（**2**）	た α × ち π	13	22	4	15	33
（**3**）	つ β ÷ た α	6	3	24	10	7
（**4**）	て μ − と λ	−6	10	4	8	3
（**5**）	た π ＋ て β	23	26	25	30	24
（**6**）	と β × ち λ	7	1	12	15	8
（**7**）	つ α ＋ た β	24	25	28	31	35
（**8**）	て λ ÷ ち μ	2	30	4	32	10
（**9**）	た μ − て π	−19	11	8	9	7
（**10**）	と α ＋ つ μ	22	19	24	32	28

（手引）

231〜246	207〜218	279〜294	247〜259	219〜230	295〜306	260〜278
M	S	I	C	Y	O	A

（**11**）	283	241	223	298	I	C	Y	O
（**12**）	243	275	208	229	M	I	O	Y
（**13**）	249	211	268	223	I	C	Y	M
（**14**）	222	277	303	240	Y	A	O	M
（**15**）	239	256	220	274	I	M	S	A
（**16**）	261	292	243	217	C	S	O	Y
（**17**）	242	238	250	299	M	I	C	O
（**18**）	253	209	262	237	C	S	A	M
（**19**）	210	258	234	245	S	C	Y	A
（**20**）	251	287	235	216	C	M	I	Y

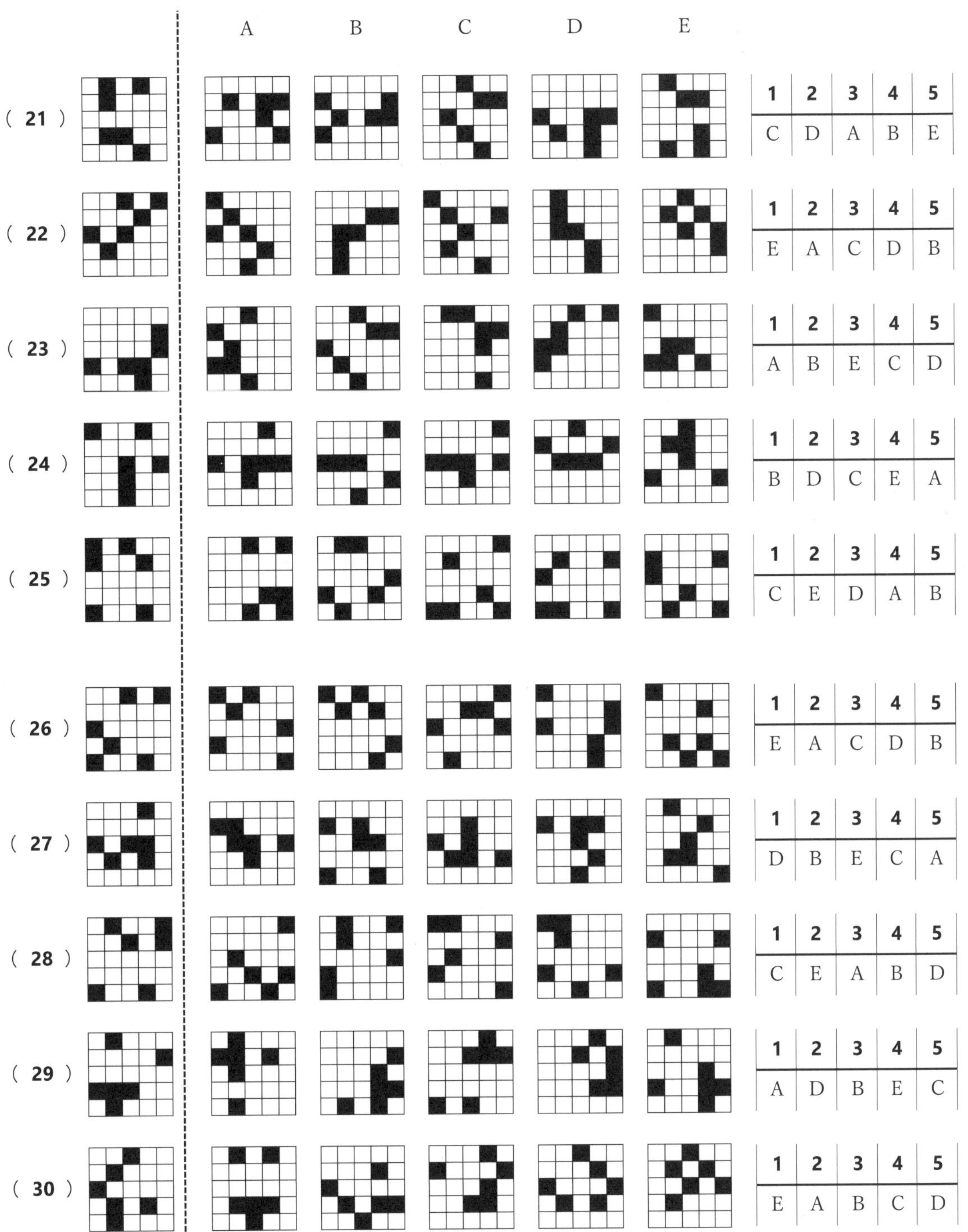

	1	2	3	4	5
(21)	C	D	A	B	E
(22)	E	A	C	D	B
(23)	A	B	E	C	D
(24)	B	D	C	E	A
(25)	C	E	D	A	B
(26)	E	A	C	D	B
(27)	D	B	E	C	A
(28)	C	E	A	B	D
(29)	A	D	B	E	C
(30)	E	A	B	C	D

（手引）

	μ	α	β	π	λ
こ	2	16	13	6	11
か	23	5	21	17	9
く	10	18	22	8	14
き	7	29	1	25	3
け	4	15	28	12	24

		1	2	3	4	5
（**31**）	き β ＋ く λ	29	25	16	15	13
（**32**）	こ μ × き μ	12	14	6	8	20
（**33**）	く β ÷ こ λ	1	4	3	2	5
（**34**）	こ α ＋ か π	33	32	23	34	43
（**35**）	け β ÷ こ μ	16	24	6	7	14
（**36**）	か β ＋ け λ	25	43	35	46	45
（**37**）	き μ × こ π	49	30	42	35	43
（**38**）	け α － く μ	5	−3	6	−5	8
（**39**）	く π ＋ き α	41	37	35	27	16
（**40**）	か α － け μ	5	3	1	2	−1

（手引）

703〜716	751〜772	729〜743	773〜786	717〜728	787〜801	744〜750
J	F	O	P	L	E	Z

（**41**）	771	783	718	736	F	E	J	L
（**42**）	748	707	729	775	E	L	F	O
（**43**）	758	704	739	774	F	J	O	P
（**44**）	714	732	779	753	L	O	P	F
（**45**）	735	778	752	796	O	P	J	E
（**46**）	742	784	725	764	O	E	J	F
（**47**）	762	731	783	714	F	O	P	J
（**48**）	768	724	749	705	P	L	F	Z
（**49**）	741	781	760	712	F	E	Z	O
（**50**）	740	798	722	756	Z	P	L	F

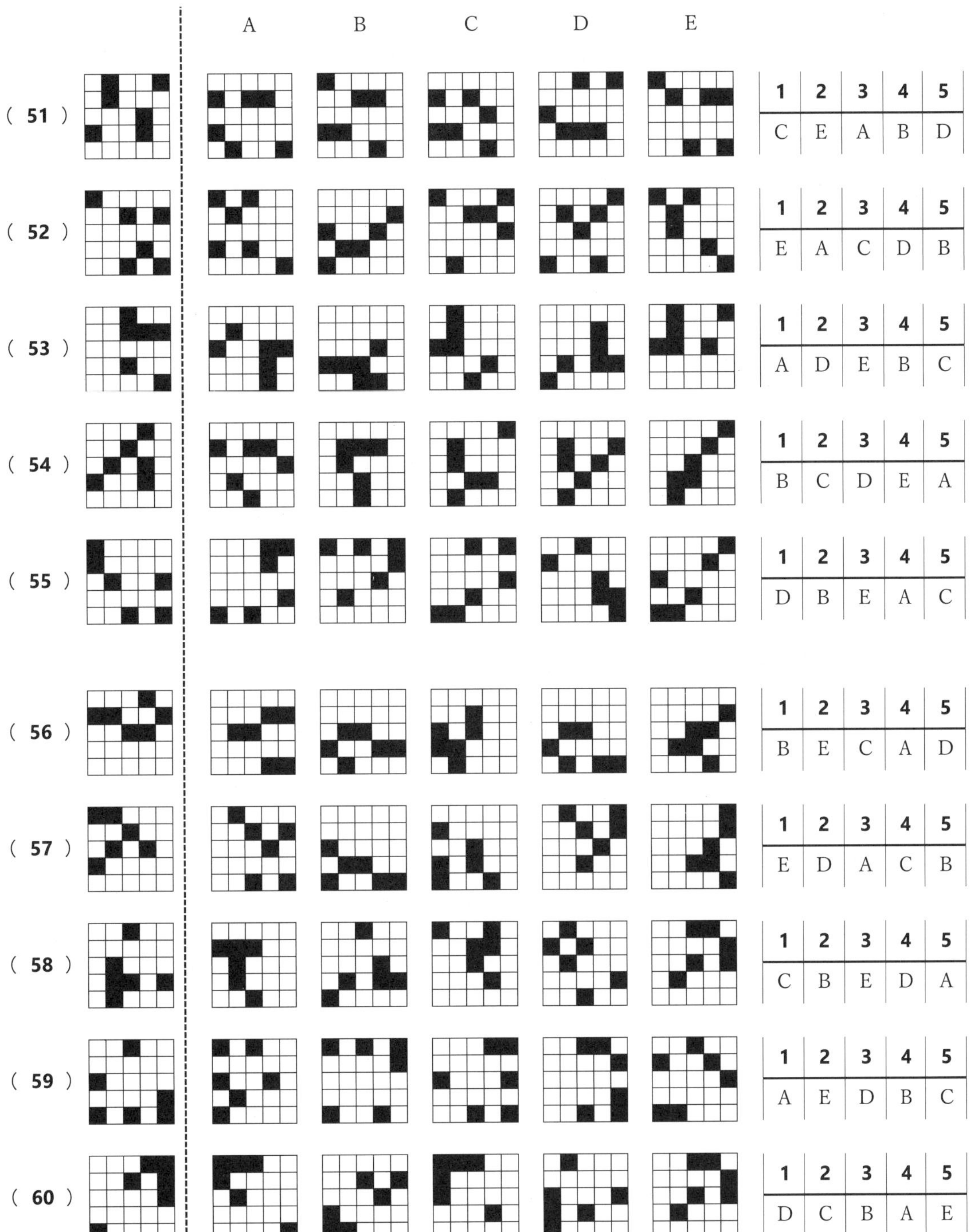

(51)

1	2	3	4	5
C	E	A	B	D

(52)

1	2	3	4	5
E	A	C	D	B

(53)

1	2	3	4	5
A	D	E	B	C

(54)

1	2	3	4	5
B	C	D	E	A

(55)

1	2	3	4	5
D	B	E	A	C

(56)

1	2	3	4	5
B	E	C	A	D

(57)

1	2	3	4	5
E	D	A	C	B

(58)

1	2	3	4	5
C	B	E	D	A

(59)

1	2	3	4	5
A	E	D	B	C

(60)

1	2	3	4	5
D	C	B	A	E

（手引）

	β	λ	π	μ	α
に	7	21	11	4	17
ね	16	1	8	22	15
の	13	23	6	2	19
な	3	9	12	20	25
ぬ	14	18	10	24	5

		1	2	3	4	5
（**61**）	ね α ÷ ぬ α	1	4	2	3	5
（**62**）	ぬ λ × の μ	37	21	38	36	23
（**63**）	に β × ぬ α	35	49	56	42	38
（**64**）	の μ ＋ に β	8	9	11	15	17
（**65**）	な π − の λ	11	15	10	12	−11
（**66**）	ね λ − ぬ β	12	10	13	18	−13
（**67**）	な β ＋ ね μ	25	23	15	24	8
（**68**）	に π ＋ な λ	10	20	5	23	21
（**69**）	ぬ μ − ね β	−12	6	8	3	10
（**70**）	ね β ÷ に μ	2	3	4	8	12

（手引）

454〜467	418〜426	482〜499	427〜439	468〜481	401〜417	440〜453
H	A	X	F	I	G	N

（**71**）	456	432	478	409	I	F	A	X
（**72**）	477	448	425	460	A	N	X	H
（**73**）	446	429	496	471	N	F	X	I
（**74**）	422	463	410	497	G	I	A	F
（**75**）	461	439	447	475	H	A	F	N
（**76**）	474	431	404	488	I	F	G	A
（**77**）	437	469	491	442	N	X	A	H
（**78**）	455	445	479	424	H	N	I	A
（**79**）	487	472	436	458	X	I	F	A
（**80**）	408	423	472	453	G	F	I	H

A B C D E

(81)

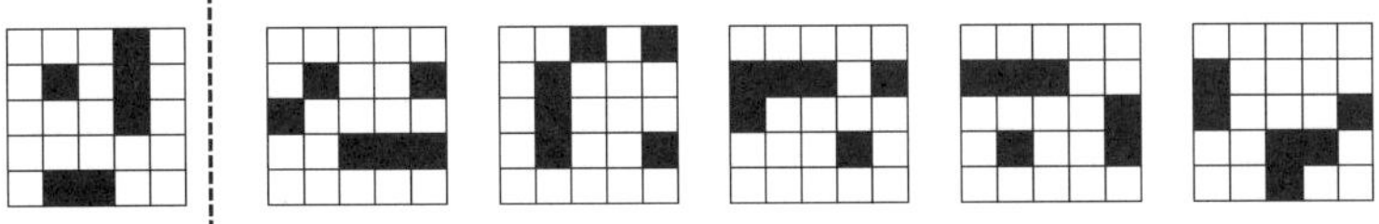

1	2	3	4	5
B	A	D	C	E

(82)

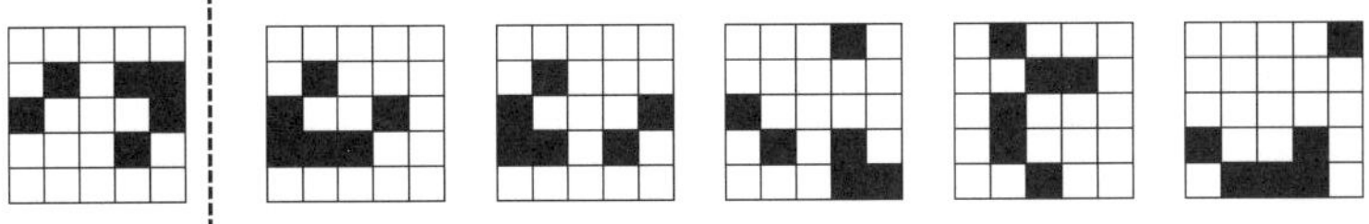

1	2	3	4	5
D	B	E	A	C

(83)

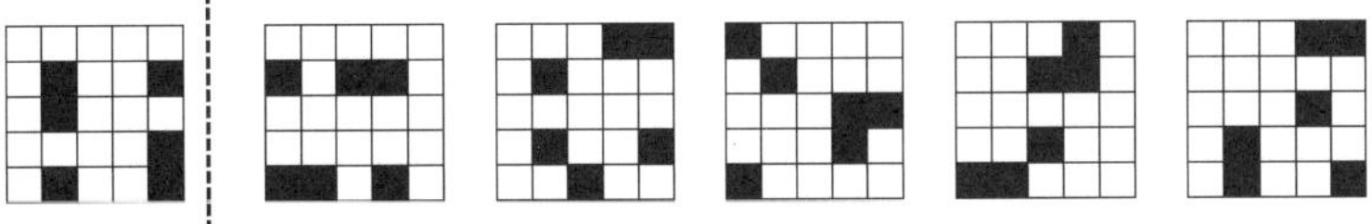

1	2	3	4	5
C	D	B	E	A

(84)

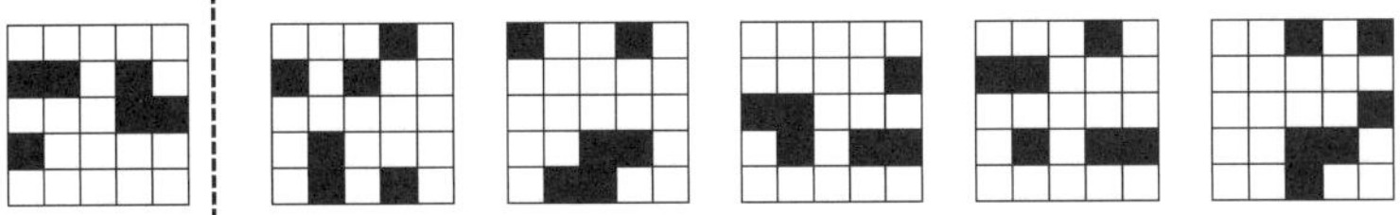

1	2	3	4	5
A	B	D	C	E

(85)

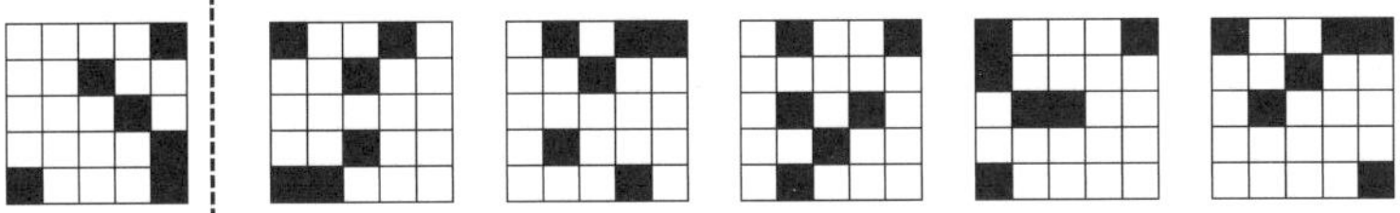

1	2	3	4	5
C	A	E	D	B

(86)

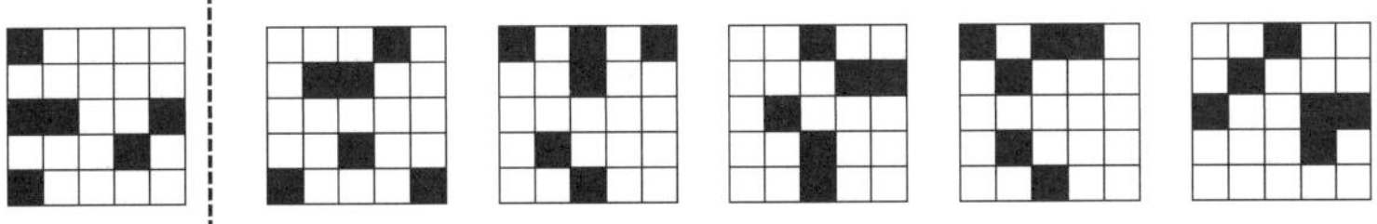

1	2	3	4	5
E	A	C	B	D

(87)

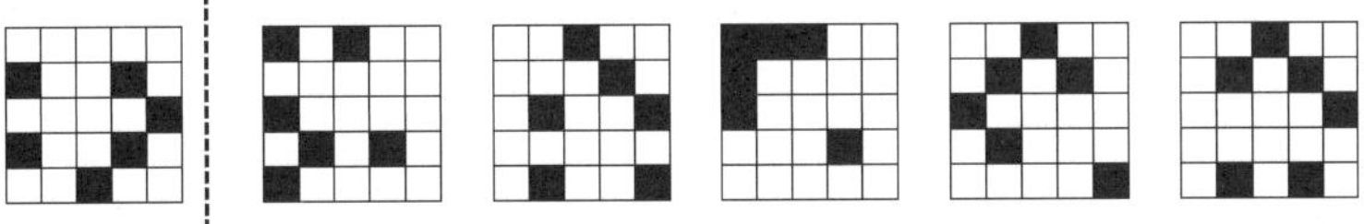

1	2	3	4	5
B	D	E	A	C

(88)

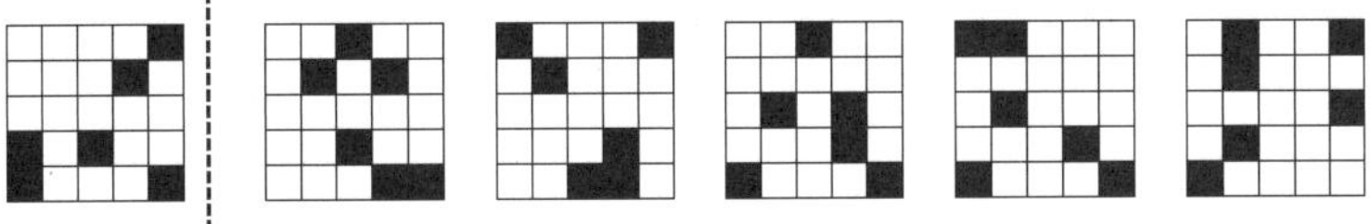

1	2	3	4	5
D	E	B	C	A

(89)

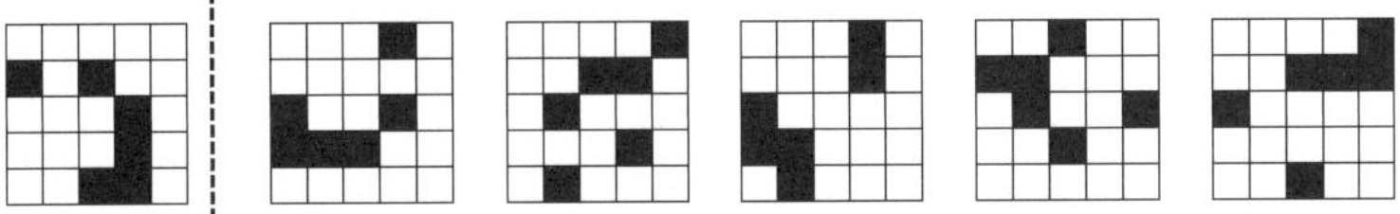

1	2	3	4	5
A	C	D	E	B

(90)

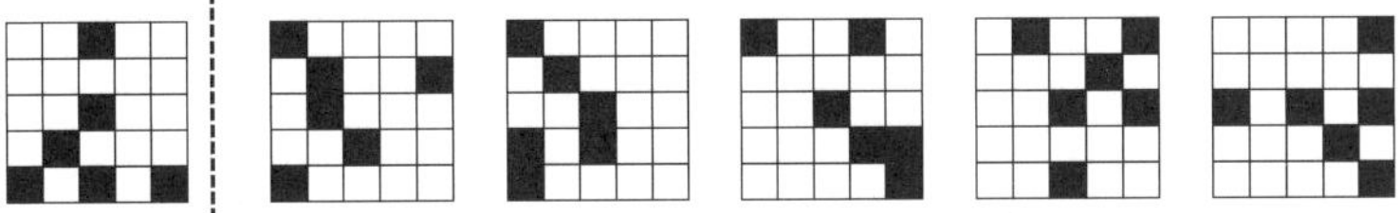

1	2	3	4	5
C	E	A	B	D

（手引）

	π	μ	α	λ	β
ま	16	25	12	24	4
め	21	7	2	14	23
も	3	11	18	6	9
む	17	5	8	1	15
み	10	20	13	22	19

		1	2	3	4	5
（**91**）	め β － も λ	15	14	21	17	16
（**92**）	み λ ＋ ま π	38	34	16	28	31
（**93**）	ま μ ÷ む μ	3	4	2	5	1
（**94**）	め λ × め α	29	26	27	25	28
（**95**）	む α － み β	11	12	－11	15	－13
（**96**）	ま π ＋ め α	18	29	31	44	19
（**97**）	め α － ま β	2	4	－2	5	－4
（**98**）	も μ × む λ	22	11	88	10	15
（**99**）	み π ＋ め μ	16	15	21	30	17
（**100**）	も λ × む β	30	90	45	16	18

（手引）

561～578	533～542	592～604	503～514	543～560	579～591	515～532
T	D	Q	B	G	L	U

（**101**）	555	594	534	512	G	Q	D	B
（**102**）	521	548	507	596	B	D	G	Q
（**103**）	586	511	594	549	L	B	Q	G
（**104**）	592	505	583	576	B	Q	T	L
（**105**）	560	573	513	538	T	L	B	D
（**106**）	533	554	540	517	G	B	Q	T
（**107**）	582	526	552	509	L	G	U	B
（**108**）	516	590	569	557	B	L	T	G
（**109**）	571	537	581	518	L	D	G	B
（**110**）	574	523	504	545	T	U	Q	G

A B C D E

（ 111 ）

1	2	3	4	5
C	D	A	B	E

（ 112 ）

1	2	3	4	5
A	B	E	C	D

（ 113 ）

1	2	3	4	5
B	E	A	D	C

（ 114 ）

1	2	3	4	5
D	C	E	B	A

（ 115 ）

1	2	3	4	5
B	A	C	E	D

（ 116 ）

1	2	3	4	5
C	D	A	E	B

（ 117 ）

1	2	3	4	5
E	C	B	D	A

（ 118 ）

1	2	3	4	5
A	E	D	B	C

（ 119 ）

1	2	3	4	5
B	A	E	C	D

（ 120 ）

1	2	3	4	5
E	C	D	A	B

トレーニング
第1回 解答

問題番号	正 答	問題番号	正 答	問題番号	正 答	問題番号	正 答
【No. 1】	②	【No. 31】	④	【No. 61】	④	【No. 91】	④
【No. 2】	②	【No. 32】	②	【No. 62】	④	【No. 92】	①
【No. 3】	①	【No. 33】	④	【No. 63】	①	【No. 93】	④
【No. 4】	③	【No. 34】	①	【No. 64】	②	【No. 94】	⑤
【No. 5】	⑤	【No. 35】	⑤	【No. 65】	⑤	【No. 95】	③
【No. 6】	③	【No. 36】	⑤	【No. 66】	⑤	【No. 96】	①
【No. 7】	⑤	【No. 37】	③	【No. 67】	①	【No. 97】	③
【No. 8】	①	【No. 38】	①	【No. 68】	②	【No. 98】	②
【No. 9】	④	【No. 39】	②	【No. 69】	③	【No. 99】	⑤
【No. 10】	④	【No. 40】	③	【No. 70】	③	【No.100】	②
【No. 11】	③	【No. 41】	①	【No. 71】	①	【No.101】	④
【No. 12】	②	【No. 42】	⑤	【No. 72】	②	【No.102】	①
【No. 13】	⑤	【No. 43】	④	【No. 73】	④	【No.103】	④
【No. 14】	④	【No. 44】	③	【No. 74】	⑤	【No.104】	⑤
【No. 15】	①	【No. 45】	③	【No. 75】	①	【No.105】	②
【No. 16】	⑤	【No. 46】	②	【No. 76】	③	【No.106】	⑤
【No. 17】	③	【No. 47】	④	【No. 77】	⑤	【No.107】	②
【No. 18】	④	【No. 48】	①	【No. 78】	④	【No.108】	③
【No. 19】	②	【No. 49】	⑤	【No. 79】	③	【No.109】	①
【No. 20】	①	【No. 50】	②	【No. 80】	②	【No.110】	③
【No. 21】	⑤	【No. 51】	④	【No. 81】	③	【No.111】	②
【No. 22】	②	【No. 52】	②	【No. 82】	②	【No.112】	④
【No. 23】	④	【No. 53】	③	【No. 83】	⑤	【No.113】	③
【No. 24】	①	【No. 54】	③	【No. 84】	④	【No.114】	③
【No. 25】	③	【No. 55】	⑤	【No. 85】	③	【No.115】	①
【No. 26】	②	【No. 56】	①	【No. 86】	④	【No.116】	⑤
【No. 27】	①	【No. 57】	②	【No. 87】	③	【No.117】	④
【No. 28】	①	【No. 58】	③	【No. 88】	①	【No.118】	①
【No. 29】	④	【No. 59】	⑤	【No. 89】	①	【No.119】	③
【No. 30】	③	【No. 60】	④	【No. 90】	②	【No.120】	②

トレーニング
第2回 問題

（解答時間：15分間）

第2回

検査の説明

検査1 この検査は，与えられた数式を計算し，その結果の数値が含まれている手引と同じ選択肢の番号の位置にマークをするものです。

（手引）

1	2	3	4	5
53 ～ 60	89 ～ 94	68 ～ 74	12 ～ 23	36 ～ 44
1 ～ 11	24 ～ 35	45 ～ 52	61 ～ 67	75 ～ 88

例題(1)　4 × 6 ＋ 35

例題では，計算すると『59』となり，これは手引『**1**』の『53～60』に含まれていますから，マークは次のようになります。

→ **例題(1)正答**　1 ● 2 ○ 3 ○ 4 ○ 5 ○

検査2 この検査は，正本と副本とを見比べて，副本の誤りがある（正本と表記が異なる）箇所と同じ選択肢の番号の位置にマークをするものです。ただし，誤っている箇所がない場合は『**5**』の位置にマークをします。

正本

	1	2	3	4
例題(2)	おおつき	チ－77－205	谷口由佳	2006.3.22

副本

1	2	3	4
おおつき	チ－77－205	谷口由香	2006.3.22

例題では，正本『**3**』の『谷口由佳』が副本では『谷口由香』となっていますから，マークは次のようになります。

→ **例題(2)正答**　1 ○ 2 ○ 3 ● 4 ○ 5 ○

検査3 この検査は，左の正方形を線で区切って四つのパーツに分解したとき，不要なパーツが一つありますからそれを探し，そのパーツがある箇所と同じ選択肢の番号の位置にマークをするものです。なお，パーツは回転させてもいいですが，裏返さないものとします。

例題(3)

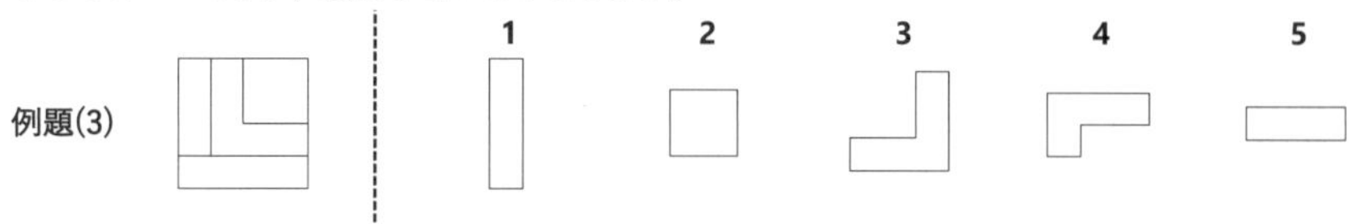

例題では，『**4**』のパーツが不要ですから，マークは次のようになります。

→ **例題(3)正答**　1 ○ 2 ○ 3 ○ 4 ● 5 ○

（手引）

1	2	3	4	5
18 ～ 29	42 ～ 48	1 ～ 5	61 ～ 74	83 ～ 92
49 ～ 60	93 ～ 99	75 ～ 82	30 ～ 41	6 ～ 17

（**1**） 29 ＋ 24 ÷ 8

（**2**） 16 × 3 ＋ 41

（**3**） 49 － 20 ÷ 5

（**4**） 7 × 7 － 27

（**5**） （32 － 6）× 3

（**6**） 21 × 9 ÷ 3

（**7**） 68 － 3 × 19

（**8**） 14 ×（53 － 49）

（**9**） 95 ＋ 18 ÷ 6

（**10**） 90 ÷（31 ＋ 14）

	正本 1	正本 2	正本 3	正本 4	副本 1	副本 2	副本 3	副本 4
（**11**）	ののいち	ノ－80－034	都留慶子	1986.7.02	ののいち	ノ－80－034	都留慶子	1986.7.02
（**12**）	きのかわ	キ－24－219	渡辺美咲	1971.9.24	きめかわ	キ－24－219	渡辺美咲	1971.9.24
（**13**）	うなづき	モ－48－427	豊福弥生	1992.3.20	うなづき	モ－46－427	豊福弥生	1992.3.20
（**14**）	まるおか	ザ－37－084	吉田真由	1994.6.12	まるおか	ザ－37－084	吉田真由	1994.8.12
（**15**）	めいほう	ユ－28－248	薮内奈々	1991.5.29	めいほう	ユ－28－248	薮中奈々	1991.5.29
（**16**）	はなまき	ヲ－53－385	竹内浩二	1999.8.05	はまなき	ヲ－53－385	竹内浩二	1999.8.05
（**17**）	ゆふいん	ニ－24－306	稲富隼人	1985.1.21	ゆふいん	ニ－24－306	稲富隼人	1895.1.21
（**18**）	かつらぎ	マ－82－066	藻形瑞穂	1998.5.30	かつらぎ	マ－82－606	藻形瑞穂	1998.5.30
（**19**）	ひろさき	ヤ－71－174	青木祐介	1989.2.08	ひろさき	ヤ－71－174	青木裕介	1989.2.08
（**20**）	いせはら	ウ－19－356	斉藤七海	1975.4.13	いせはら	ウ－19－356	斉藤七海	1976.4.13

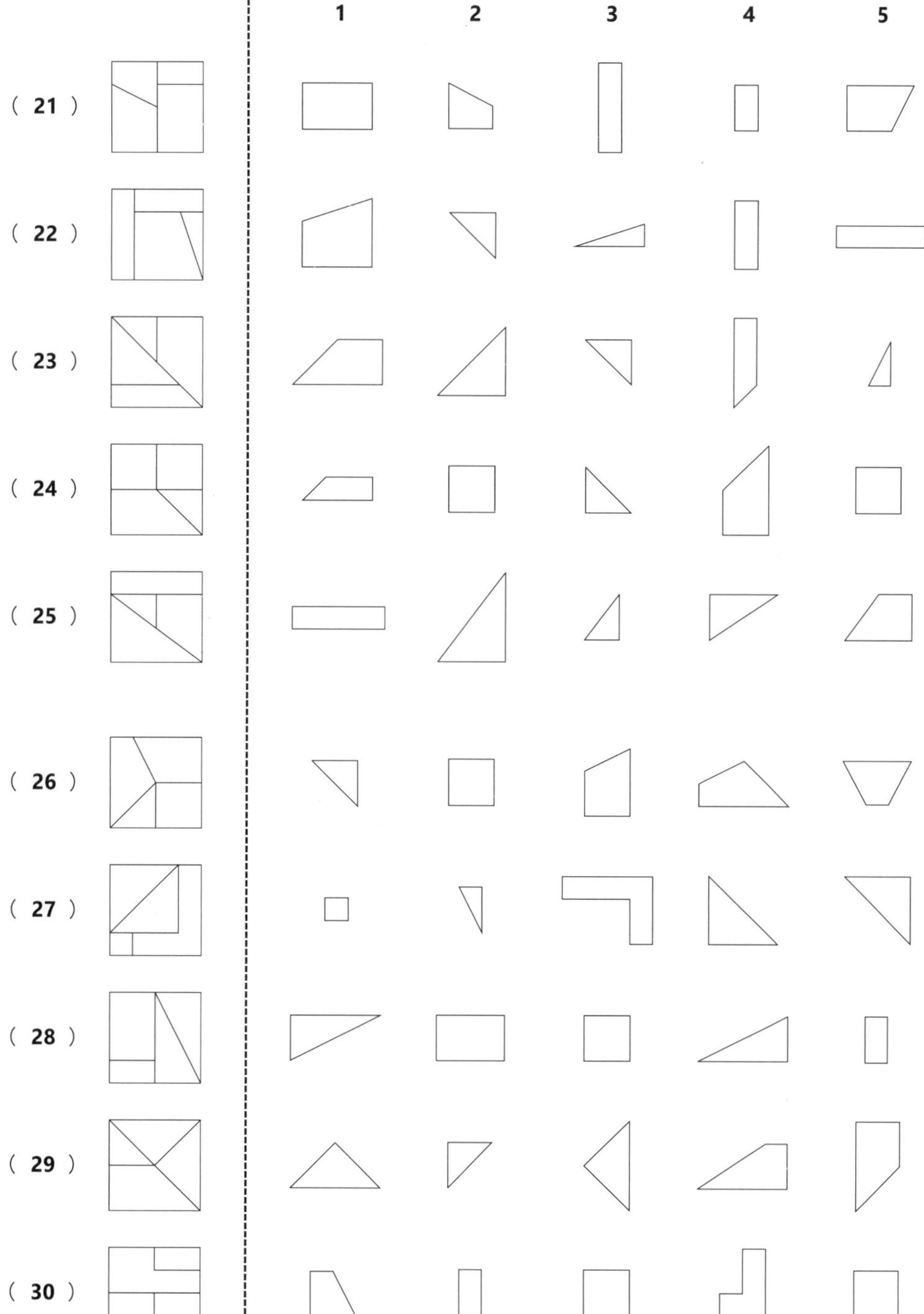
1
2
3
4
5
(21)
(22)
(23)
(24)
(25)
(26)
(27)
(28)
(29)
(30)

（手引）

1	2	3	4	5
83 ～ 91	24 ～ 29	63 ～ 75	43 ～ 55	1 ～ 14
30 ～ 42	56 ～ 62	15 ～ 23	92 ～ 98	76 ～ 82

(**31**) 12 × 9 − 13

(**32**) 36 + 2 × 11

(**33**) 66 ÷ (31 − 29)

(**34**) 86 − 4 × 17

(**35**) 23 × 3 − 42

(**36**) 22 × (10 − 6)

(**37**) 44 + 28 ÷ 7

(**38**) 28 ÷ (2 × 7)

(**39**) 83 − 40 ÷ 10

(**40**) (6 + 5) × 6

	正本 1	正本 2	正本 3	正本 4	副本 1	副本 2	副本 3	副本 4
(**41**)	けいほく	ム－88－041	能見陽菜	2000.8.03	けりほく	ム－88－041	能見陽菜	2000.8.03
(**42**)	くろがね	ナ－17－374	金子沙織	1996.9.16	くろがね	ナ－17－374	金子沙織	1996.9.16
(**43**)	あさぎり	ネ－46－336	鈴木翔太	1997.4.07	あさぎり	ネ－46－363	鈴木翔太	1997.4.07
(**44**)	かわごえ	ン－60－052	新垣早紀	1978.2.28	かわごえ	ソ－60－052	新垣早紀	1978.2.28
(**45**)	みやわか	タ－57－221	瀬戸義雄	1995.6.01	みやかわ	タ－57－221	瀬戸義雄	1995.6.01
(**46**)	こっとい	シ－79－368	辻元明弘	1970.5.09	こっとい	シ－79－368	辻本明弘	1970.5.09
(**47**)	うらそえ	ホ－15－314	小林大輔	1980.3.24	うらそえ	ホ－16－314	小林大輔	1980.3.24
(**48**)	まるがめ	ク－40－281	片江博文	1966.1.19	まるがめ	ク－40－281	片江博文	1968.1.19
(**49**)	にちなん	パ－51－180	田中正和	1981.6.06	にちなん	パ－51－180	田中和正	1981.6.06
(**50**)	ほんごう	カ－64－168	土倉勝利	1974.7.15	ほんごう	カ－64－168	土倉勝利	1974.7.15

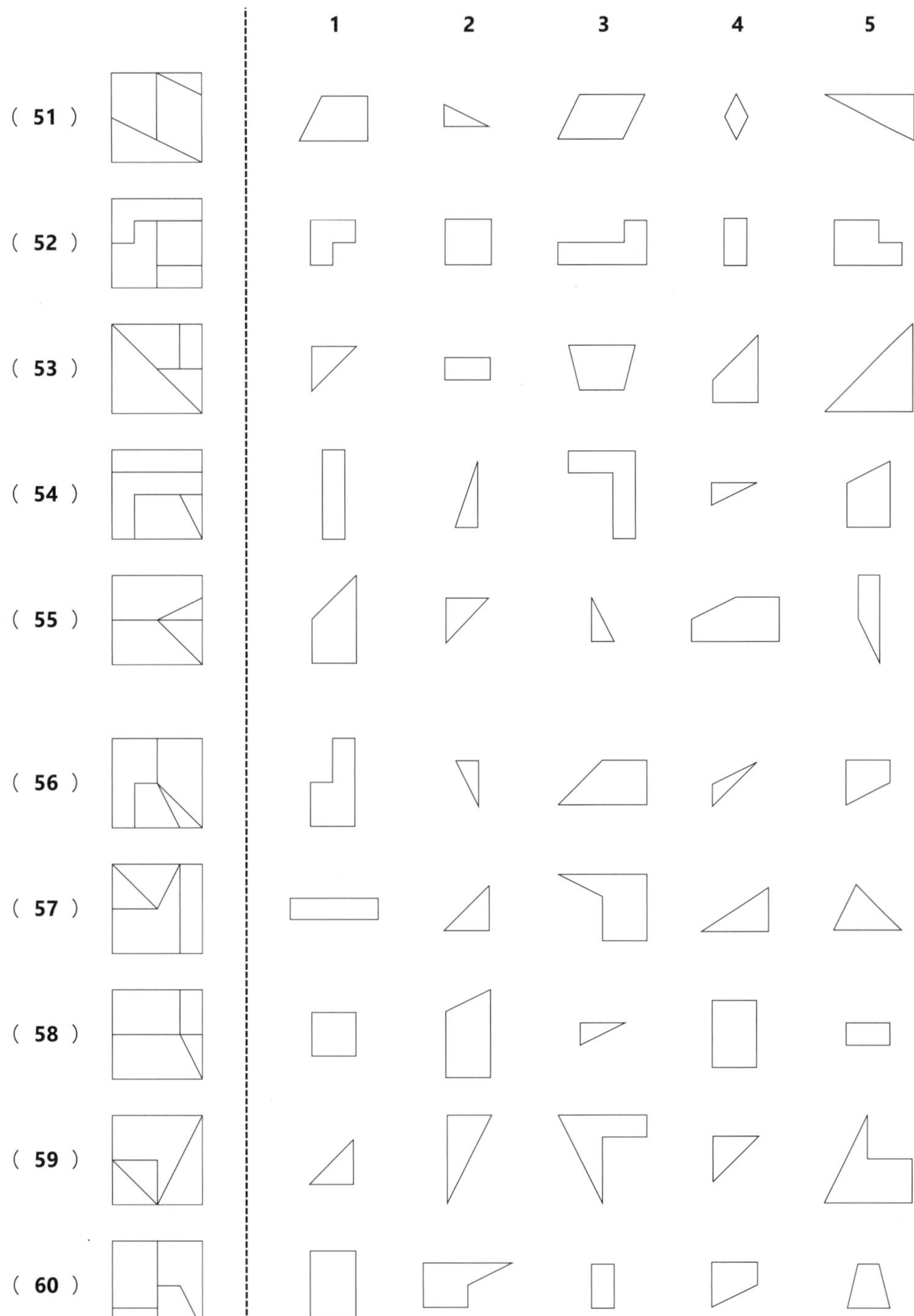
1
2
3
4
5
(51)
(52)
(53)
(54)
(55)
(56)
(57)
(58)
(59)
(60)

（手引）

1	2	3	4	5
93 ～ 99	42 ～ 48	56 ～ 68	1 ～ 7	26 ～ 31
8 ～ 25	69 ～ 79	32 ～ 41	49 ～ 55	80 ～ 92

(**61**) 6 ＋ 39 ÷ 3

(**62**) 48 － 7 × 2

(**63**) 6 × 3 ＋ 32

(**64**) 83 ＋ 48 ÷ 12

(**65**) 76 ÷ (2 × 19)

(**66**) 22 ＋ 4 × 6

(**67**) 9 × (24 － 17)

(**68**) 66 ＋ 5 × 6

(**69**) 58 ÷ (6 － 4)

(**70**) 7 × 2 × 5

	正本 1	正本 2	正本 3	正本 4	副本 1	副本 2	副本 3	副本 4
(**71**)	あしべつ	グ－31－257	宮崎健一	1990.7.16	あしべつ	ダ－31－257	宮崎健一	1990.7.16
(**72**)	てんどう	ミ－55－394	井上直樹	1988.6.23	てんどう	ミ－55－394	井上直樹	1966.6.23
(**73**)	いぶすき	フ－39－149	山本拓也	1987.3.31	いぶすき	フ－39－149	山本拓也	1987.3.31
(**74**)	しもふさ	ヒ－26－236	蒲池理恵	2001.2.02	しもふさ	ヒ－26－236	蒲地理恵	2001.2.02
(**75**)	ときがわ	ヘ－62－261	末広明美	2007.5.17	ときがわ	ヘ－62－261	広末明美	2007.5.17
(**76**)	とうかん	コ－20－436	菊間憲治	1973.4.01	とうかん	コ－20－436	菊間憲治	1978.4.01
(**77**)	きしわだ	ソ－59－273	石川麻衣	2003.1.26	きしわだ	ソ－95－273	石川麻衣	2003.1.26
(**78**)	さいかい	ト－33－079	比嘉貴之	1993.8.10	かいさい	ト－33－079	比嘉貴之	1993.8.10
(**79**)	くらよし	エ－73－005	羽沢和彦	1969.2.21	くらしき	エ－73－005	羽沢和彦	1969.2.21
(**80**)	しまんと	セ－86－156	倉光三郎	1976.9.04	しまんと	セ－86－156	倉光三朗	1976.9.04

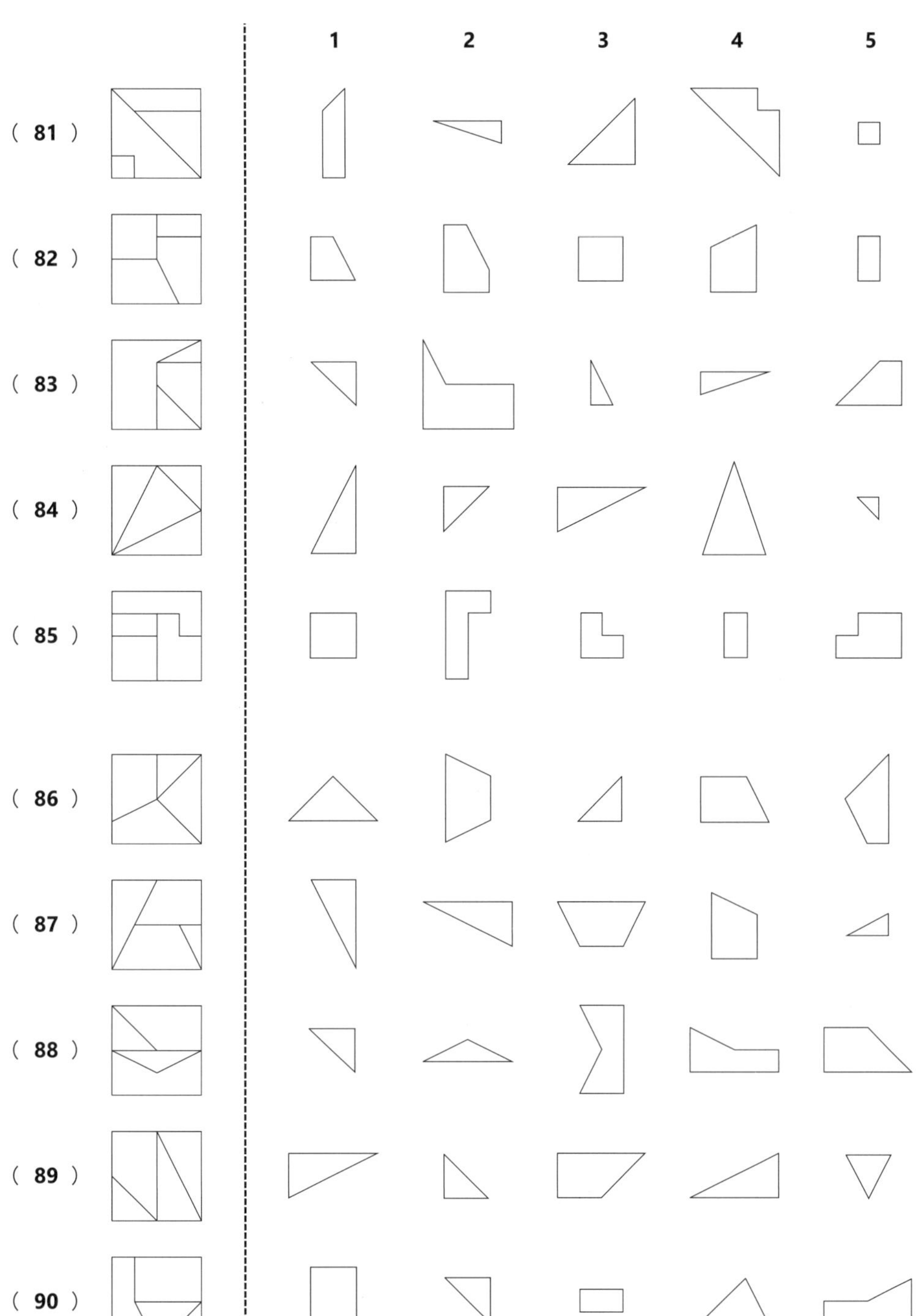

第2回

（手引）

1	2	3	4	5
72 ～ 80	47 ～ 62	33 ～ 38	12 ～ 19	88 ～ 95
20 ～ 32	1 ～ 11	81 ～ 87	63 ～ 71	39 ～ 46

（ **91** ） 28 ÷ 14 × 37

（ **92** ） 5 ×（14 ＋ 3）

（ **93** ） 57 ＋ 7 × 5

（ **94** ） 16 ×（18 － 14）

（ **95** ） 39 ÷ 3 ＋ 11

（ **96** ） 43 ＋ 27 ÷ 3

（ **97** ） 64 ÷（14 ＋ 18）

（ **98** ）（75 － 69）× 6

（ **99** ） 12 ＋ 48 ÷ 24

（ **100** ） 11 × 5 － 13

	正本 1	正本 2	正本 3	正本 4	副本 1	副本 2	副本 3	副本 4
（ **101** ）	あいさい	ア－35－028	三浦千夏	1982.9.14	あいさい	ア－35－028	三浦千秋	1982.9.14
（ **102** ）	まなづる	ケ－66－017	中村玲奈	2004.3.29	まなずる	ケ－66－017	中村玲奈	2004.3.29
（ **103** ）	しんとう	ヌ－70－093	松尾優香	1977.5.03	しんとう	ヌ－70－093	松尾優香	1977.5.08
（ **104** ）	かつらお	オ－84－413	高橋彩花	2005.1.17	かつらお	オ－84－431	高橋彩花	2005.1.17
（ **105** ）	せんぼく	ヨ－68－328	千原一輝	1979.6.25	せんぼく	ヨ－68－328	千原一樹	1979.6.25
（ **106** ）	ふじみの	テ－75－407	小野菜摘	2002.7.31	ふじみの	テ－75－407	小野奈摘	2002.7.31
（ **107** ）	くにたち	ス－42－349	清水琴音	1983.2.18	くにたち	ス－42－349	清水琴音	1983.2.16
（ **108** ）	しおがま	メ－97－125	阿部海斗	1968.4.20	しおどめ	メ－97－125	阿部海斗	1968.4.20
（ **109** ）	ふじえだ	ワ－11－137	十時美砂	1972.1.13	ふじえだ	ウ－11－137	十時美砂	1972.1.13
（ **110** ）	うれしの	ダ－44－192	大城剛司	1984.8.27	うれしの	ダ－44－192	大城剛司	1984.8.27

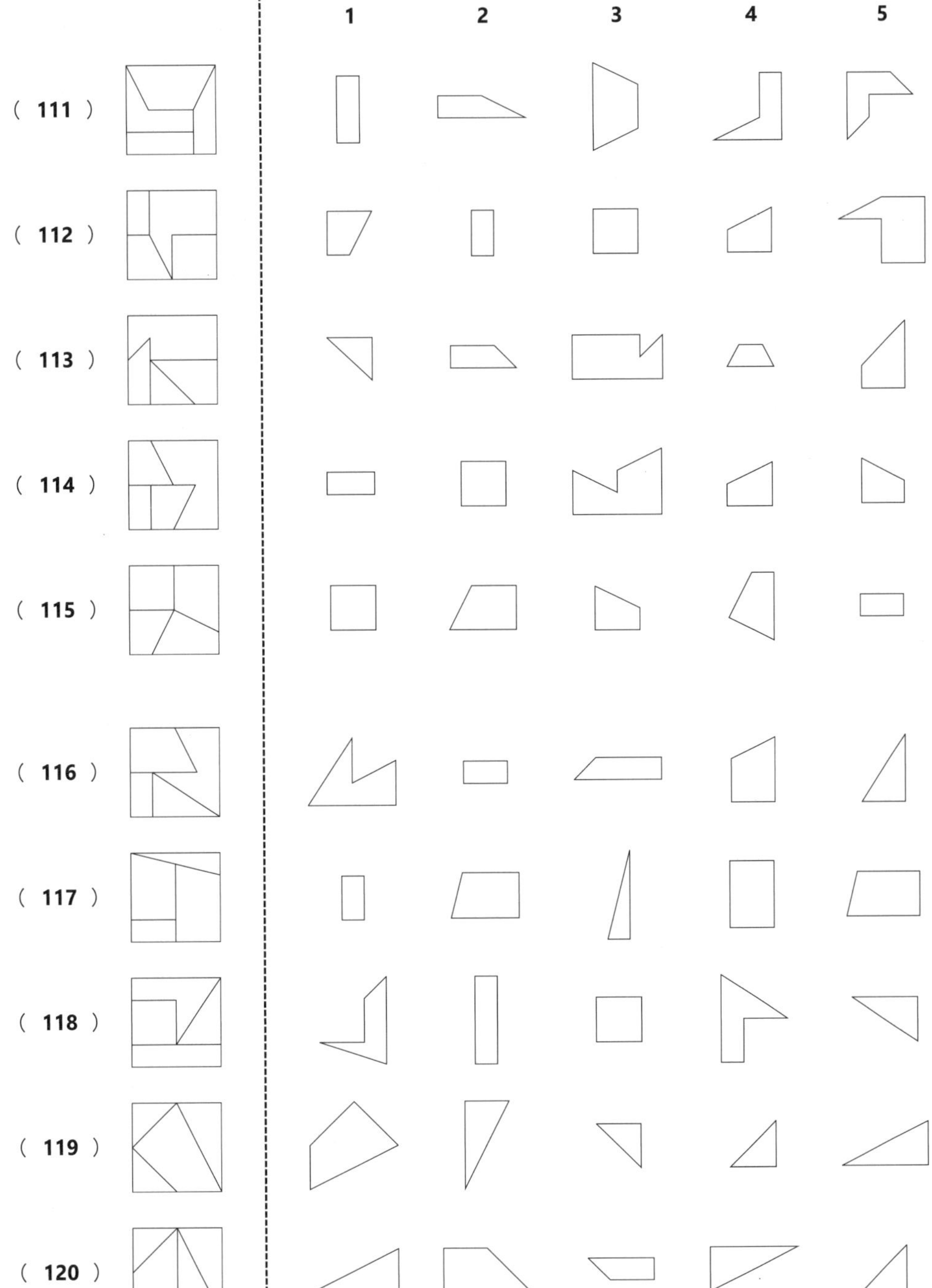
1
2
3
4
5
(111)
(112)
(113)
(114)
(115)
(116)
(117)
(118)
(119)
(120)

トレーニング
第2回 解答

問題番号	正 答	問題番号	正 答	問題番号	正 答	問題番号	正 答
【No. 1】	④	【No. 31】	④	【No. 61】	①	【No. 91】	①
【No. 2】	⑤	【No. 32】	②	【No. 62】	③	【No. 92】	③
【No. 3】	②	【No. 33】	①	【No. 63】	④	【No. 93】	⑤
【No. 4】	①	【No. 34】	③	【No. 64】	⑤	【No. 94】	④
【No. 5】	③	【No. 35】	②	【No. 65】	④	【No. 95】	①
【No. 6】	④	【No. 36】	①	【No. 66】	②	【No. 96】	②
【No. 7】	⑤	【No. 37】	④	【No. 67】	③	【No. 97】	②
【No. 8】	①	【No. 38】	⑤	【No. 68】	①	【No. 98】	③
【No. 9】	②	【No. 39】	⑤	【No. 69】	⑤	【No. 99】	④
【No. 10】	③	【No. 40】	③	【No. 70】	②	【No.100】	⑤
【No. 11】	⑤	【No. 41】	①	【No. 71】	②	【No.101】	③
【No. 12】	①	【No. 42】	⑤	【No. 72】	④	【No.102】	①
【No. 13】	②	【No. 43】	②	【No. 73】	⑤	【No.103】	④
【No. 14】	④	【No. 44】	②	【No. 74】	③	【No.104】	②
【No. 15】	③	【No. 45】	①	【No. 75】	③	【No.105】	③
【No. 16】	①	【No. 46】	③	【No. 76】	④	【No.106】	③
【No. 17】	④	【No. 47】	②	【No. 77】	②	【No.107】	④
【No. 18】	②	【No. 48】	④	【No. 78】	①	【No.108】	①
【No. 19】	③	【No. 49】	③	【No. 79】	①	【No.109】	②
【No. 20】	④	【No. 50】	⑤	【No. 80】	③	【No.110】	⑤
【No. 21】	③	【No. 51】	④	【No. 81】	②	【No.111】	⑤
【No. 22】	②	【No. 52】	①	【No. 82】	①	【No.112】	①
【No. 23】	⑤	【No. 53】	③	【No. 83】	④	【No.113】	④
【No. 24】	①	【No. 54】	②	【No. 84】	⑤	【No.114】	②
【No. 25】	④	【No. 55】	⑤	【No. 85】	③	【No.115】	⑤
【No. 26】	⑤	【No. 56】	②	【No. 86】	②	【No.116】	③
【No. 27】	②	【No. 57】	④	【No. 87】	①	【No.117】	④
【No. 28】	③	【No. 58】	①	【No. 88】	④	【No.118】	①
【No. 29】	④	【No. 59】	③	【No. 89】	⑤	【No.119】	②
【No. 30】	①	【No. 60】	⑤	【No. 90】	③	【No.120】	③

トレーニング 第3回 問題

（解答時間：15分間）

検査の説明

検査1 この検査は，まず，文字と記号の組合せを手引に従って別の文字に置き換え，次に置き換えられた文字を手引の数字に置き換え，計算式に当てはめて計算し，その結果の数値の末尾（一の位）の数と同じ選択肢の番号の位置にマークをするものです。ただし，記号の∪は上に，∩は下に，⊃は左に，⊂は右に隣接する文字を示すものとします。

（手引）

A	F	K	P	U
B	G	L	Q	V
C	H	M	R	W
D	I	N	S	X
E	J	O	T	Y

→

7	22	4	12	0
5	1	20	3	16
10	4	13	6	5
21	8	9	2	14
3	15	6	18	9

例題(1)　W ∩ − T ∪ ＋ S ⊃

例題では，文字と記号の組合せを別の文字に置き換えると『W∩…Wの下の文字→X』『T∪…Tの上の文字→S』『S⊃…Sの左の文字→N』です。これらを手引に従って数字に置き換えて計算式に当てはめると『14−2＋9』となり，結果は『21』ですから，マークは次のようになります。

→ **例題(1)正答**　1 2 3 4 5（1をマーク）

検査2 この検査は，問題の数値が手引のどの欄に含まれているかを探し，その箇所のカタカナとアルファベットの組合せがある箇所と同じ選択肢の番号の位置にマークをするものです。ただし，どこにも含まれていない場合は『ない』を選びます。

（手引）

	A	B	C
イ	285 ～ 311，589 ～ 612	166 ～ 186，583 ～ 588	279 ～ 284，697 ～ 745
ロ	127 ～ 165，541 ～ 582	493 ～ 540，613 ～ 674	479 ～ 492，331 ～ 371
ハ	017 ～ 023，372 ～ 413	106 ～ 126，312 ～ 330	024 ～ 105，414 ～ 444
ニ	687 ～ 696，746 ～ 799	457 ～ 478，269 ～ 278	001 ～ 016，187 ～ 268

		1	2	3	4	5
例題(2)	453	ロ A	ニ B	な い	ハ C	ロ B

例題では，『453』が含まれている欄がありませんから，『ない』を選ぶと，マークは次のようになります。

→ **例題(2)正答**　1 2 3 4 5（3をマーク）

検査3 この検査は，左の図形と同じ図形を選択肢のうちから選び，その図形がある箇所と同じ選択肢の番号の位置にマークをするものです。なお，図形は回転させてもいいですが，裏返さないものとします。

例題(3)

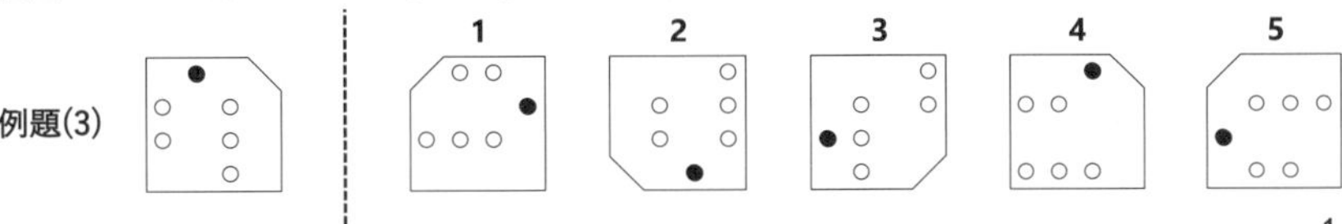

例題では，『**5**』の図形が同じですから，マークは次のようになります。　→ **例題(3)正答**　1 2 3 4 5（5をマーク）

（手引）

A	B	C	D	E
F	G	H	I	J
K	L	M	N	O
P	Q	R	S	T
U	V	W	X	Y

→

18	7	12	6	4
11	9	0	1	15
2	3	5	14	8
19	10	17	2	16
4	6	13	9	20

（**1**） I ⊂ ＋ K ∩ － G ⊃

（**2**） T ∩ － G ∪ ＋ J ∩

（**3**） M ⊃ ＋ S ⊃ － R ∪

（**4**） H ∪ － D ⊂ ＋ W ∪

（**5**） J ⊃ ＋ A ∩ ＋ F ∩

（**6**） R ∩ － L ⊂ ＋ K ⊂

（**7**） C ⊂ ＋ Y ⊃ － X ∪

（**8**） W ⊃ － M ∪ ＋ O ∩

（**9**） F ∪ ＋ O ⊃ ＋ N ∪

（**10**） Q ⊃ － A ⊂ ＋ V ⊂

（手引）

	A	B	C
イ	834 ～ 844，602 ～ 674	439 ～ 461，361 ～ 377	677 ～ 687，855 ～ 901
ロ	538 ～ 565，693 ～ 784	213 ～ 239，960 ～ 972	481 ～ 537，566 ～ 601
ハ	378 ～ 438，845 ～ 854	060 ～ 212，785 ～ 833	252 ～ 266，973 ～ 984
ニ	267 ～ 360，902 ～ 938	675 ～ 676，462 ～ 480	939 ～ 959，240 ～ 243

		1	2	3	4	5
（**11**）	689	イ A	イ C	ロ C	ロ A	な い
（**12**）	792	な い	ロ A	ハ B	ニ B	ハ A
（**13**）	573	ハ A	な い	ロ C	ロ A	ロ B
（**14**）	217	ロ B	ハ C	イ C	な い	イ A
（**15**）	865	ハ A	ニ A	ハ B	イ C	ハ C
（**16**）	708	ニ B	イ C	イ A	ロ A	ニ A
（**17**）	511	ロ A	ニ A	ロ B	な い	ロ C
（**18**）	246	な い	イ B	ハ C	ニ C	ニ A
（**19**）	324	ハ A	な い	ニ A	イ B	ハ C
（**20**）	647	ロ C	イ A	イ C	ロ A	ニ B

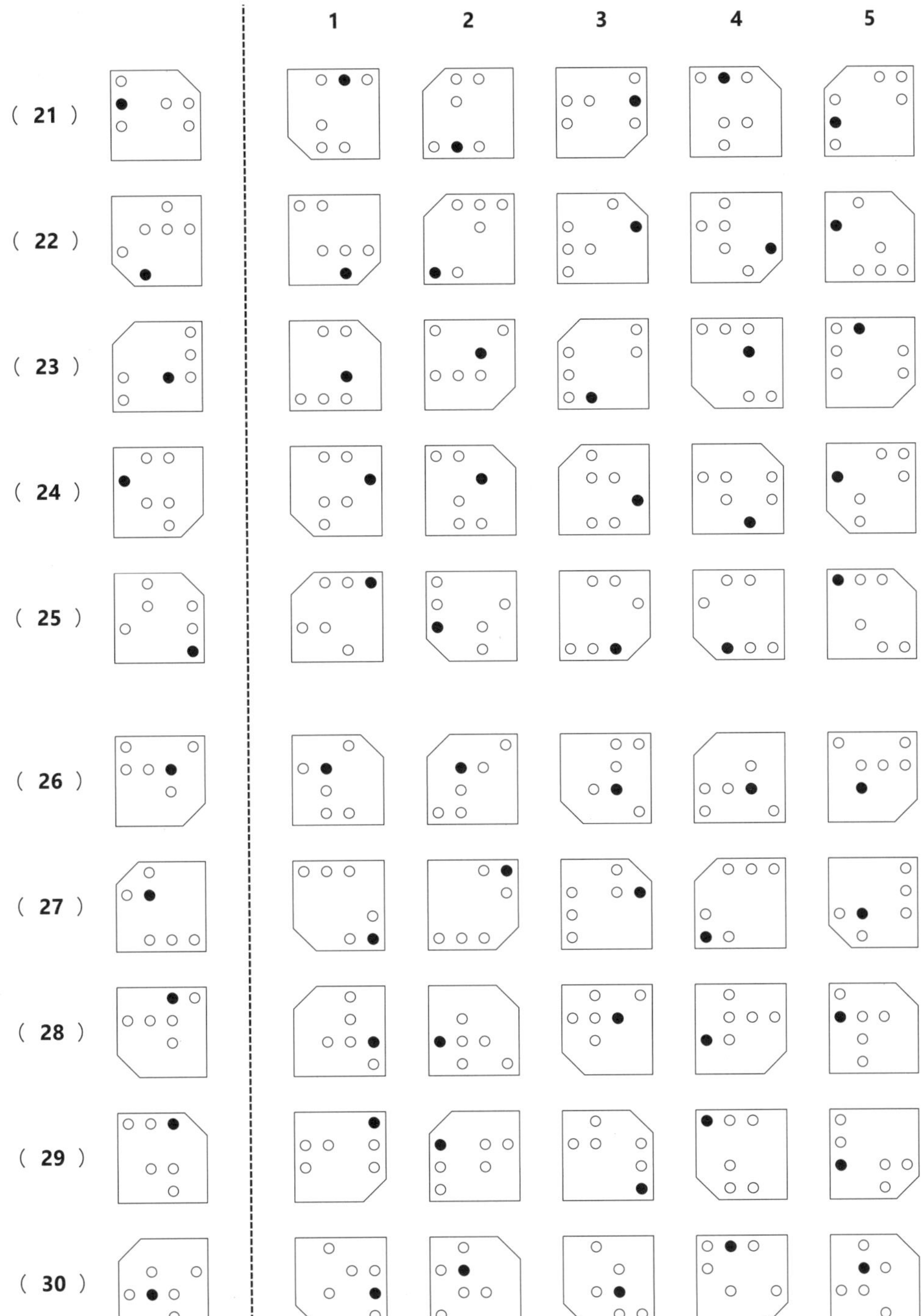

第3回

（手引）

A	F	K	P	U
B	G	L	Q	V
C	H	M	R	W
D	I	N	S	X
E	J	O	T	Y

→

7	1	6	2	15
6	4	10	7	0
13	16	3	14	8
1	8	4	9	17
2	5	11	18	12

（**31**） E ⊂ ＋ N ⊃ － Q ∪

（**32**） R ∪ － O ∪ ＋ E ∪

（**33**） G ⊃ ＋ R ∩ ＋ K ∩

（**34**） S ⊂ － U ⊃ － H ⊂

（**35**） W ⊃ ＋ F ⊂ － B ∪

（**36**） C ⊂ ＋ M ⊂ － S ∩

（**37**） I ∪ － T ∪ ＋ L ⊃

（**38**） T ⊃ ＋ C ∪ ＋ V ∪

（**39**） G ∪ ＋ Q ⊃ － F ⊂

（**40**） S ∩ － G ∩ ＋ J ⊃

（手引）

	A	B	C
イ	798 ～ 838，733 ～ 738	660 ～ 672，331 ～ 336	082 ～ 145，520 ～ 572
ロ	648 ～ 659，921 ～ 923	573 ～ 579，929 ～ 997	146 ～ 152，839 ～ 853
ハ	588 ～ 617，863 ～ 867	618 ～ 647，739 ～ 797	201 ～ 330，426 ～ 501
ニ	337 ～ 415，502 ～ 519	153 ～ 200，924 ～ 928	868 ～ 920，673 ～ 732

		1	2	3	4	5
（**41**）	536	ニ B	イ C	ハ A	ハ C	ニ C
（**42**）	363	イ A	ハ A	な い	ニ A	ハ B
（**43**）	582	ニ C	ニ B	ハ A	イ C	な い
（**44**）	861	な い	ハ A	イ B	ニ A	ニ B
（**45**）	107	ニ B	ロ C	ハ C	イ C	な い
（**46**）	859	ハ A	な い	ニ A	ニ B	イ B
（**47**）	785	ロ C	イ B	ハ B	ハ A	ニ C
（**48**）	708	ハ B	ニ C	ロ A	イ B	ハ A
（**49**）	320	な い	イ A	ハ C	ニ A	ロ B
（**50**）	474	イ C	ハ C	ニ A	な い	イ A

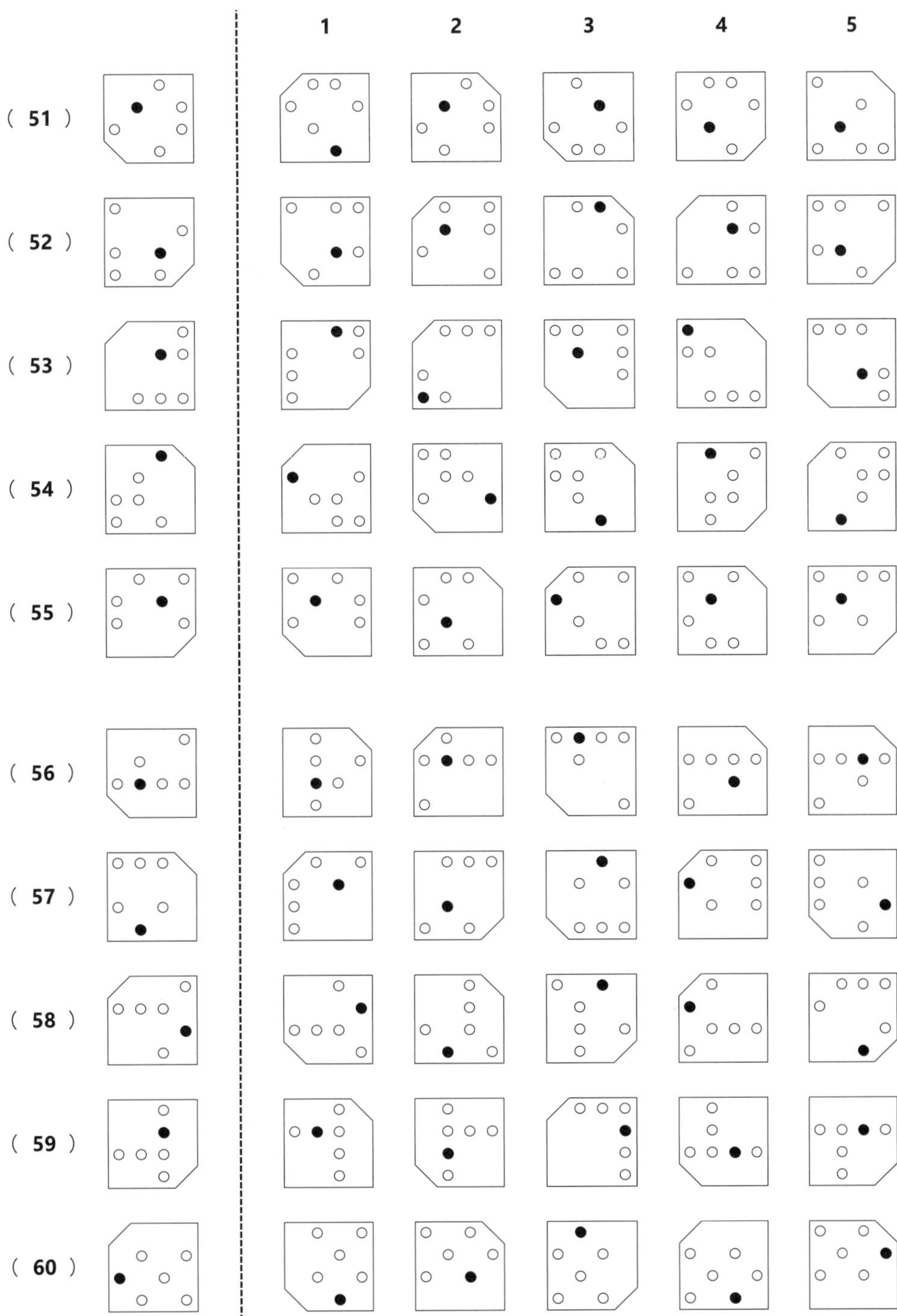
1
2
3
4
5
(51)
(52)
(53)
(54)
(55)
(56)
(57)
(58)
(59)
(60)

（手引）

A	B	C	D	E
F	G	H	I	J
K	L	M	N	O
P	Q	R	S	T
U	V	W	X	Y

→

10	13	8	11	3
3	19	4	20	16
7	5	12	6	0
14	1	7	15	18
5	17	9	2	6

（**61**） Y ∪ − M ⊃ + L ∪

（**62**） K ⊂ + X ⊂ + E ⊃

（**63**） S ∩ + A ∩ − G ⊂

（**64**） V ∪ − I ∩ + F ∪

（**65**） O ⊃ + J ⊃ − T ⊃

（**66**） F ∪ − Q ∪ + S ⊂

（**67**） I ⊂ + E ∩ − W ⊃

（**68**） H ∩ − H ∪ + L ∩

（**69**） B ∩ + D ⊃ + V ⊃

（**70**） R ⊂ + O ∪ − P ∪

（手引）

	A	B	C
イ	478 ～ 486 , 784 ～ 854	523 ～ 659 , 268 ～ 274	184 ～ 188 , 660 ～ 675
ロ	193 ～ 237 , 519 ～ 522	420 ～ 477 , 970 ～ 984	381 ～ 419 , 985 ～ 997
ハ	167 ～ 169 , 275 ～ 380	238 ～ 267 , 170 ～ 183	135 ～ 141 , 692 ～ 751
ニ	676 ～ 691 , 752 ～ 783	487 ～ 518 , 855 ～ 896	145 ～ 166 , 897 ～ 969

		1	**2**	**3**	**4**	**5**
（**71**）	991	ない	ロ C	ニ C	イ A	ニ B
（**72**）	133	ない	ハ A	ロ C	ニ B	イ A
（**73**）	457	ハ B	ない	イ A	ハ C	ロ B
（**74**）	212	ロ C	ハ B	ハ C	ロ A	ニ C
（**75**）	688	イ B	ニ A	ない	ハ C	イ A
（**76**）	574	ロ A	ロ B	ハ B	イ B	ない
（**77**）	875	イ C	ない	ロ A	ハ C	ニ B
（**78**）	269	ロ B	ロ C	イ B	ない	ニ B
（**79**）	336	ハ B	ハ C	ハ A	ロ B	ない
（**80**）	190	ない	ロ A	ロ C	ハ A	ニ C

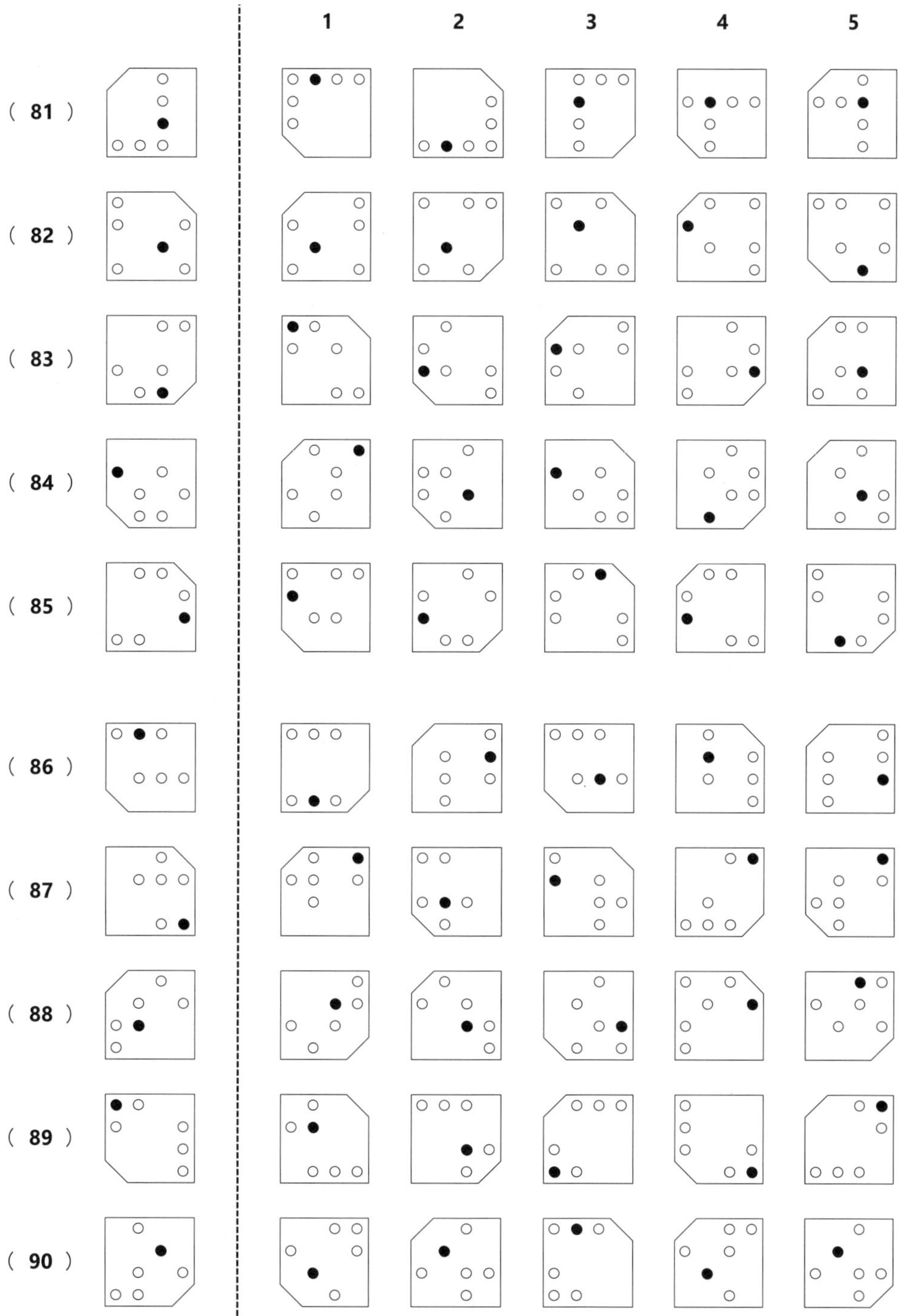

第3回

（手引）

A	F	K	P	U
B	G	L	Q	V
C	H	M	R	W
D	I	N	S	X
E	J	O	T	Y

→

1	19	7	16	4
15	11	3	0	12
6	3	14	5	7
8	1	9	4	18
17	6	13	2	10

（**91**） S ⊂ − L ⊃ ＋ U ⊃

（**92**） B ∪ ＋ N ∪ − H ∪

（**93**） L ⊃ − I ⊃ ＋ W ∩

（**94**） K ∩ ＋ T ⊂ ＋ Q ⊂

（**95**） H ⊂ − R ∪ − H ∩

（**96**） M ⊃ ＋ J ⊃ − L ∪

（**97**） D ∪ ＋ K ⊃ ＋ F ⊂

（**98**） X ∩ − F ⊃ − S ∪

（**99**） C ⊂ ＋ N ∩ − D ⊂

（**100**） G ∪ − Q ⊃ ＋ Y ∪

（手引）

	A	B	C
イ	125 ～ 203，973 ～ 975	405 ～ 435，322 ～ 324	719 ～ 726，921 ～ 972
ロ	621 ～ 661，890 ～ 920	022 ～ 124，976 ～ 981	585 ～ 587，982 ～ 996
ハ	278 ～ 316，436 ～ 584	317 ～ 321，588 ～ 602	325 ～ 333，776 ～ 877
ニ	753 ～ 775，345 ～ 404	662 ～ 718，204 ～ 277	878 ～ 889，727 ～ 752

		1	**2**	**3**	**4**	**5**
（**101**）	592	ロ C	ハ B	ハ C	ない	ニ C
（**102**）	620	ない	ロ A	ニ B	ハ A	ハ B
（**103**）	137	ロ B	ない	イ A	ニ C	ニ A
（**104**）	328	ハ C	ニ A	ハ B	イ A	ニ C
（**105**）	343	ニ A	イ B	ニ C	ニ B	ない
（**106**）	309	ない	ニ C	ハ B	ハ C	ハ A
（**107**）	506	ハ B	ハ A	ニ C	ない	イ B
（**108**）	895	ロ A	ニ B	イ B	ハ C	ない
（**109**）	961	ない	イ C	ロ C	ロ B	ロ A
（**110**）	264	ハ B	ロ B	ニ A	ニ B	ニ C

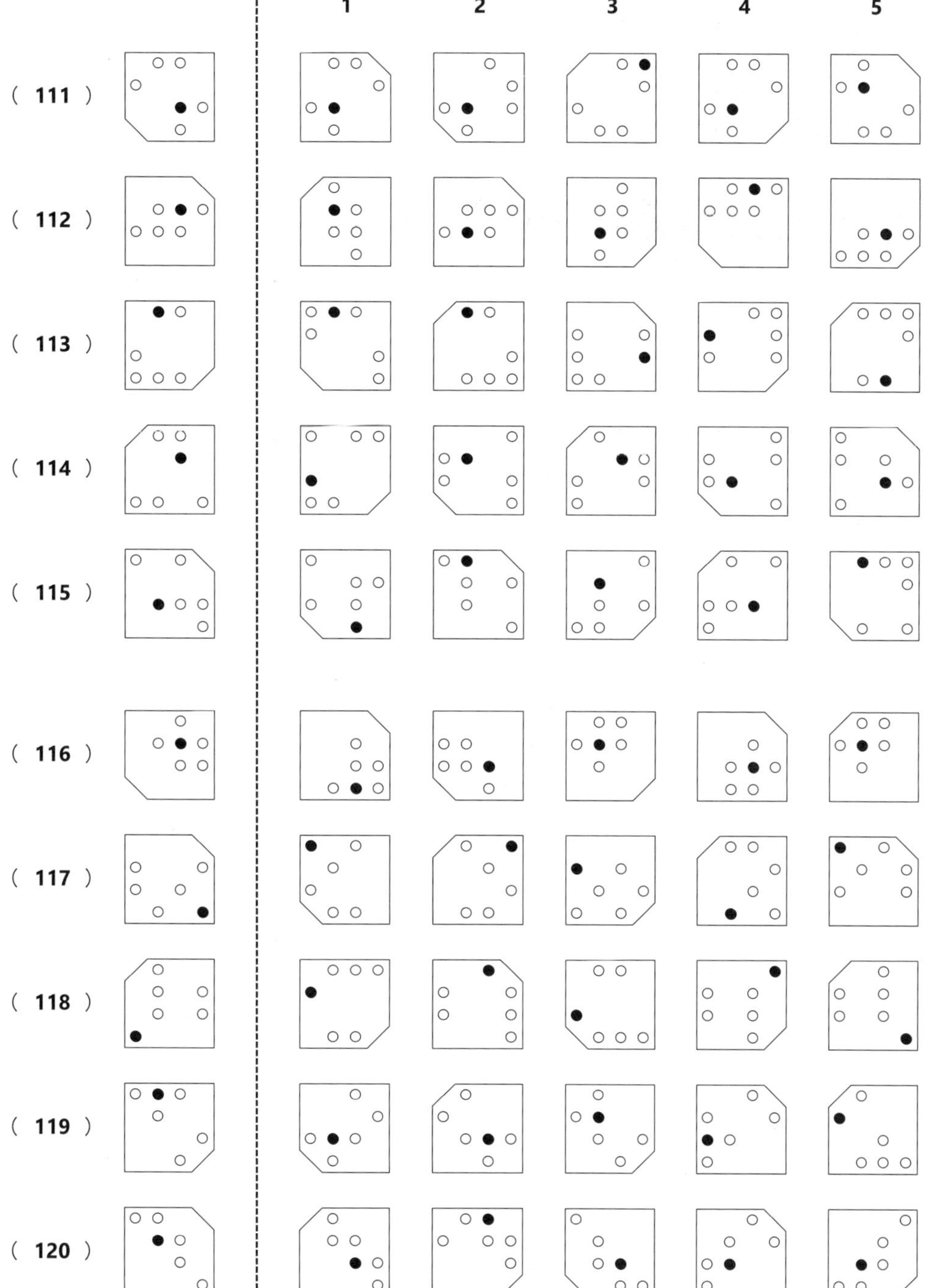

第3回

トレーニング
第3回 解答

問題番号	正 答	問題番号	正 答	問題番号	正 答	問題番号	正 答
【No. 1】	③	【No. 31】	①	【No. 61】	②	【No. 91】	③
【No. 2】	①	【No. 32】	④	【No. 62】	②	【No. 92】	④
【No. 3】	⑤	【No. 33】	⑤	【No. 63】	①	【No. 93】	①
【No. 4】	⑤	【No. 34】	②	【No. 64】	⑤	【No. 94】	⑤
【No. 5】	④	【No. 35】	③	【No. 65】	①	【No. 95】	③
【No. 6】	①	【No. 36】	②	【No. 66】	③	【No. 96】	③
【No. 7】	③	【No. 37】	①	【No. 67】	⑤	【No. 97】	②
【No. 8】	②	【No. 38】	②	【No. 68】	⑤	【No. 98】	④
【No. 9】	③	【No. 39】	⑤	【No. 69】	②	【No. 99】	⑤
【No. 10】	⑤	【No. 40】	④	【No. 70】	④	【No.100】	④
【No. 11】	⑤	【No. 41】	②	【No. 71】	②	【No.101】	②
【No. 12】	③	【No. 42】	④	【No. 72】	①	【No.102】	①
【No. 13】	③	【No. 43】	⑤	【No. 73】	⑤	【No.103】	③
【No. 14】	①	【No. 44】	①	【No. 74】	④	【No.104】	①
【No. 15】	④	【No. 45】	④	【No. 75】	②	【No.105】	⑤
【No. 16】	④	【No. 46】	②	【No. 76】	④	【No.106】	⑤
【No. 17】	⑤	【No. 47】	③	【No. 77】	⑤	【No.107】	②
【No. 18】	①	【No. 48】	②	【No. 78】	③	【No.108】	①
【No. 19】	③	【No. 49】	③	【No. 79】	③	【No.109】	②
【No. 20】	②	【No. 50】	②	【No. 80】	①	【No.110】	④
【No. 21】	②	【No. 51】	④	【No. 81】	③	【No.111】	⑤
【No. 22】	④	【No. 52】	②	【No. 82】	②	【No.112】	①
【No. 23】	④	【No. 53】	③	【No. 83】	②	【No.113】	⑤
【No. 24】	③	【No. 54】	①	【No. 84】	④	【No.114】	②
【No. 25】	①	【No. 55】	④	【No. 85】	⑤	【No.115】	③
【No. 26】	③	【No. 56】	⑤	【No. 86】	②	【No.116】	③
【No. 27】	⑤	【No. 57】	③	【No. 87】	①	【No.117】	②
【No. 28】	①	【No. 58】	②	【No. 88】	①	【No.118】	④
【No. 29】	②	【No. 59】	④	【No. 89】	⑤	【No.119】	④
【No. 30】	⑤	【No. 60】	①	【No. 90】	④	【No.120】	③

トレーニング
第4回 問題

（解答時間：15分間）

第4回

検査の説明

検査1 この検査は，与えられたアルファベットを手引の指示に従って置き換えて計算し，その結果の数値の末尾（一の位）の数と同じ選択肢の番号の位置にマークをするものです。ただし，置き換えたときの演算記号（+，−）は数字の前につくものとします。

（手引）

E　… たす	F　… ひく
E E … 2回たす	F F … 2回ひく

例題(1)　5 E　2 E E　3 F F　1 F　2 E

例題では，手引の指示に従うと『5E＝+5』『2E E…+2+2＝+4』『3F F…−3−3＝−6』『1F＝−1』『2E＝+2』と置き換えられます。計算式は『+5+4−6−1+2』となり，その結果は『4』ですから，マークは次のようになります。

→ 例題(1)正答　1 ○　2 ○　3 ○　4 ●　5 ○

検査2 この検査は，与えられた3ケタの数字と4ケタの数字の組合せを分類表に従って分類したときに当てはまる欄を探し，その欄の文字（または記号）がある箇所と同じ選択肢の番号の位置にマークをするものです。

（分類表）

	5018 ～ 5074 5149 ～ 5186	5285 ～ 5297 5001 ～ 5017	5113 ～ 5148 5187 ～ 5207	5208 ～ 5284 5075 ～ 5112
004 ～ 029 063 ～ 085	あ	お	け	す
106 ～ 113 129 ～ 141	い	か	こ	せ
114 ～ 128 142 ～ 156	う	き	さ	そ
030 ～ 062 086 ～ 105	え	く	し	た

	1	2	3	4	5
例題(2)　134 － 5117	さ	こ	せ	か	け

例題では，『134−5117』の組合せは『129～141』の行と『5113～5148』の列が交差する『こ』の欄に該当しますから，マークは次のようになります。

→ 例題(2)正答　1 ○　2 ●　3 ○　4 ○　5 ○

検査3 この検査は，アルファベットの大文字と小文字の組を手引に従って記号に置き換えたとき，正しく置き換えられているものがある箇所と同じ選択肢の番号の位置にマークをするものです。

（手引）

	x	y	z
X	●	◇	☆
Y	▽	★	◎
Z	○	□	▲

	1	2	3	4	5
例題(3)　Y x Z y X y	▽ ▲ ◇	◇ ☆ ▽	□ ▽ ▲	▽ □ ◇	☆ ◇ ▽

例題では，『Y x…▽』『Z y…□』『X y…◇』と置き換えられますから，マークは次のようになります。

→ 例題(3)正答　1 ○　2 ○　3 ○　4 ●　5 ○

（手引）

P …たす	B …ひく
P P …2回たす	B B …2回ひく

（**1**） 3 P　4 P P　5 B　1 P P　3 P P
（**2**） 1 B B　3 P P　4 P　5 P P　7 B
（**3**） 5 P　4 B　6 P P　1 B B　6 P P
（**4**） 4 B B　8 P P　3 B　5 P　2 P
（**5**） 2 P P　7 P　10 P　3 B B　2 B B

（**6**） 3 B　7 P　2 P P　5 P　6 P P
（**7**） 9 P P　1 P　2 P　3 B B　5 P P
（**8**） 2 B　6 P　3 P P　6 P　3 B
（**9**） 5 P P　9 P　1 P P　8 B B　3 B
（**10**） 9 B　5 P P　4 P　3 P　2 B B

（分類表）

	3401 ～ 3442 3613 ～ 3678	3679 ～ 3724 3485 ～ 3516	3517 ～ 3579 3725 ～ 3797	3443 ～ 3484 3580 ～ 3612
800 ～ 828 960 ～ 973	※	▲	○	□
894 ～ 915 974 ～ 999	▼	◎	△	★
829 ～ 857 916 ～ 932	#	◇	☆	×
858 ～ 893 933 ～ 959	■	▽	◆	●

		1	2	3	4	5
（**11**）	847 － 3795	◇	▽	☆	#	◎
（**12**）	991 － 3437	※	▲	◎	▼	#
（**13**）	855 － 3690	●	◇	☆	※	★
（**14**）	896 － 3473	◎	▼	#	★	△
（**15**）	803 － 3506	◇	○	▽	◎	▲
（**16**）	928 － 3461	☆	×	□	★	●
（**17**）	884 － 3669	◇	◎	#	▽	■
（**18**）	812 － 3752	▲	□	○	◎	△
（**19**）	909 － 3738	△	▲	◎	◇	▼
（**20**）	870 － 3564	◆	☆	▽	●	×

（手引）

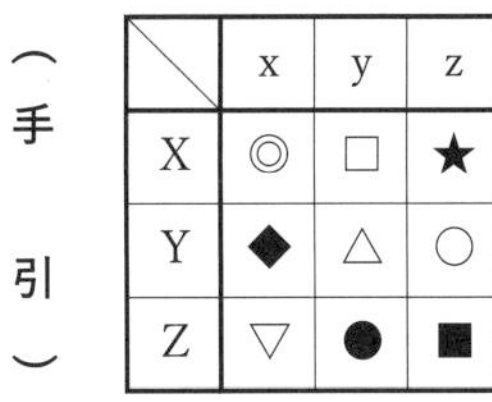

	x	y	z
X	◎	□	★
Y	◆	△	○
Z	▽	●	■

		1	2	3	4	5
（**21**）	Y z X y X x	○□◎	□◎○	□○◎	○△□	○□△
（**22**）	Z x X z Y y	◆★□	▽△★	★▽■	▽★△	■★○
（**23**）	X z Y y Z z	★■△	△★◎	■◎△	★■◎	★△■
（**24**）	Z x Z z X y	▽□■	□▽■	▽■○	□◎●	▽■□
（**25**）	Y y X z Z x	★△▽	★○▽	△▽■	△★▽	△◎▽
（**26**）	X y Y x Z y	●□◆	▽◆●	□◆●	□●◆	▽●□
（**27**）	Z y Y z Y x	◆○●	●○◆	◎●◆	●◆○	●◎◆
（**28**）	Y x Z x X z	▽◆★	○□■	◆▽★	◆★▽	▽○★
（**29**）	Z z X x Y y	△■◎	■◎△	◎△■	△◎■	■△◎
（**30**）	X x Z y Y z	◎●○	□△●	●○◎	○□△	◎○●

（手引）

E　…たす	F　…ひく
E E…2回たす	F F…2回ひく

（**31**）　5 E E　2 E　1 F F　8 F　5 E E
（**32**）　4 F　4 F F　2 E E　9 E E　5 F
（**33**）　7 E　4 E　1 F F　2 E E　5 E E
（**34**）　4 F F　3 E E　9 E　9 E E　5 F F
（**35**）　8 E　3 E E　4 F　7 E　3 F F

（**36**）　5 F　1 F F　4 E E　2 F F　6 E
（**37**）　7 E E　4 E E　5 E　2 F F　6 F F
（**38**）　4 F　5 F F　9 E E　2 E　2 F F
（**39**）　9 E　4 E E　5 F　3 F F　1 F F
（**40**）　3 F　9 E　5 E E　2 E E　4 E

（分類表）

	0027 ～ 0079 0149 ～ 0205	0238 ～ 0272 0080 ～ 0109	0001 ～ 0026 0206 ～ 0237	0110 ～ 0148 0273 ～ 0307
273 ～ 297 321 ～ 349	A	B	C	D
417 ～ 465 236 ～ 272	E	F	G	H
298 ～ 320 350 ～ 374	I	J	K	L
201 ～ 235 375 ～ 416	M	N	O	P

		1	**2**	**3**	**4**	**5**
（**41**）	395 − 0078	I	N	J	O	M
（**42**）	432 − 0269	B	F	E	G	J
（**43**）	407 − 0303	N	M	P	O	L
（**44**）	356 − 0170	L	I	E	J	K
（**45**）	294 − 0231	A	G	K	B	C
（**46**）	338 − 0155	H	B	A	N	E
（**47**）	261 − 0056	E	A	G	I	F
（**48**）	443 − 0134	A	M	E	H	I
（**49**）	302 − 0217	J	L	G	K	O
（**50**）	210 − 0019	O	C	K	G	P

（手引）

	x	y	z
X	▼	○	◆
Y	◎	■	△
Z	★	▽	●

		1	2	3	4	5
（ **51** ）	Z z Z y Z x	■ ★ ▽	● ▽ ★	▽ ★ ●	★ ▽ ■	● ■ ★
（ **52** ）	X y Z z Y y	▽ ● ■	■ ● ○	○ ● ■	○ ■ ●	○ ▽ ■
（ **53** ）	Z x Y x X y	◎ ★ ▼	★ ◎ ○	△ ◎ ★	★ ○ ◎	◎ ● ▼
（ **54** ）	Y x X y X x	▼ ○ ◎	◎ ○ ▼	◎ ▼ ○	○ ◎ ▼	◆ ▼ ○
（ **55** ）	X z Z x Y x	★ ◆ ○	▼ ★ ◎	▽ ◎ ★	○ ★ ◆	◆ ★ ◎
（ **56** ）	Z x Y z X x	△ ★ ▼	★ ◆ △	▼ △ ★	◆ ★ △	★ △ ▼
（ **57** ）	Y z X x Z y	▼ ■ △	▼ △ ▽	△ ▽ ▼	△ ◆ ▽	△ ▼ ▽
（ **58** ）	Z y Y x X z	▽ ◎ ◆	◎ ◆ ▼	▽ ▼ ◎	■ ◎ ▼	○ ◆ ■
（ **59** ）	Y y X z Y z	○ ◆ △	◆ ■ ○	■ ◆ △	◆ ○ ■	■ △ ◆
（ **60** ）	X x Y y Z z	▼ ▽ ★	■ ● ▼	★ ● ▽	▼ ■ ●	◆ ■ ●

（手引）

T　…たす	Y　…ひく
T T…2回たす	Y Y…2回ひく

（**61**）　7 T　3 T T　8 T T　9 T　2 Y Y
（**62**）　4 Y　9 T T　5 T　3 Y　8 T T
（**63**）　2 T T　3 T　9 T　8 Y Y　7 T T
（**64**）　9 Y　1 T　3 T T　7 T　5 T T
（**65**）　3 T T　5 T　1 Y Y　7 T　8 T T

（**66**）　3 Y Y　8 T　2 T　9 T　5 T T
（**67**）　6 T　4 T T　3 T　5 Y Y　4 T
（**68**）　1 Y Y　6 T T　7 T　4 Y Y　4 T
（**69**）　9 T　1 Y Y　7 T T　2 T　4 Y Y
（**70**）　1 Y Y　8 T　6 T　9 T T　1 T

（分類表）

	1575 ～ 1599 1398 ～ 1434	1342 ～ 1397 1503 ～ 1529	1469 ～ 1502 1303 ～ 1341	1530 ～ 1574 1435 ～ 1468
497 ～ 514 562 ～ 583	z	x	y	w
438 ～ 470 584 ～ 629	v	u	t	s
515 ～ 552 471 ～ 496	r	q	p	o
403 ～ 437 553 ～ 561	n	m	l	k

		1	**2**	**3**	**4**	**5**
（**71**）	570 － 1564	w	r	p	t	s
（**72**）	462 － 1328	u	t	q	s	v
（**73**）	506 － 1517	y	w	x	z	u
（**74**）	615 － 1462	o	t	s	x	w
（**75**）	559 － 1381	u	m	n	l	q
（**76**）	427 － 1473	m	p	k	o	l
（**77**）	614 － 1596	z	y	u	r	v
（**78**）	418 － 1405	n	q	r	m	p
（**79**）	523 － 1369	p	m	u	q	r
（**80**）	491 － 1550	w	k	p	o	s

（手引）

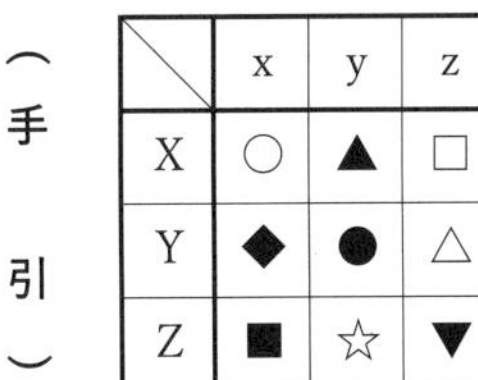

	x	y	z
X	○	▲	□
Y	◆	●	△
Z	■	☆	▼

		1	2	3	4	5
（**81**）	Y z X x Z z	△ ○ ▼	□ ◆ △	△ ▼ ○	○ ▼ ◆	◆ ○ ▼
（**82**）	X z Y y Z y	☆ ● □	● ☆ □	□ ● ☆	□ ☆ ●	○ ● ☆
（**83**）	Y x Z z X y	◆ △ ▲	◆ ▼ ▲	● ▼ ■	○ △ ▼	◆ ▲ ▼
（**84**）	Z y X z Y x	□ ◆ ☆	□ ☆ ◆	■ ○ ◆	◆ ☆ ○	☆ □ ◆
（**85**）	Y z Y x Z z	◆ ▼ △	△ ◆ ▼	□ ◆ ▼	△ ○ ▼	◆ △ ▼
（**86**）	Z x X z Y y	■ □ ●	☆ △ ◆	■ ☆ ●	☆ ● □	□ ■ ●
（**87**）	X y Z x X x	▲ ■ ◆	■ ▲ ○	☆ ▲ ◆	▲ ■ ○	▲ ☆ ○
（**88**）	Z z X y Z x	△ ☆ ■	▼ ■ ▲	▲ ▼ ■	△ ▲ ☆	▼ ▲ ■
（**89**）	Y y Y z X z	□ ◆ ●	● △ □	○ △ ◆	● □ △	△ ● □
（**90**）	X x Z y Y z	○ ■ □	☆ △ ○	◆ ▲ △	○ ☆ △	○ ▲ ☆

（手引）

S …たす	Z …ひく
S S …2回たす	Z Z …2回ひく

(**91**)　8 S S　4 Z Z　7 Z　3 S　1 Z Z
(**92**)　5 Z　9 S S　2 S S　8 S　3 S S
(**93**)　8 S　7 S S　3 Z Z　2 S　5 Z
(**94**)　1 Z　4 S S　5 S S　3 Z　2 Z
(**95**)　6 S　5 S S　9 S　1 Z Z　6 S S

(**96**)　6 Z　7 S S　2 Z Z　5 S　3 Z Z
(**97**)　5 S　6 S S　3 Z　9 S　1 Z Z
(**98**)　4 Z Z　9 S　3 S　1 S S　2 Z
(**99**)　9 S　1 S S　2 Z Z　3 S　5 Z
(**100**)　8 Z　5 S S　9 S　1 S　4 Z Z

（分類表）

	2054 ～ 2105 2198 ～ 2242	2339 ～ 2376 2106 ～ 2149	2243 ～ 2291 2011 ～ 2053	2150 ～ 2197 2292 ～ 2338
695 ～ 722 823 ～ 846	イ	ロ	ハ	ニ
634 ～ 675 723 ～ 750	ホ	ヘ	ト	チ
676 ～ 694 751 ～ 785	リ	ヌ	ル	ヲ
601 ～ 633 786 ～ 822	ワ	カ	ヨ	タ

		1	**2**	**3**	**4**	**5**
(**101**)	689 − 2129	ヌ	ル	ヘ	リ	カ
(**102**)	718 − 2305	ト	ヨ	ハ	ニ	チ
(**103**)	837 − 2356	ハ	ロ	チ	ト	ヘ
(**104**)	741 − 2024	ト	チ	ニ	タ	ヲ
(**105**)	682 − 2253	ヲ	カ	ハ	ル	ヨ
(**106**)	654 − 2182	ニ	ホ	ト	ヘ	チ
(**107**)	790 − 2228	ヌ	リ	ル	カ	ワ
(**108**)	833 − 2087	ヘ	イ	ロ	ト	ホ
(**109**)	766 − 2331	チ	ル	ヲ	ヨ	タ
(**110**)	815 − 2020	タ	カ	ヨ	ル	ヌ

（手引）

	x	y	z
X	★	△	■
Y	▽	◎	☆
Z	●	◇	▲

		1	2	3	4	5
(**111**)	X x X z Z x	●★▲	★●■	▲■★	★■●	■●★
(**112**)	Z y Y y Z z	◇▲◎	▲◎◇	◎☆▲	◎◇▲	◇◎▲
(**113**)	Y x X z X y	▽■△	▽△▲	◇▲▽	☆△■	△■▽
(**114**)	X z Z x Y x	●▽■	△■▽	■●△	■●▽	☆▽●
(**115**)	Y y X y Z y	☆△▽	◎△◇	★☆▽	△▽★	◎◇△
(**116**)	X y Z z Y y	▲△■	△▲◎	▲◎△	△◎▲	★■▽
(**117**)	Y z X x Y x	☆★▽	☆◇◎	☆▽◇	★☆▽	☆▽★
(**118**)	Z x Y z X z	◎●☆	■☆●	●☆■	☆■●	■●◎
(**119**)	Y x Z y Y z	◇☆▽	☆▽◇	◇◎●	◇●☆	▽◇☆
(**120**)	Z z Y x X x	★▽▲	◇◎★	☆△◇	▲◇★	▲▽★

トレーニング
第4回 解答

問題番号	正 答	問題番号	正 答	問題番号	正 答	問題番号	正 答
【No. 1】	④	【No. 31】	②	【No. 61】	④	【No. 91】	②
【No. 2】	①	【No. 32】	⑤	【No. 62】	②	【No. 92】	①
【No. 3】	③	【No. 33】	③	【No. 63】	④	【No. 93】	③
【No. 4】	②	【No. 34】	⑤	【No. 64】	⑤	【No. 94】	②
【No. 5】	①	【No. 35】	①	【No. 65】	②	【No. 95】	⑤
【No. 6】	⑤	【No. 36】	③	【No. 66】	③	【No. 96】	③
【No. 7】	⑤	【No. 37】	①	【No. 67】	①	【No. 97】	①
【No. 8】	③	【No. 38】	②	【No. 68】	③	【No. 98】	④
【No. 9】	②	【No. 39】	④	【No. 69】	⑤	【No. 99】	⑤
【No. 10】	④	【No. 40】	④	【No. 70】	①	【No.100】	④
【No. 11】	③	【No. 41】	⑤	【No. 71】	①	【No.101】	①
【No. 12】	④	【No. 42】	②	【No. 72】	②	【No.102】	④
【No. 13】	②	【No. 43】	③	【No. 73】	③	【No.103】	②
【No. 14】	④	【No. 44】	②	【No. 74】	③	【No.104】	①
【No. 15】	⑤	【No. 45】	⑤	【No. 75】	②	【No.105】	④
【No. 16】	②	【No. 46】	③	【No. 76】	⑤	【No.106】	⑤
【No. 17】	⑤	【No. 47】	①	【No. 77】	⑤	【No.107】	⑤
【No. 18】	③	【No. 48】	④	【No. 78】	①	【No.108】	②
【No. 19】	①	【No. 49】	④	【No. 79】	④	【No.109】	③
【No. 20】	①	【No. 50】	①	【No. 80】	④	【No.110】	③
【No. 21】	①	【No. 51】	②	【No. 81】	①	【No.111】	④
【No. 22】	④	【No. 52】	③	【No. 82】	③	【No.112】	⑤
【No. 23】	⑤	【No. 53】	②	【No. 83】	②	【No.113】	①
【No. 24】	⑤	【No. 54】	②	【No. 84】	⑤	【No.114】	④
【No. 25】	④	【No. 55】	⑤	【No. 85】	②	【No.115】	②
【No. 26】	③	【No. 56】	⑤	【No. 86】	①	【No.116】	②
【No. 27】	②	【No. 57】	⑤	【No. 87】	④	【No.117】	①
【No. 28】	③	【No. 58】	①	【No. 88】	⑤	【No.118】	③
【No. 29】	②	【No. 59】	③	【No. 89】	②	【No.119】	⑤
【No. 30】	①	【No. 60】	④	【No. 90】	④	【No.120】	⑤

トレーニング 第5回 問題

（解答時間：15分間）

第5回

検査の説明

検査1 この検査は，問題の式を左から順番に記号の向きに応じ，『▷』は左から右の数を引き，ただし，左の数より右の数が大きいときは左の数に右の数を加え，『◁』は右の数から左の数を引き，ただし，右の数より左の数が大きいときは右の数に左の数を加えて計算し，その結果の末尾（一の位）の数と同じ選択肢の番号の位置にマークをするものです。なお，（　）があるものは（　）内の計算を優先するものとします。

例題(1)　26 ▷ 32 ◁ 80 ◁ 19

例題では，『26▷32』は左の数から右の数は引けないので加えると『58』，『58◁80』は右の数から左の数を引くと『22』，『22◁19』は右の数から左の数は引けないので加えると『41』となりますから，マークは次のようになります。

→ **例題(1)正答**　1 ● 2 ○ 3 ○ 4 ○ 5 ○

検査2 この検査は，問題のアルファベットを手引1から探し，そのアルファベットがあるマスと同じ手引2の位置の指示に従って手引1内の他のアルファベットに置き換えたとき，正しく置き換えられているものがある箇所と同じ選択肢の番号の位置にマークをするものです。ただし，手引2の数字の横の矢印は，その数字の分だけ矢印の方向に移動することを示しています。

（手引1）

G	A	T	J
U	S	N	E
K	Y	I	R
O	B	D	V

（手引2）

2 →	2 ↓	1 ↓	2 ←
1 ↓	2 →	2 ↓	3 ←
2 →	2 →	2 ↑	2 ←
1 →	3 ↑	2 ↑	1 ↑

		1	2	3	4	5
例題(2)	G D V	T N R	T N B	N E B	O B V	I D V

例題では，『G…2→（右に2つ）…T』『D…2↑（上に2つ）…N』『V…1↑（上に1つ）…R』で『T N R』と置き換えられますから，マークは次のようになります。

→ **例題(2)正答**　1 ● 2 ○ 3 ○ 4 ○ 5 ○

検査3 この検査は，ローマ数字とカタカナの組合せを，手引に従ってそれぞれの点に置き換え，三つの点を結んでできる三角形がある箇所と同じ選択肢の番号の位置にマークをするものです。

（手引）

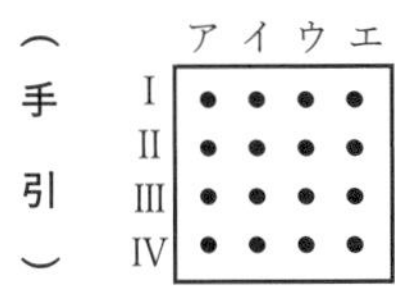

例題(3)

Iウ・IIイ・IVエ

1 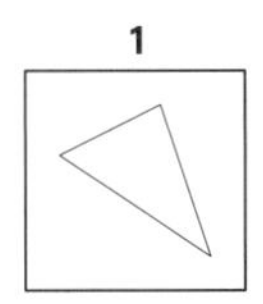

2 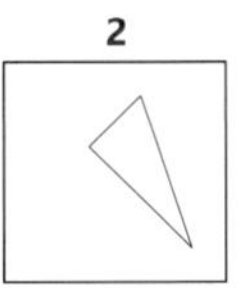

3 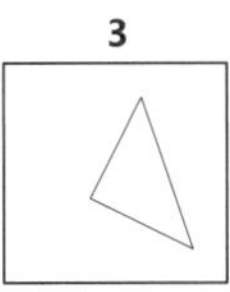

4 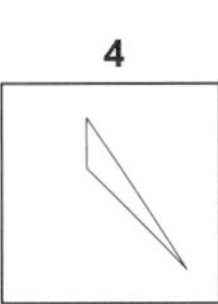

5 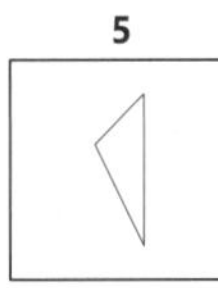

例題では，『**2**』の三角形ができますから，マークは次のようになります。

→ **例題(3)正答**　1 ○ 2 ● 3 ○ 4 ○ 5 ○

（ **1** ） 18 ◁（49 ▷ 22）▷ 33

（ **2** ） 31 ◁ 29 ◁（43 ▷ 28）

（ **3** ） 72 ▷ 30 ▷ 13 ◁ 52

（ **4** ） 64 ▷（22 ◁ 19）▷ 58

（ **5** ） 61 ▷ 24 ◁（58 ◁ 73）

（ **6** ） 44 ◁ 39 ◁ 94 ▷ 30

（ **7** ） 47 ▷ 29 ◁（43 ◁ 64）

（ **8** ） 41 ◁（38 ▷ 56）◁ 21

（ **9** ） 33 ◁ 52 ◁ 47 ▷ 35

（ **10** ） 17 ◁ 48 ◁（97 ▷ 21）

（手引1）

M	J	C	K
A	G	H	E
Y	V	P	S
R	T	I	B

（手引2）

3 ↓	1 ←	1 →	2 ←
1 →	2 →	2 ↓	1 ↑
2 ↑	2 →	1 ←	3 ←
3 →	2 ↑	1 →	2 ↑

		1	**2**	**3**	**4**	**5**
（ **11** ）	B Y C	T K J	E M K	T M J	E K M	T M K
（ **12** ）	H J E	I M K	A C K	I C H	A M P	I C K
（ **13** ）	S T I	Y V B	Y G P	Y V P	Y G T	Y G B
（ **14** ）	J R A	C B G	M P B	C I M	M B G	C P M
（ **15** ）	G M P	E K I	E R V	E H K	E K V	E R I
（ **16** ）	M C V	R J P	Y V J	R K S	Y J S	Y K S
（ **17** ）	V E Y	S K B	J K B	J H M	S K M	S H M
（ **18** ）	T B J	G T M	G E M	G E C	G E T	G T E
（ **19** ）	I K H	P S A	B S I	B J I	P J A	P J I
（ **20** ）	P G R	V T B	V E M	V T M	V B T	V E B

（手引）

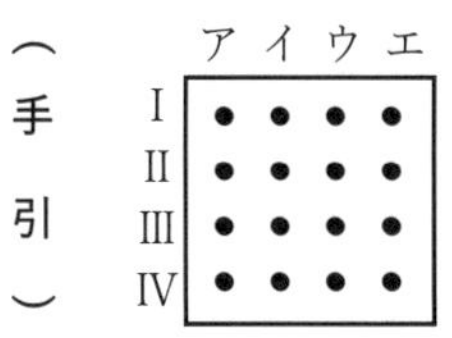

	1	2	3	4	5
（ **21** ） Iウ・IIア・IVイ					
（ **22** ） Iイ・IIア・IVエ					
（ **23** ） IIア・IIIエ・IVイ					
（ **24** ） Iエ・IIイ・IIウ					
（ **25** ） IIエ・IVア・IVウ					
（ **26** ） Iア・IIウ・IVイ					
（ **27** ） Iウ・IIエ・IIIア					
（ **28** ） Iエ・IIIア・IVイ					
（ **29** ） IIア・IIウ・IVエ					
（ **30** ） Iイ・IIIエ・IVア					

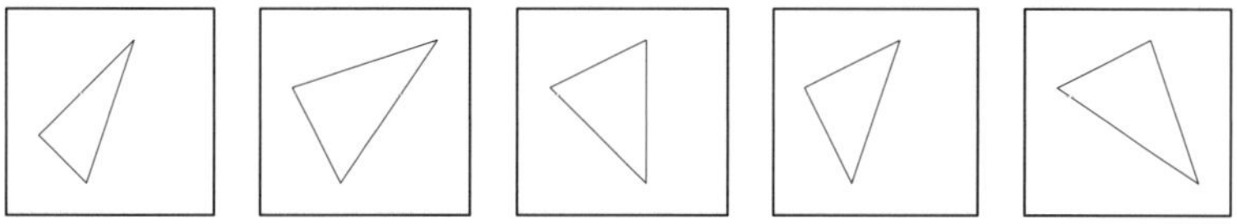

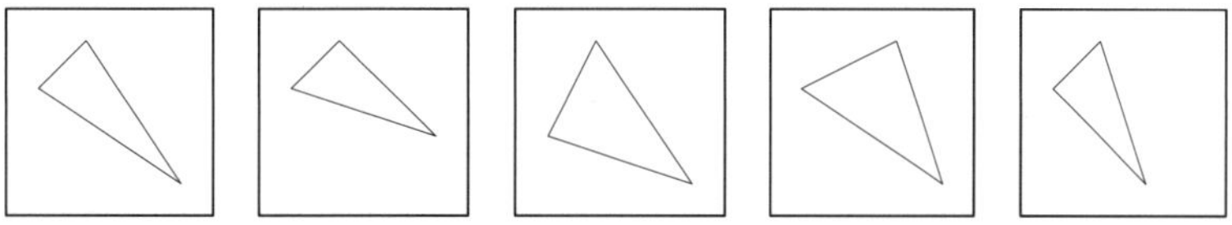

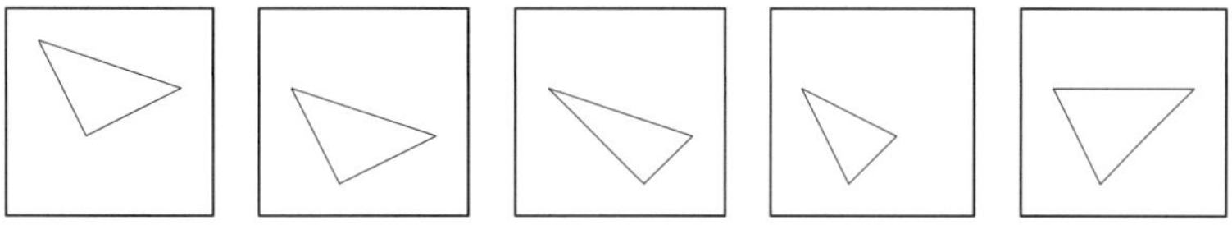

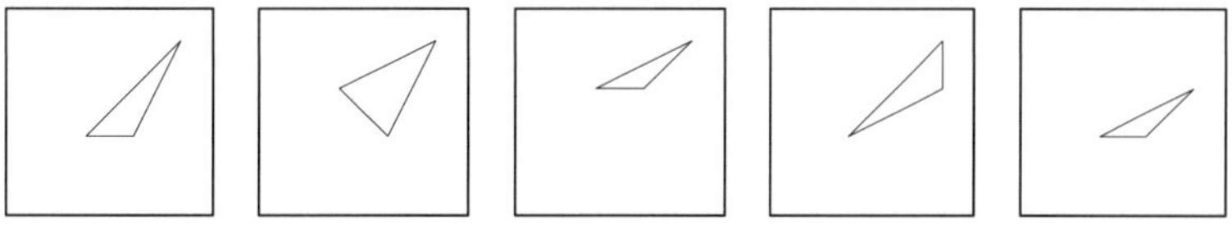

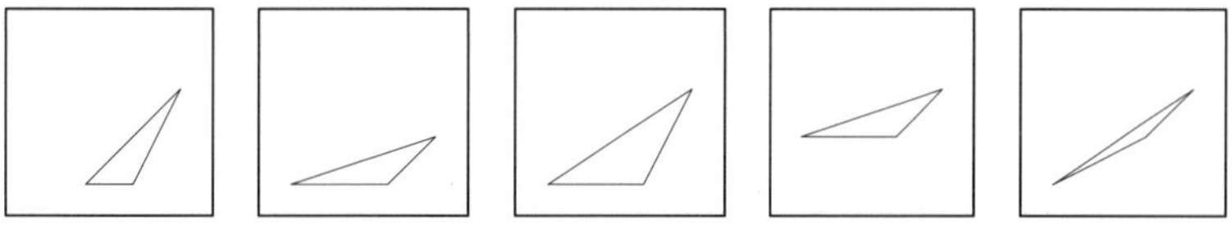

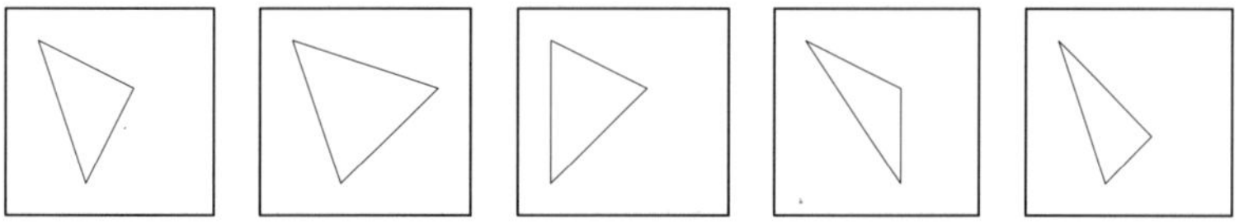

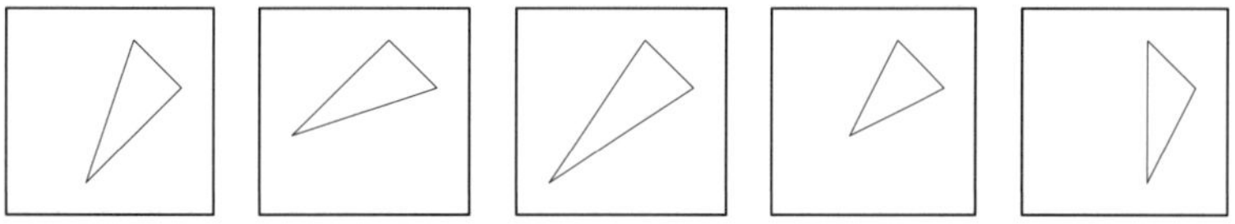

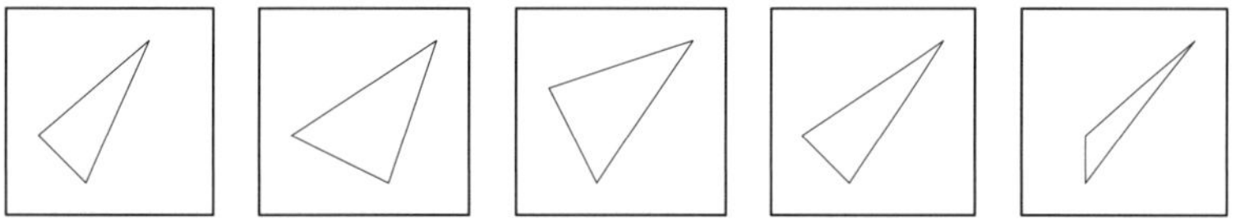

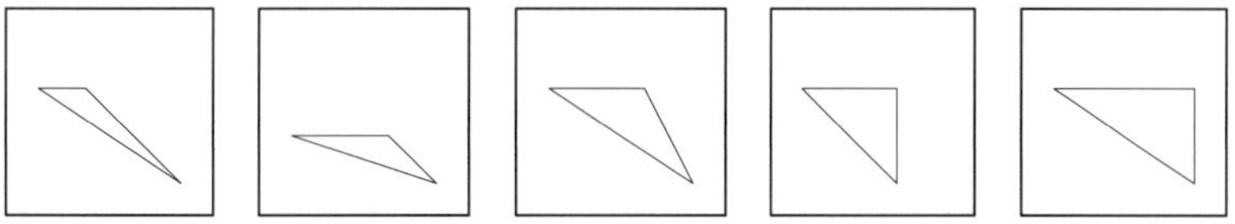

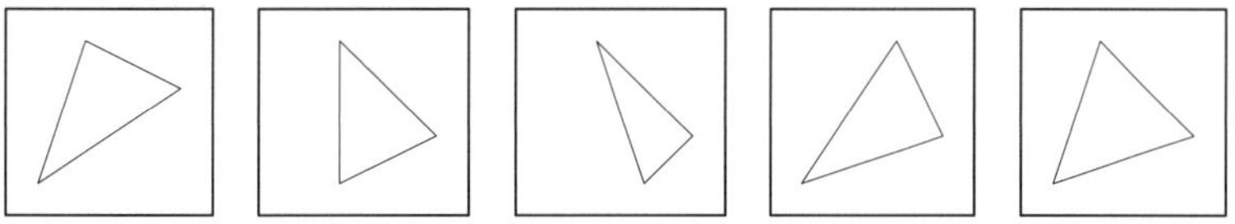

第5回

(**31**) 41 ◁ 83 ▷ 24 ◁ 23

(**32**) 16 ◁ (59 ▷ 28) ▷ 26

(**33**) 78 ◁ 91 ▷ 48 ◁ 83

(**34**) 55 ▷ 16 ◁ (27 ▷ 23)

(**35**) 72 ◁ 51 ◁ 26 ▷ 55

(**36**) 31 ◁ (25 ▷ 61) ◁ 18

(**37**) 35 ▷ 42 ◁ 49 ◁ 48

(**38**) 50 ▷ 27 ◁ (38 ▷ 66)

(**39**) 59 ▷ 12 ▷ 48 ◁ 98

(**40**) 77 ▷ 93 ◁ (57 ◁ 88)

（手引1）

Q	G	A	S
H	E	C	I
P	B	F	K
U	O	L	W

（手引2）

2 ↓	3 ↓	2 ←	3 ↓
3 →	1 ↑	1 →	2 ←
1 ↑	2 ↑	2 ←	1 ↓
2 →	1 ←	3 ↑	2 ←

		1	**2**	**3**	**4**	**5**
(**41**)	P L G	H C B	H A O	H C O	H A U	H A B
(**42**)	S E Q	W Q P	G Q U	G U P	W G P	W G U
(**43**)	F O L	H U A	P U A	H L U	P A U	P L H
(**44**)	G H K	B I W	O K F	O I F	B K F	O I W
(**45**)	B S U	G K L	G O L	A O W	G W L	A W K
(**46**)	H U O	I L U	I H B	I L B	I H U	I B L
(**47**)	I F W	L P I	B P I	B A U	E P O	L A U
(**48**)	K P C	B H A	F H A	W H I	F B I	W B I
(**49**)	L Q I	A P E	C F H	A U E	C P H	A P H
(**50**)	W A E	O G Q	Q O G	O Q G	Q G O	G O Q

（手引）

	ア	イ	ウ	エ
Ⅰ	●	●	●	●
Ⅱ	●	●	●	●
Ⅲ	●	●	●	●
Ⅳ	●	●	●	●

（ **51** ） Ⅲウ・Ⅳア・Ⅳエ

（ **52** ） Ⅰア・Ⅲア・Ⅳウ

（ **53** ） Ⅱエ・Ⅲア・Ⅲイ

（ **54** ） Ⅰウ・Ⅱエ・Ⅲア

（ **55** ） Ⅰア・Ⅲイ・Ⅳエ

（ **56** ） Ⅰイ・Ⅱア・Ⅱエ

（ **57** ） Ⅱエ・Ⅲイ・Ⅳウ

（ **58** ） Ⅰイ・Ⅲエ・Ⅳア

（ **59** ） Ⅰウ・Ⅱア・Ⅲイ

（ **60** ） Ⅱア・Ⅲア・Ⅳウ

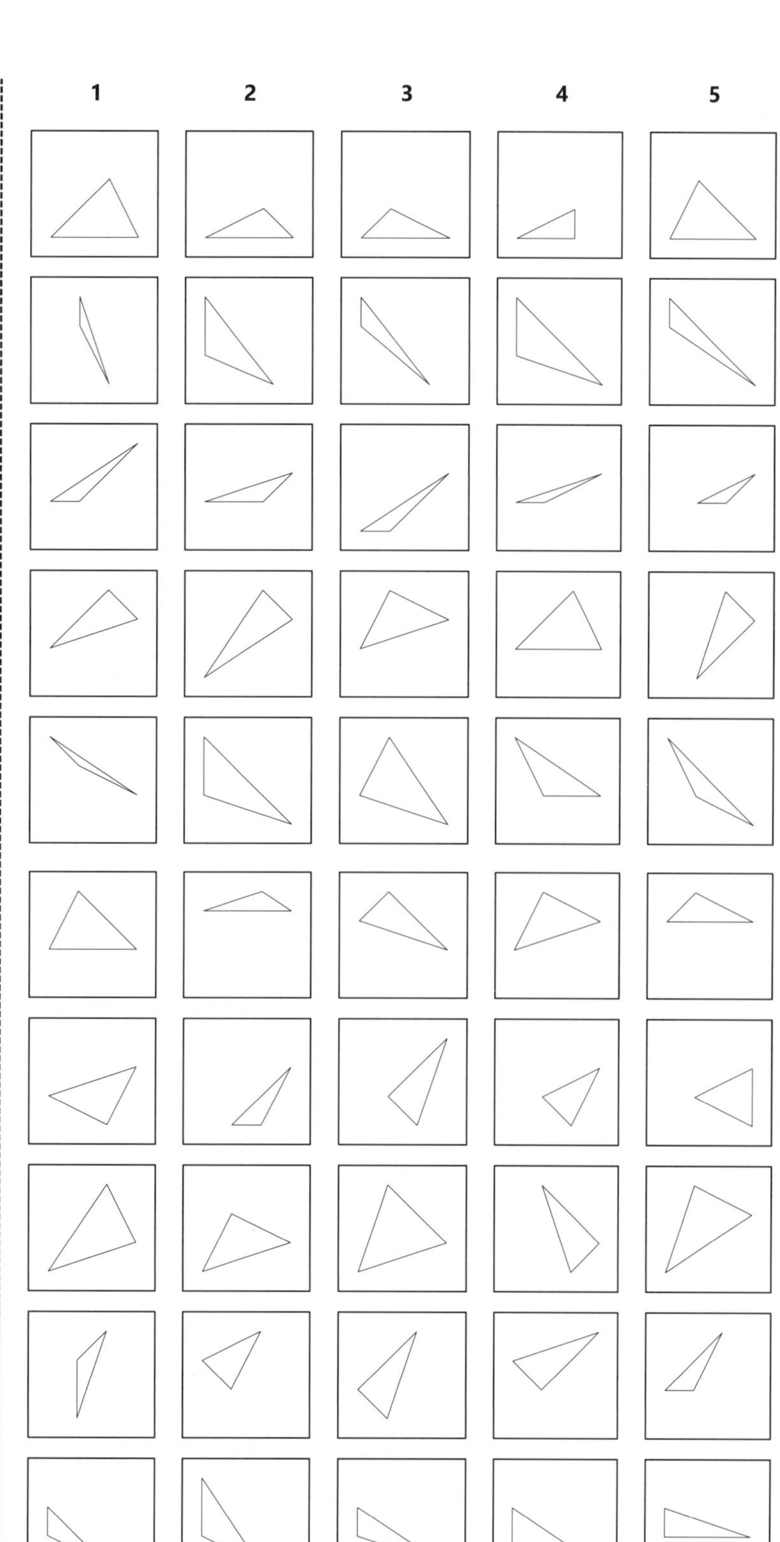

(**61**) 16 ▷ (71 ▷ 46) ▷ 29

(**62**) 24 ◁ 49 ◁ 57 ◁ 29

(**63**) 64 ▷ 71 ▷ 48 ◁ 56

(**64**) 56 ▷ (27 ◁ 40) ▷ 19

(**65**) 35 ▷ 15 ◁ 60 ▷ 54

(**66**) 82 ◁ 44 ▷ (57 ◁ 35)

(**67**) 65 ◁ 30 ▷ 49 ◁ 61

(**68**) 86 ▷ 52 ◁ (39 ◁ 47)

(**69**) 82 ▷ 54 ◁ 26 ◁ 31

(**70**) 68 ▷ 23 ◁ (73 ◁ 44)

（手引1）

S	X	N	A
Y	T	B	H
F	I	G	D
K	W	J	U

（手引2）

2 →	2 ↓	1 ↓	2 ←
1 ↓	1 →	2 ←	3 ←
1 →	1 ↑	1 →	2 ↑
2 ↑	3 ↑	1 ←	3 ←

		1	**2**	**3**	**4**	**5**
(**71**)	U A J	K D G	K S U	K X W	K D W	K X U
(**72**)	G W T	B X Y	D X B	B U Y	D X Y	D Y B
(**73**)	K D S	Y I N	J A N	J A F	J I F	Y A N
(**74**)	B A I	T X G	Y D G	T D X	Y X T	Y X G
(**75**)	Y J D	F W A	F G H	S U A	F W H	S G A
(**76**)	N A U	B N K	X D K	B D K	X B K	B X K
(**77**)	J K D	G Y I	W J A	W Y A	G J A	W Y I
(**78**)	H G X	Y D A	Y I W	Y I A	Y D I	Y D W
(**79**)	S F W	N I X	N Y T	N Y X	N I T	N Y I
(**80**)	X H N	A Y T	A T B	I Y B	A Y B	I T A

（手引）

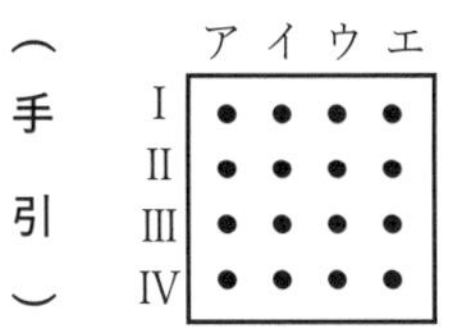

1　2　3　4　5

（81）IIイ・IVウ・IVエ

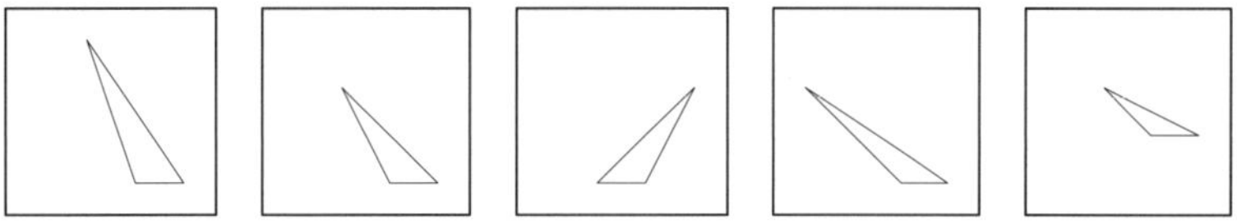

（82）Iウ・IIIア・IVウ

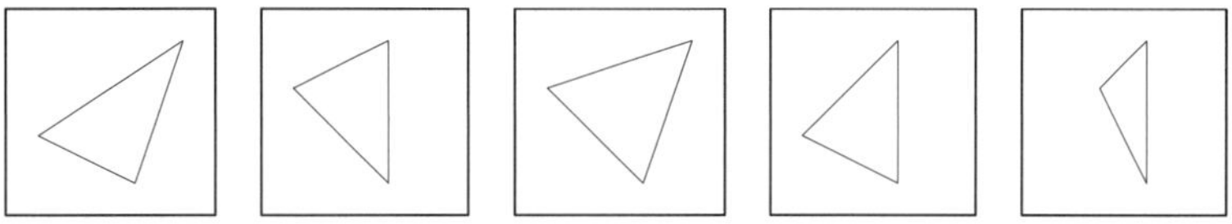

（83）Iア・IIエ・IIIイ

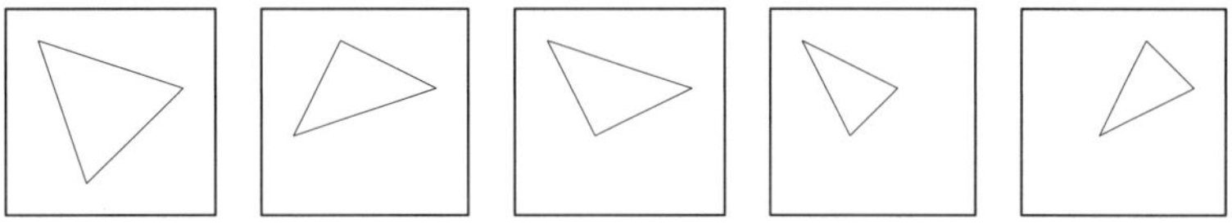

（84）Iエ・IIIエ・IVア

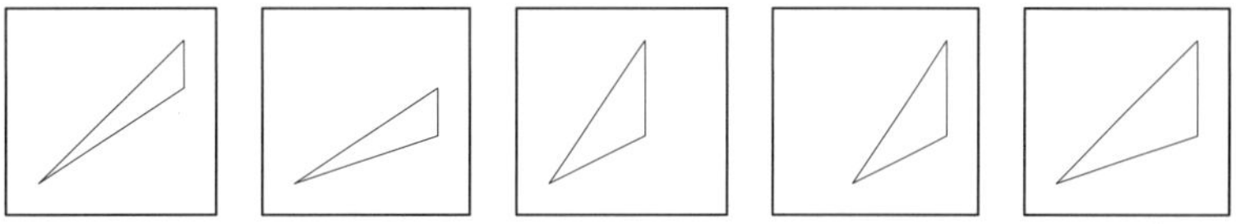

（85）IIイ・IIIエ・IVウ

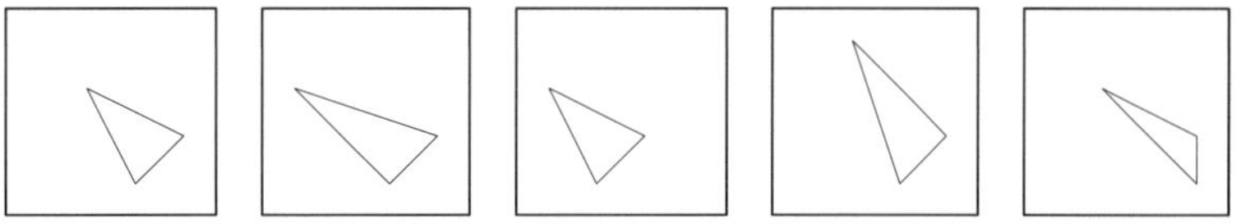

（86）Iウ・IIIア・IVア

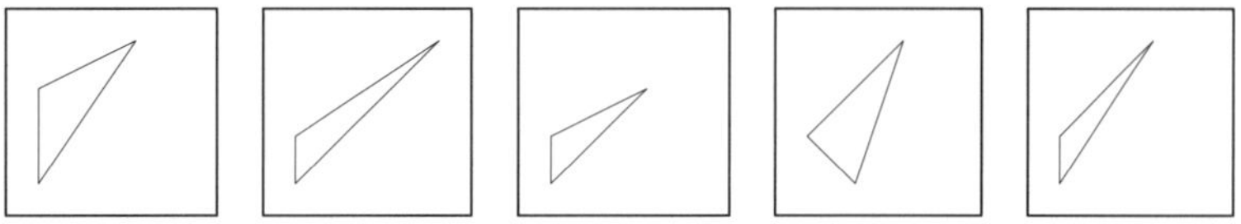

（87）IIウ・IIIア・IVイ

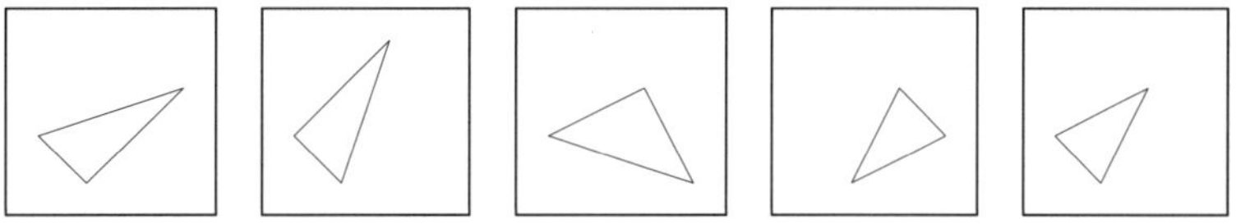

（88）Iエ・IIア・IIIウ

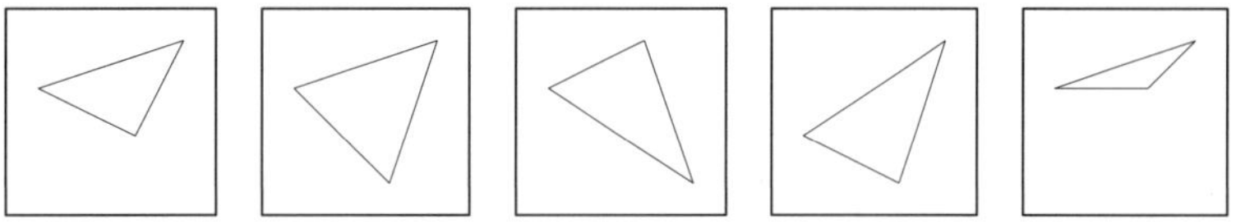

（89）Iア・IIIエ・IVイ

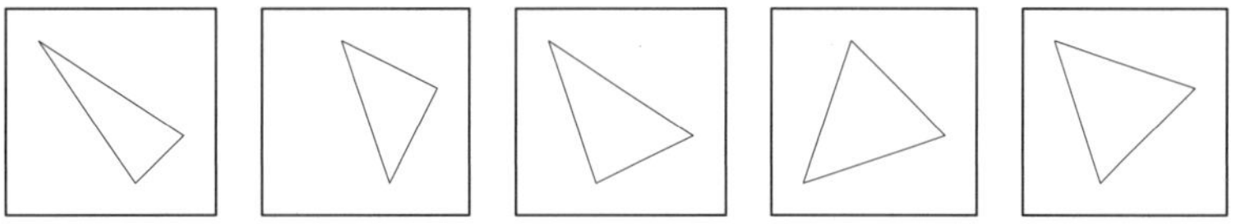

（90）Iイ・IIエ・IVウ

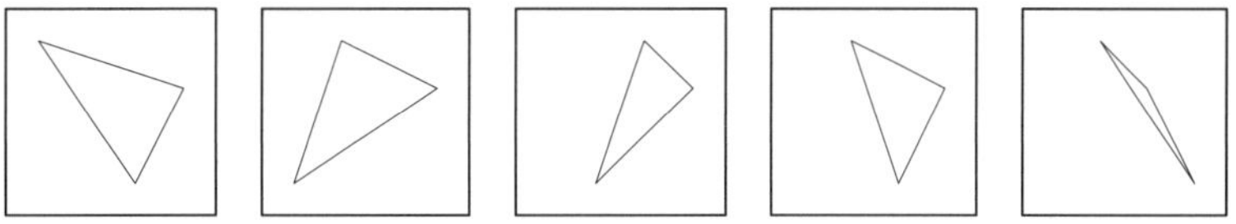

(**91**) 27 ◁ (83 ▷ 71) ◁ 33

(**92**) 93 ▷ 73 ▷ 7 ▷ 41

(**93**) 13 ▷ (52 ◁ 73) ◁ 56

(**94**) 43 ◁ 69 ▷ (32 ◁ 43)

(**95**) 45 ▷ 17 ◁ 36 ▷ 25

(**96**) 28 ◁ (25 ▷ 39) ◁ 37

(**97**) 45 ◁ 32 ▷ 54 ◁ 12

(**98**) 43 ▷ (24 ◁ 23) ▷ 36

(**99**) 52 ▷ 30 ◁ 27 ▷ 36

(**100**) 54 ◁ 14 ▷ (87 ▷ 34)

（手引1）

H	F	S	K
U	D	Y	C
I	W	A	T
B	X	L	M

（手引2）

1 →	2 →	3 ↓	3 ←
2 ↓	1 ←	1 ←	2 ↓
3 →	1 ↓	2 ↑	2 ←
3 ↑	2 →	2 ←	1 ↑

		1	**2**	**3**	**4**	**5**
(**101**)	X U S	M B A	M C L	D B A	D I L	M B L
(**102**)	D C L	I M B	W M X	U M B	I M X	U M X
(**103**)	T F B	W D H	I K H	I K D	W K H	W D M
(**104**)	W M Y	X T D	X T A	X T K	X K D	X K A
(**105**)	I K A	T M S	I H S	I M Y	T H S	T M Y
(**106**)	C H W	M U F	M F X	M U X	M F I	M U I
(**107**)	T U M	W Y T	K B T	K B L	W B T	W B L
(**108**)	S I F	L W X	L T W	L A X	L A W	L T K
(**109**)	A Y X	S C M	I C D	S D M	I D F	I D M
(**110**)	L D K	B U H	B Y M	B Y H	B U M	B Y F

（手引）

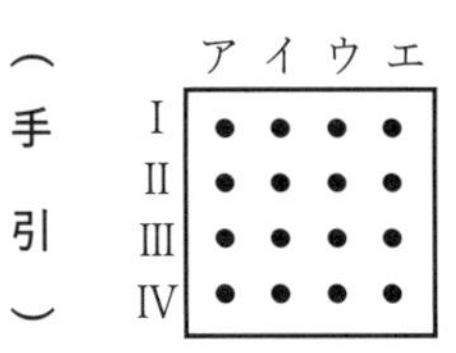

	1	2	3	4	5
（111）IIエ・IIIア・IVウ					
（112）Iウ・IIイ・IVエ					
（113）IIエ・IIIア・IVイ					
（114）Iア・IIウ・IVイ					
（115）Iイ・Iエ・IVウ					
（116）IIIイ・IVア・IVエ					
（117）Iア・IIIイ・IIIエ					
（118）IIエ・IIIイ・IVエ					
（119）Iア・IIア・IVイ					
（120）Iウ・IIエ・IVイ					

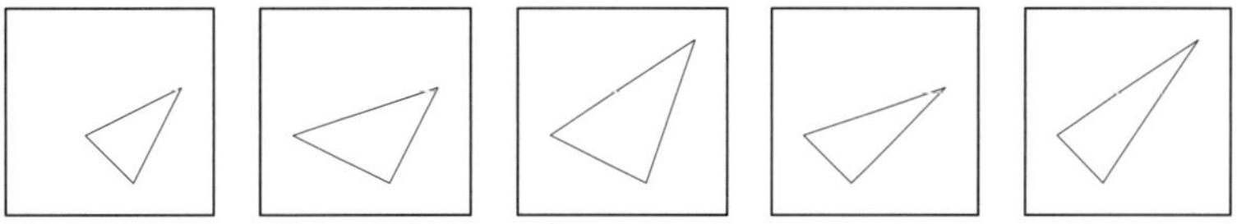

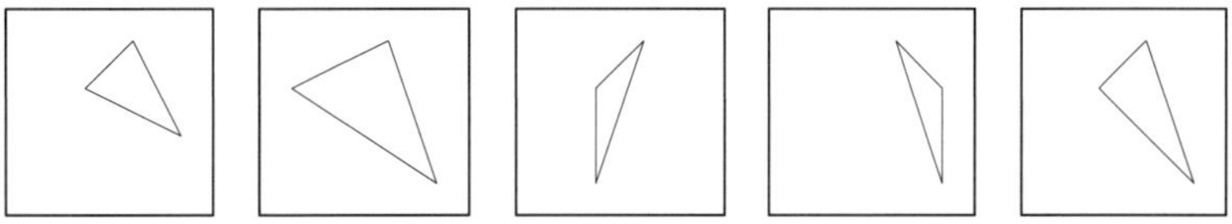

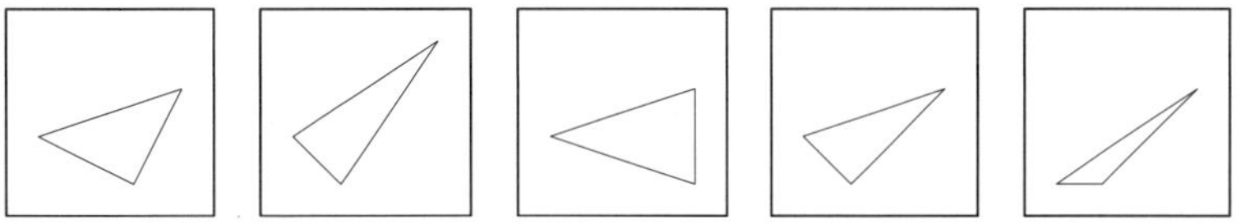

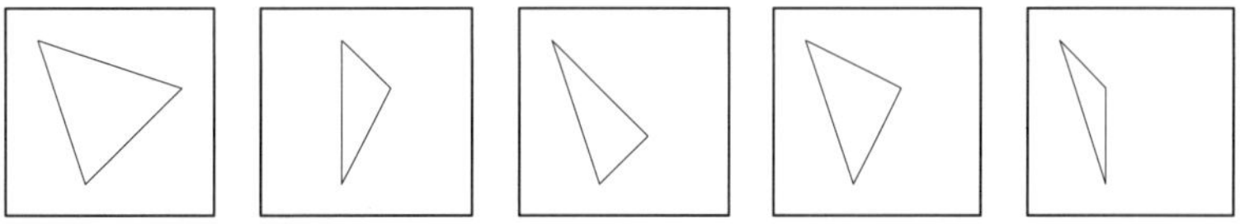

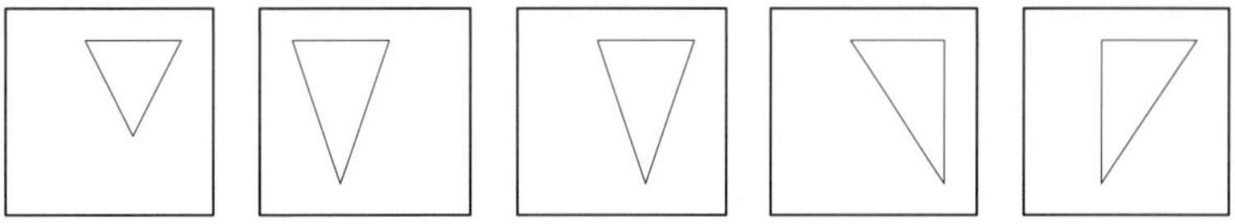

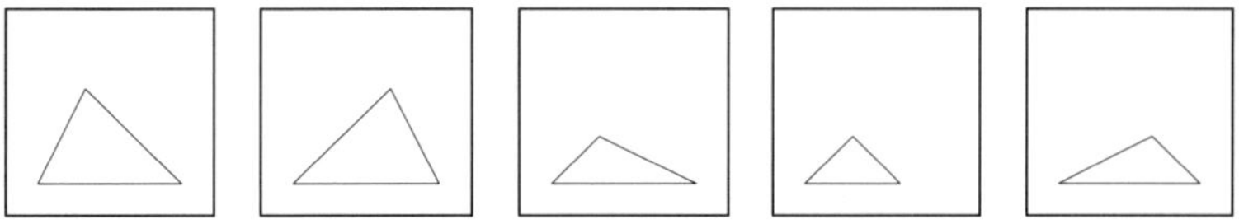

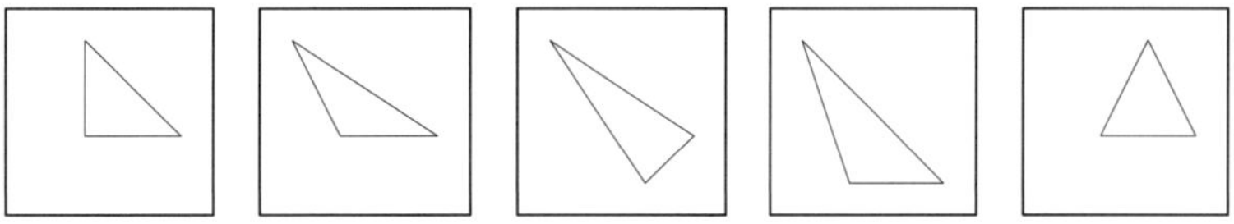

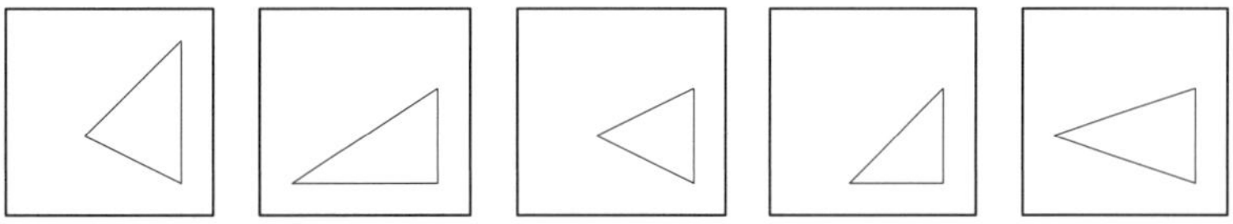

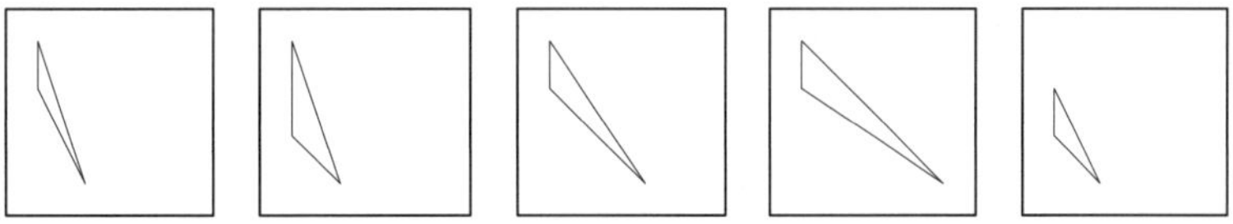

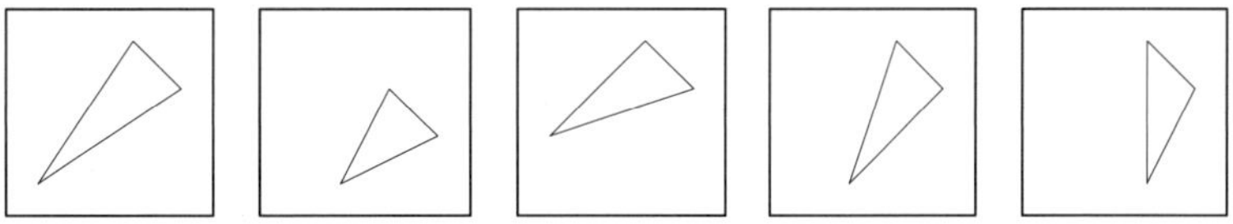

第5回

トレーニング
第5回 解答

問題番号	正 答	問題番号	正 答	問題番号	正 答	問題番号	正 答
【No. 1】	②	【No. 31】	⑤	【No. 61】	②	【No. 91】	②
【No. 2】	⑤	【No. 32】	①	【No. 62】	①	【No. 92】	④
【No. 3】	③	【No. 33】	②	【No. 63】	③	【No. 93】	②
【No. 4】	①	【No. 34】	③	【No. 64】	④	【No. 94】	⑤
【No. 5】	②	【No. 35】	④	【No. 65】	④	【No. 95】	③
【No. 6】	①	【No. 36】	③	【No. 66】	④	【No. 96】	①
【No. 7】	③	【No. 37】	④	【No. 67】	⑤	【No. 97】	⑤
【No. 8】	④	【No. 38】	①	【No. 68】	②	【No. 98】	④
【No. 9】	③	【No. 39】	③	【No. 69】	⑤	【No. 99】	①
【No. 10】	⑤	【No. 40】	①	【No. 70】	②	【No.100】	⑤
【No. 11】	②	【No. 41】	②	【No. 71】	③	【No.101】	⑤
【No. 12】	①	【No. 42】	④	【No. 72】	②	【No.102】	③
【No. 13】	⑤	【No. 43】	②	【No. 73】	⑤	【No.103】	④
【No. 14】	④	【No. 44】	⑤	【No. 74】	④	【No.104】	①
【No. 15】	②	【No. 45】	④	【No. 75】	①	【No.105】	④
【No. 16】	③	【No. 46】	①	【No. 76】	⑤	【No.106】	②
【No. 17】	④	【No. 47】	④	【No. 77】	③	【No.107】	④
【No. 18】	②	【No. 48】	③	【No. 78】	④	【No.108】	⑤
【No. 19】	③	【No. 49】	①	【No. 79】	①	【No.109】	③
【No. 20】	⑤	【No. 50】	③	【No. 80】	③	【No.110】	①
【No. 21】	④	【No. 51】	②	【No. 81】	②	【No.111】	②
【No. 22】	①	【No. 52】	②	【No. 82】	④	【No.112】	⑤
【No. 23】	②	【No. 53】	④	【No. 83】	③	【No.113】	④
【No. 24】	③	【No. 54】	①	【No. 84】	⑤	【No.114】	④
【No. 25】	③	【No. 55】	⑤	【No. 85】	①	【No.115】	③
【No. 26】	①	【No. 56】	⑤	【No. 86】	⑤	【No.116】	③
【No. 27】	②	【No. 57】	④	【No. 87】	⑤	【No.117】	②
【No. 28】	④	【No. 58】	③	【No. 88】	①	【No.118】	③
【No. 29】	③	【No. 59】	②	【No. 89】	③	【No.119】	①
【No. 30】	⑤	【No. 60】	①	【No. 90】	④	【No.120】	④

トレーニング 第6回 問題

（解答時間：15分間）

検査の説明

検査1 この検査は，A，B，Cの3つの数式を計算し，その答の関係に該当する手引と同じ選択肢の番号の位置にマークをするものです。

（手引）

1	3つとも同じ数（A＝B＝C）
2	A＞B＞CまたはA＞C＞B
3	B＞A＞CまたはB＞C＞A
4	C＞A＞BまたはC＞B＞A
5	3つのうち2つが同じ数

	A	B	C
例題(1)	7 × 2	39 ÷ 3	5 ＋ 8

例題では，計算すると『A＝14』『B＝13』『C＝13』で，BとCの2つが同じ数となります。これは手引『**5**』の『3つのうち2つが同じ数』に該当しますから，マークは次のようになります。

→ **例題(1)正答** 1 ○ 2 ○ 3 ○ 4 ○ 5 ●

検査2 この検査は，問題の記号群の配列と同じものがある手引と同じ選択肢の番号の位置にマークをするものです。ただし，同じ配列が二箇所以上にある場合は『**5**』の位置にマークをします。

（手引）

1	2	3	4
○☆◆△▼	□★●▲☆	◎□△▼◇	▽◆△○◇
□★●▲☆	○☆▼△◆	▲■□△●	△◎○●◆
▽△◆◇○	△○●◎◆	○■◎▽★	□★◎☆▲
◇▲▼□◆	◎△□◇▼	◇◆▼□▲	▲□△●■

例題(2) □★●▲☆

例題では，『□★●▲☆』は手引『**1**』の上から2番目と手引『**2**』の1番上の二箇所にありますから，マークは次のようになります。

→ **例題(2)正答** 1 ○ 2 ○ 3 ○ 4 ○ 5 ●

検査3 この検査は，B図と選択肢『**1**』～『**5**』のどの図形を重ね合わせるとA図になるかを見つけ，その答がある箇所と同じ選択肢の番号の位置にマークをするものです。なお，図形は回転させてもいいですが裏返さないものとします。また，黒く塗った部分同士を重ねてはいけません。

例題(3)

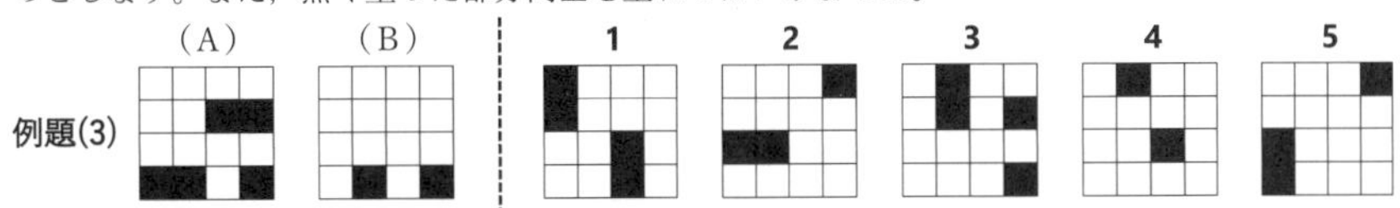

例題では，『**2**』の図形を180° 回転させてB図と重ね合わせるとA図になりますから，マークは次のようになります。

→ **例題(3)正答** 1 ○ 2 ● 3 ○ 4 ○ 5 ○

（手引）

1	B＞A＞CまたはB＞C＞A
2	C＞A＞BまたはC＞B＞A
3	3つのうち2つが同じ数
4	3つとも同じ数（A＝B＝C）
5	A＞B＞CまたはA＞C＞B

	A	B	C
（1）	18 − 15	54 ÷ 6	3 × 2
（2）	68 ÷ 2	16 × 2	16 ＋ 19
（3）	3 × 7	15 ＋ 6	24 − 5
（4）	43 − 15	42 ÷ 2	8 × 3
（5）	4 ＋ 6	21 − 9	45 ÷ 3
（6）	3 × 9	15 ＋ 9	31 − 9
（7）	60 ÷ 5	3 × 4	4 ＋ 8
（8）	6 ＋ 3	42 ÷ 3	2 × 7
（9）	8 × 4	23 ＋ 14	45 − 20
（10）	5 ＋ 3	15 − 7	24 ÷ 3

（手引）

1	2	3	4
▽◎■△☆	□◆●◇△	☆◆△▽◎	▲◎○■●
▲○◎■●	▽○■△☆	▲○◎◆●	□●◆◇△
☆◎■△▽	☆■▽△◎	□●◇◆△	△◎■△☆
□●◆◇△	▲○◎◆●	▽◎■▽☆	☆■△▽○

（11） ▽◎■△☆

（12） □◆●◇△

（13） ☆◎■△▽

（14） ▲○◎◆●

（15） △◎■△☆

（16） ▽○■△☆

（17） ▲◎○■●

（18） □●◆◇△

（19） ▽◎■▽☆

（20） ☆◆△▽◎

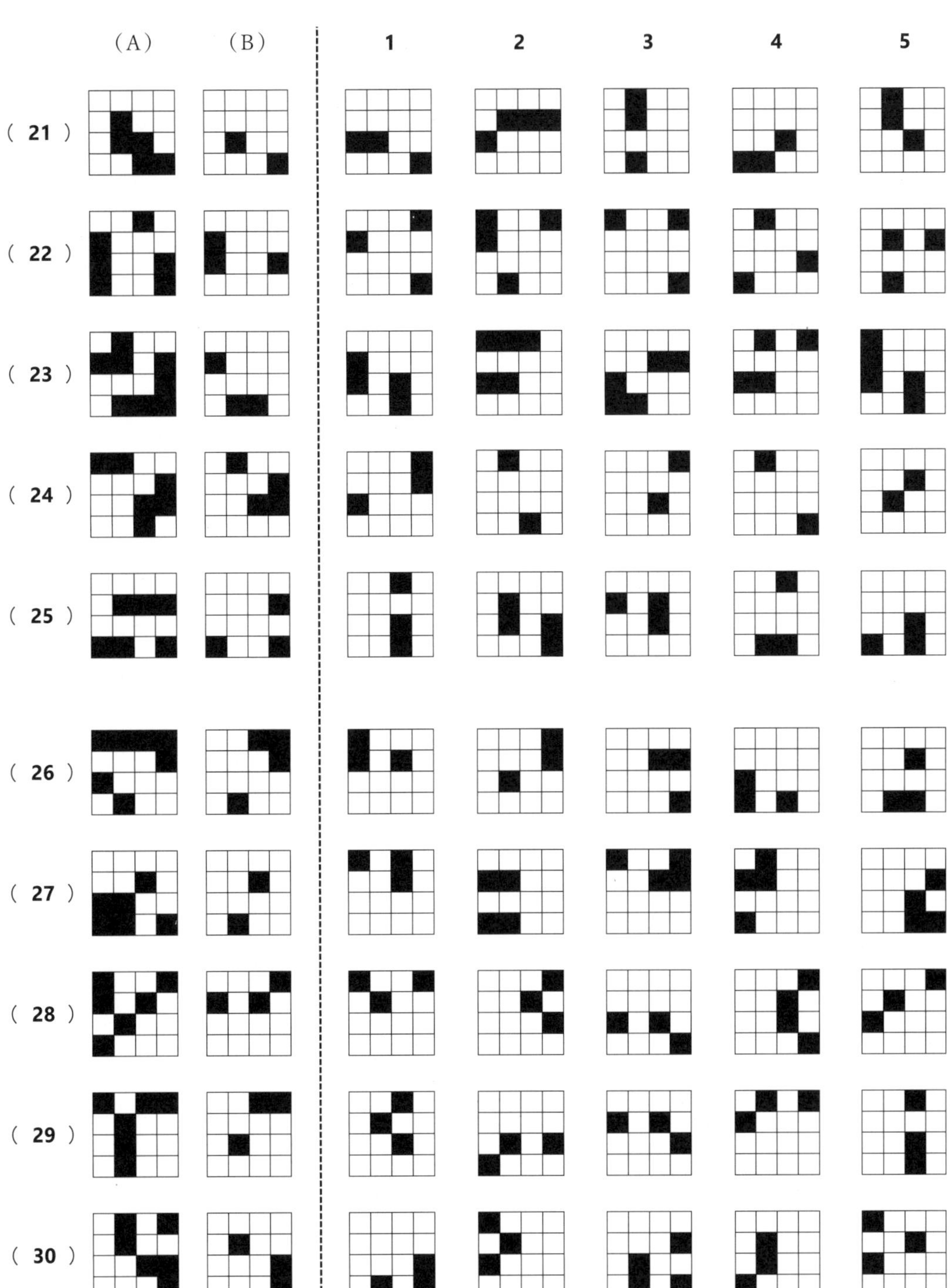

第6回

（手引）

1	A＞B＞CまたはA＞C＞B
2	B＞A＞CまたはB＞C＞A
3	C＞A＞BまたはC＞B＞A
4	3つのうち2つが同じ数
5	3つとも同じ数（A＝B＝C）

	A	B	C
（**31**）	6 × 6	42 − 5	54 ÷ 2
（**32**）	25 ＋ 8	3 × 6	29 − 7
（**33**）	23 − 18	64 ÷ 8	7 ＋ 1
（**34**）	48 ÷ 3	5 ＋ 11	2 × 8
（**35**）	3 × 7	44 − 23	17 ＋ 4
（**36**）	10 − 6	2 × 7	14 ＋ 5
（**37**）	36 ÷ 4	3 ＋ 4	25 − 16
（**38**）	4 × 5	34 ÷ 2	7 ＋ 6
（**39**）	5 ＋ 3	17 − 11	27 ÷ 3
（**40**）	32 − 8	21 ＋ 12	8 × 4

（手引）

1	**2**	**3**	**4**
☆▼▲□★	☆▲▼□★	▼■☆▲□	▲★□▼■
●▼■▽□	▲☆◆▼□	●▲■△★	☆▼▲■★
▼■☆□▲	▲■☆□▲	▲★□▼■	●▽■▼▲
▲☆■▼□	●▼■▽□	●▼■▽□	▼☆■▲□

（**41**） ☆▼▲□★

（**42**） ▼☆■▲□

（**43**） ▲■☆□▲

（**44**） ●▼■▽□

（**45**） ☆▲▼□★

（**46**） ▼■☆□▲

（**47**） ▲★□▼■

（**48**） ●▲■△★

（**49**） ▼■☆▲□

（**50**） ●▽■▼▲

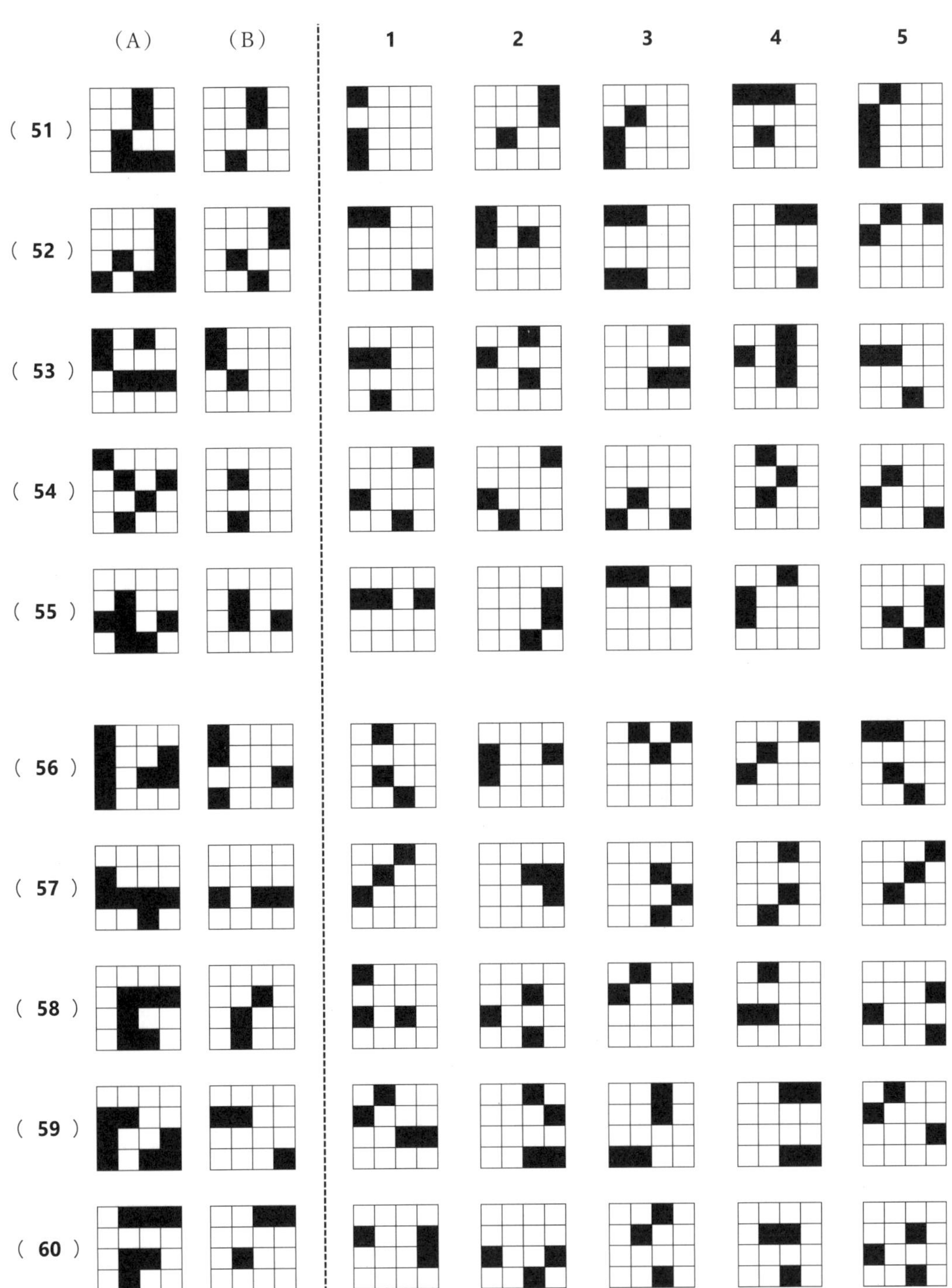

第6回

（手引）

1	3つのうち2つが同じ数
2	3つとも同じ数（A＝B＝C）
3	A＞B＞CまたはA＞C＞B
4	B＞A＞CまたはB＞C＞A
5	C＞A＞BまたはC＞B＞A

	A	B	C
(61)	38 − 18	3 × 7	42 − 31
(62)	21 ÷ 3	13 − 6	6 ＋ 1
(63)	7 − 2	3 ＋ 8	25 ÷ 5
(64)	8 × 7	82 ÷ 2	32 ＋ 5
(65)	19 ＋ 29	6 × 8	57 − 9
(66)	18 ＋ 21	86 ÷ 2	9 × 6
(67)	3 × 2	19 − 6	27 ÷ 3
(68)	12 ＋ 9	48 ÷ 2	4 × 6
(69)	26 − 14	2 × 5	32 ÷ 2
(70)	54 ÷ 3	2 ＋ 9	3 × 4

（手引）

1	2	3	4
□▼▲★▽	□▲▼★▽	●▼○■☆	▼★◇▽◎
●▲○■☆	▼☆◆▽◎	◇☆▽△●	□▲▼☆▽
▼★◇▽◎	◇★△▽●	□▲▼☆▽	●▲◎■☆
◇★▽△●	□▼▲★▽	▼☆▽▽○	◇★▽△◎

(71) ●▲◎■☆

(72) ◇★▽△●

(73) □▲▼★▽

(74) ●▼○■☆

(75) ◇☆▽△●

(76) □▼▲★▽

(77) ●▲○■☆

(78) ◇★▽△◎

(79) □▲▼☆▽

(80) ▼☆◆▽◎

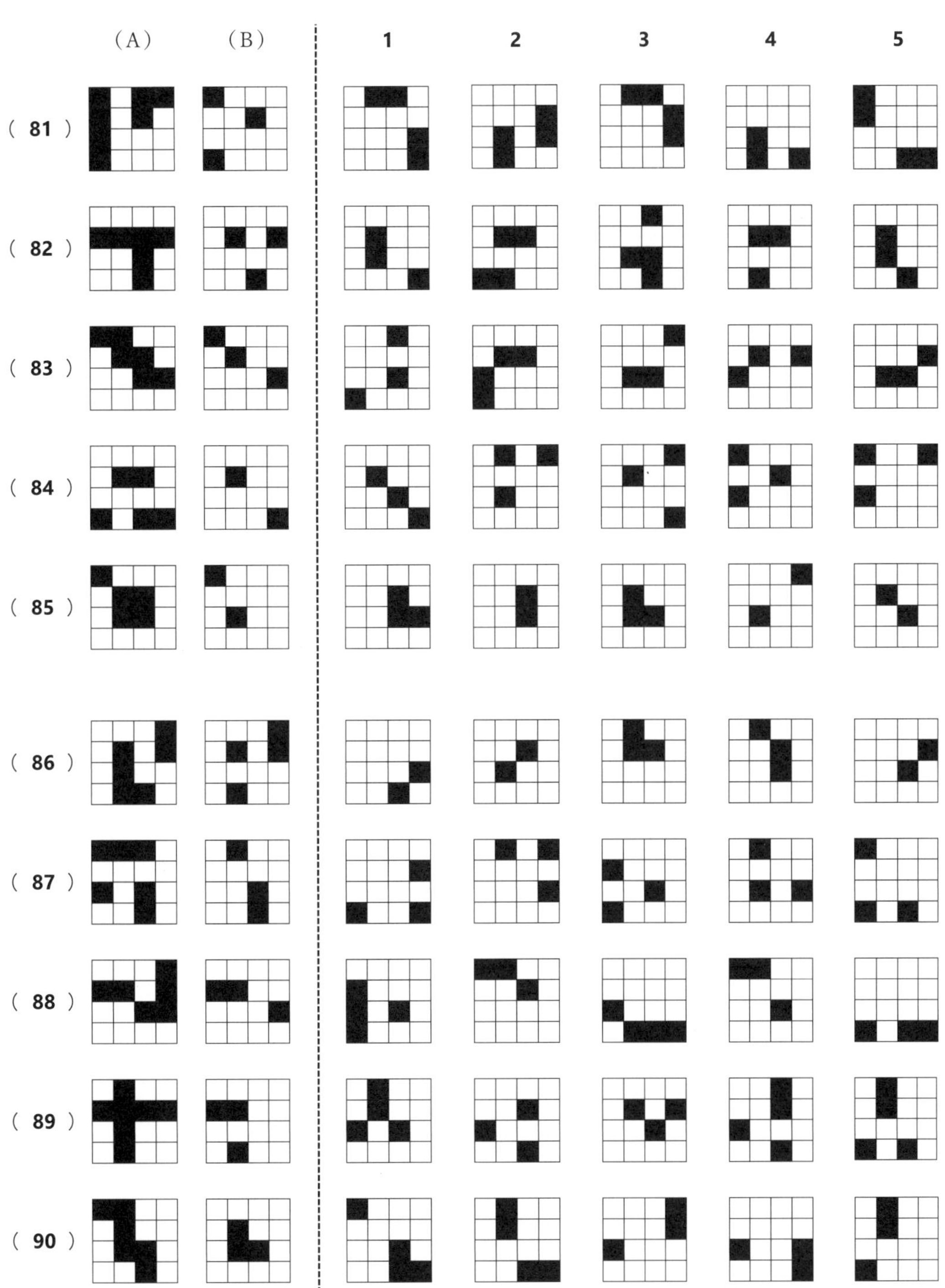

第6回

（手引）

1	C＞A＞BまたはC＞B＞A
2	3つのうち2つが同じ数
3	3つとも同じ数（A＝B＝C）
4	A＞B＞CまたはA＞C＞B
5	B＞A＞CまたはB＞C＞A

	A	B	C
(**91**)	27 − 15	96 ÷ 6	5 × 2
(**92**)	20 ÷ 2	5 ＋ 7	18 − 6
(**93**)	31 ＋ 15	7 × 8	73 − 21
(**94**)	5 × 5	24 − 13	18 ＋ 4
(**95**)	6 ＋ 9	3 × 4	90 ÷ 6
(**96**)	13 − 6	2 ＋ 5	42 ÷ 6
(**97**)	33 ÷ 3	17 − 6	4 ＋ 7
(**98**)	18 ＋ 14	4 × 7	25 − 6
(**99**)	25 − 16	48 ÷ 4	4 × 4
(**100**)	3 × 8	35 − 15	21 ＋ 6

（手引）

1	2	3	4
★◆★◎◇	★★◎☆◎	●△★☆▼	★☆○☆◎
★☆◎☆◎	★◆☆◎◇	□☆▽★◎	★◇★○◇
●▽☆★▼	□★▽☆◎	★◇★◎◇	□★▽☆○
□★▽☆◎	●△☆★▼	★☆◎☆◎	●△☆★▼

(**101**) ★◆★◎◇

(**102**) □☆▽★◎

(**103**) ★◇★○◇

(**104**) ●▽☆★▼

(**105**) ★★◎☆◎

(**106**) ★◇★◎◇

(**107**) □★▽☆◎

(**108**) ★◆☆◎◇

(**109**) □★▽☆○

(**110**) ●△☆★▼

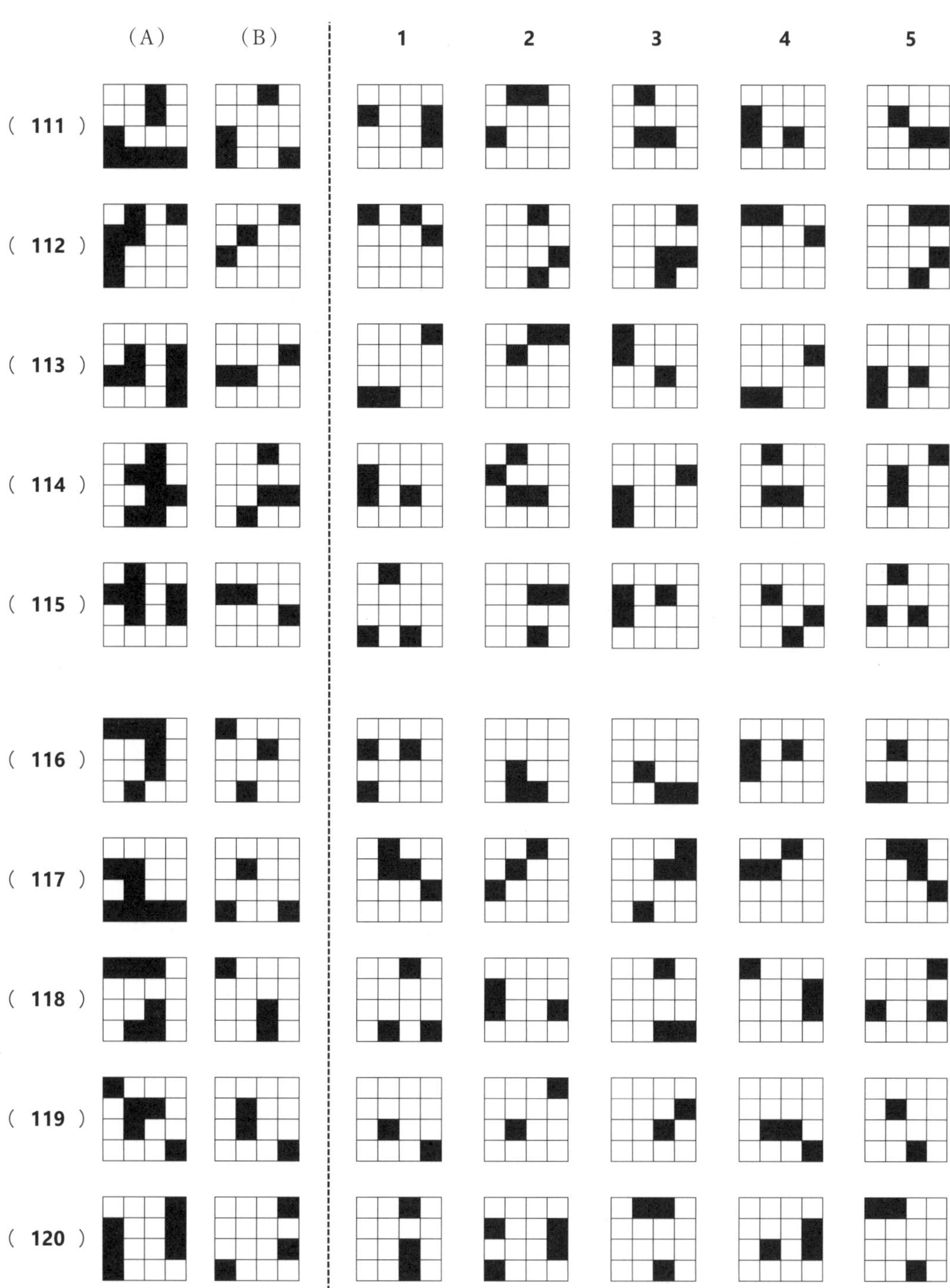

第6回

トレーニング 第6回 解答

問題番号	正答	問題番号	正答	問題番号	正答	問題番号	正答
【No. 1】	①	【No. 31】	②	【No. 61】	④	【No. 91】	⑤
【No. 2】	②	【No. 32】	①	【No. 62】	②	【No. 92】	②
【No. 3】	③	【No. 33】	④	【No. 63】	①	【No. 93】	⑤
【No. 4】	⑤	【No. 34】	⑤	【No. 64】	③	【No. 94】	④
【No. 5】	②	【No. 35】	⑤	【No. 65】	②	【No. 95】	②
【No. 6】	⑤	【No. 36】	③	【No. 66】	⑤	【No. 96】	③
【No. 7】	④	【No. 37】	④	【No. 67】	④	【No. 97】	③
【No. 8】	③	【No. 38】	①	【No. 68】	①	【No. 98】	④
【No. 9】	①	【No. 39】	③	【No. 69】	⑤	【No. 99】	①
【No. 10】	④	【No. 40】	②	【No. 70】	③	【No.100】	①
【No. 11】	①	【No. 41】	①	【No. 71】	④	【No.101】	①
【No. 12】	②	【No. 42】	④	【No. 72】	①	【No.102】	③
【No. 13】	①	【No. 43】	②	【No. 73】	②	【No.103】	④
【No. 14】	⑤	【No. 44】	⑤	【No. 74】	③	【No.104】	①
【No. 15】	④	【No. 45】	②	【No. 75】	③	【No.105】	②
【No. 16】	②	【No. 46】	①	【No. 76】	⑤	【No.106】	③
【No. 17】	④	【No. 47】	⑤	【No. 77】	①	【No.107】	⑤
【No. 18】	⑤	【No. 48】	③	【No. 78】	④	【No.108】	②
【No. 19】	③	【No. 49】	③	【No. 79】	⑤	【No.109】	④
【No. 20】	③	【No. 50】	④	【No. 80】	②	【No.110】	⑤
【No. 21】	⑤	【No. 51】	③	【No. 81】	①	【No.111】	④
【No. 22】	①	【No. 52】	④	【No. 82】	④	【No.112】	①
【No. 23】	⑤	【No. 53】	①	【No. 83】	⑤	【No.113】	③
【No. 24】	④	【No. 54】	⑤	【No. 84】	②	【No.114】	④
【No. 25】	③	【No. 55】	②	【No. 85】	③	【No.115】	⑤
【No. 26】	④	【No. 56】	①	【No. 86】	⑤	【No.116】	④
【No. 27】	③	【No. 57】	①	【No. 87】	②	【No.117】	⑤
【No. 28】	①	【No. 58】	②	【No. 88】	②	【No.118】	②
【No. 29】	②	【No. 59】	②	【No. 89】	①	【No.119】	①
【No. 30】	⑤	【No. 60】	③	【No. 90】	③	【No.120】	③

トレーニング 第7回 問題

（解答時間：15分間）

検査の説明

検査1 この検査は，左側の数字が答となる数式がある箇所と同じ選択肢の番号の位置にマークをするものです。

		1	2	3	4	5
例題(1)	6	8 − 1 ＋ 12	26 − 4 × 5	3 ＋ 10 ＋ 4	5 × 5 − 17	28 ÷ 7 ＋ 9

例題では，計算すると，『**1**＝19』『**2**＝6』『**3**＝17』『**4**＝8』『**5**＝13』，左側の『6』を答とする式は『**2**』となりますから，マークは次のようになります。

→ **例題(1)正答** 1 ○ 2 ● 3 ○ 4 ○ 5 ○

検査2 この検査は，問題の五つの漢字群の中に，手引の漢字だけで構成されているものがいくつあるかを数え，その数と同じ選択肢の番号の位置にマークをするものです。

（手引）

逆	途	逃	返	週
近	道	追	遊	述

例題(2) 返 追 近　途 述 道　迷 逆 退　造 送 逃　週 道 近

例題では，『返追近』『途述道』『週道近』の三つが手引の漢字だけで構成されていますから，マークは次のようになります。

→ **例題(2)正答** 1 ○ 2 ○ 3 ● 4 ○ 5 ○

検査3 この検査は，与えられた図形と同じものを手引の中から探し，その図形がある手引と同じ選択肢の番号の位置にマークをするものです。なお，図形は回転させてもいいですが，裏返さないものとします。

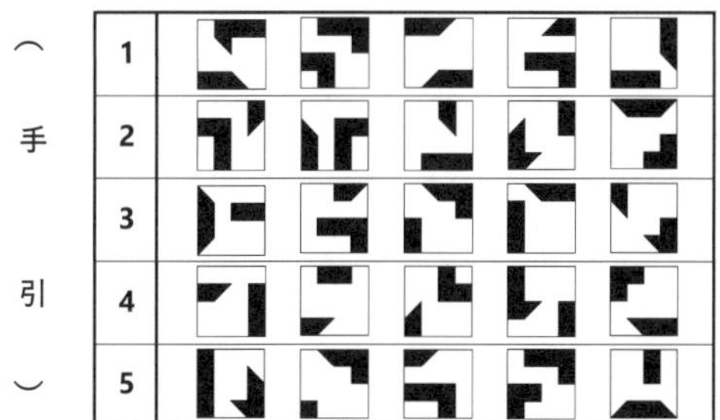

例題(3)

例題では，手引『**2**』にありますから，マークは次のようになります。

→ **例題(3)正答** 1 ○ 2 ● 3 ○ 4 ○ 5 ○

第7回

		1	2	3	4	5
(1)	5	3 × 4 × 2	5 × 2 ÷ 2	5 − 4 ÷ 2	3 × 2 × 1	2 + 5 ÷ 1
(2)	13	6 ÷ 1 + 7	3 × 3 ÷ 3	11 × 1 − 4	10 − 3 + 2	3 × 2 + 2
(3)	22	13 + 1 × 7	13 − 7 × 1	33 ÷ 3 × 2	12 ÷ 4 + 7	4 − 3 × 1
(4)	8	10 ÷ 5 + 3	10 ÷ 2 + 1	5 ÷ 1 + 3	3 + 5 × 2	10 ÷ 2 × 5
(5)	5	9 ÷ 3 + 2	15 ÷ 3 + 4	1 + 3 × 2	7 ÷ 7 + 1	14 ÷ 2 + 1
(6)	1	1 + 3 − 4	8 ÷ 4 − 1	3 + 4 ÷ 2	2 × 14 − 25	5 × 5 − 5
(7)	4	5 + 5 × 4	12 ÷ 2 + 1	7 − 5 + 2	5 + 6 ÷ 6	5 + 6 ÷ 2
(8)	10	9 ÷ 3 + 1	2 × 5 + 2	5 ÷ 1 + 7	4 × 3 − 2	8 ÷ 4 + 9
(9)	6	5 × 3 − 11	10 ÷ 2 + 1	18 ÷ 9 + 1	2 × 3 + 1	5 − 3 ÷ 1
(10)	13	9 + 15 ÷ 3	5 ÷ 5 + 8	2 × 9 − 3	7 + 9 ÷ 3	3 × 4 + 1

（手引）

代	佐	伸	使	倍
俵	他	体	仏	佳

(11)	使 他 代	佳 体 倍	体 俵 佐	伸 仏 他	倍 佐 使
(12)	仏 伸 体	使 他 依	倍 代 仏	佐 俵 体	佳 倍 伸
(13)	倍 仏 佐	佑 代 佳	伝 便 保	住 伸 仮	伴 係 俵
(14)	伸 佐 他	体 使 俵	付 俗 倍	代 佳 仏	個 体 伊
(15)	仕 信 俵	倹 俪 作	仏 伸 他	佳 仙 但	使 伸 体
(16)	佳 併 供	代 倍 他	伸 佐 化	仏 使 俵	倫 借 伍
(17)	仲 佳 伸	倍 佐 体	俵 仏 使	休 値 伯	代 使 他
(18)	他 体 仏	俵 佳 代	仁 侍 佐	沸 佐 使	任 伸 偶
(19)	備 代 使	他 僧 倍	体 佳 伸	伐 他 伺	佐 俵 仏
(20)	佐 倍 体	伸 仏 使	佳 債 俵	体 代 伸	他 佳 代

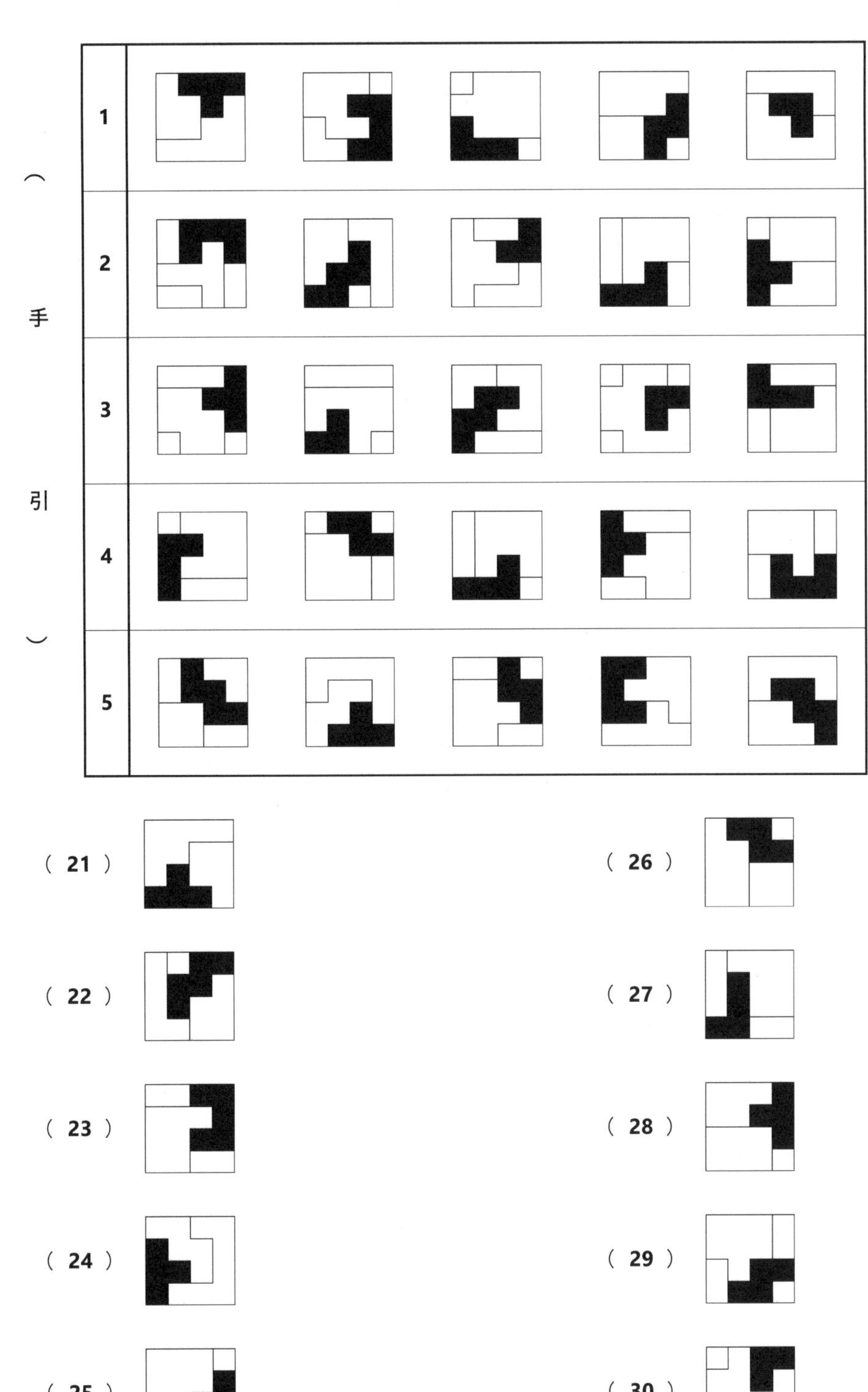
（手引）
1
2
3
4
5
（ 21 ）
（ 22 ）
（ 23 ）
（ 24 ）
（ 25 ）
（ 26 ）
（ 27 ）
（ 28 ）
（ 29 ）
（ 30 ）

		1	2	3	4	5
(**31**)	21	3 × 6 + 1	42 ÷ 6 + 1	35 ÷ 5 + 7	30 ÷ 10 + 6	2 × 9 + 3
(**32**)	2	7 × 1 − 5	2 × 10 − 6	5 × 1 + 1	2 × 9 + 5	1 + 4 × 1
(**33**)	12	13 + 5 − 7	10 ÷ 5 + 7	24 ÷ 3 + 7	2 ÷ 1 + 10	8 − 4 ÷ 1
(**34**)	10	5 × 6 − 20	8 × 2 + 2	2 × 4 + 5	5 × 3 − 4	2 × 11 − 0
(**35**)	7	6 × 2 − 4	11 ÷ 1 + 7	4 ÷ 2 + 5	7 × 2 + 1	3 × 6 + 1
(**36**)	12	20 ÷ 4 + 2	4 × 3 × 1	12 ÷ 6 + 3	1 × 3 ÷ 3	9 + 8 ÷ 4
(**37**)	25	27 ÷ 9 + 5	1 × 11 − 6	7 + 2 ÷ 2	45 ÷ 9 + 1	10 × 3 − 5
(**38**)	8	10 ÷ 5 + 2	9 ÷ 3 + 2	2 × 5 − 1	18 ÷ 6 + 5	3 × 4 ÷ 6
(**39**)	13	7 + 2 × 5	5 ÷ 1 + 2	26 ÷ 2 + 0	4 ÷ 4 + 1	9 ÷ 3 × 2
(**40**)	20	2 × 7 × 1	9 ÷ 3 − 3	5 × 4 + 2	2 × 10 + 1	3 × 7 − 1

（手引）

板	梢	材	楠	枝
椿	机	桜	桂	松

(**41**)	桂 材 椿	根 杓 枝	桜 板 机	梢 楠 松	机 様 枯
(**42**)	枝 楠 机	板 梢 松	椎 朽 梶	板 桜 材	桂 椿 梢
(**43**)	松 板 植	梢 椿 桜	柄 梓 楠	桐 板 校	核 材 枝
(**44**)	桜 机 松	板 材 机	材 梢 枝	椿 桂 梢	楠 枝 板
(**45**)	梢 椿 桂	杉 楠 椋	枝 机 材	析 桜 板	枕 検 栓
(**46**)	楠 杖 枝	机 松 梢	椿 板 松	材 机 椿	枝 桂 桜
(**47**)	板 松 楠	材 枝 桂	机 桜 梢	柊 楓 線	枝 棟 松
(**48**)	極 枝 材	枚 桃 柏	柱 楠 格	板 林 枠	松 梢 机
(**49**)	椿 桂 枝	松 桜 楠	梢 桂 板	松 材 枝	机 枝 材
(**50**)	材 椿 松	標 枝 板	村 核 杯	机 棒 槙	桜 机 楠

（手引）

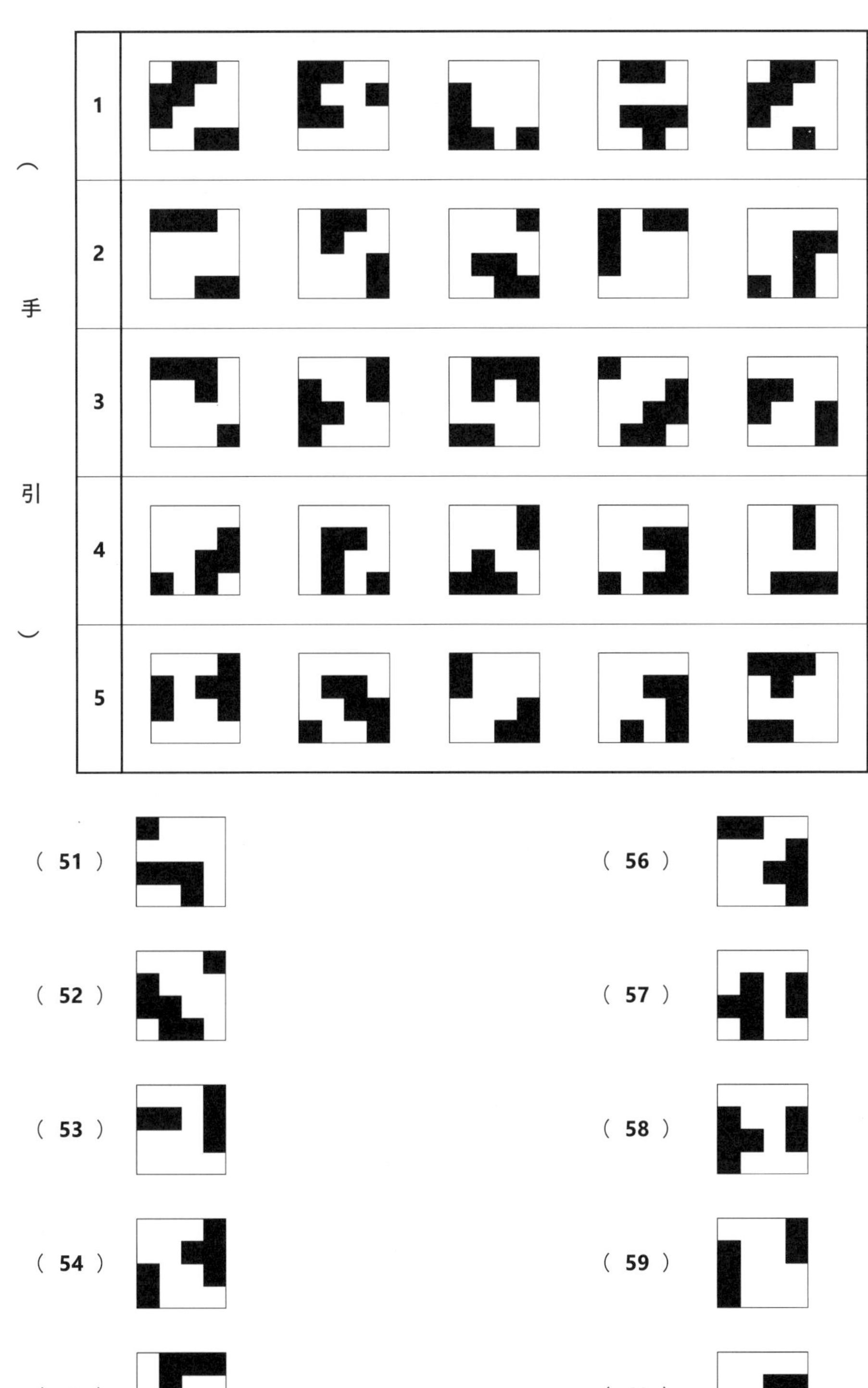

（ 51 ）

（ 52 ）

（ 53 ）

（ 54 ）

（ 55 ）

（ 56 ）

（ 57 ）

（ 58 ）

（ 59 ）

（ 60 ）

第7回

		1	2	3	4	5
（**61**）	19	$15 \div 1 + 6$	$9 \div 3 + 7$	$4 - 1 + 2$	$11 - 5 \times 2$	$4 \times 3 + 7$
（**62**）	1	$9 - 2 \div 1$	$7 \div 7 \div 1$	$27 \div 9 + 1$	$5 \div 5 + 9$	$5 \times 2 + 7$
（**63**）	4	$6 \div 2 + 1$	$14 \div 2 - 2$	$9 + 6 \div 2$	$10 - 1 + 1$	$9 \div 3 + 6$
（**64**）	13	$16 \div 4 \div 2$	$4 + 4 \div 2$	$36 \div 4 \div 3$	$3 \times 2 + 5$	$5 \times 4 - 7$
（**65**）	11	$7 \times 2 - 5$	$3 - 9 \div 3$	$10 \div 5 + 2$	$6 \div 3 + 9$	$5 \times 1 + 10$
（**66**）	19	$30 \div 6 + 1$	$5 + 4 \times 2$	$7 + 3 + 9$	$2 \times 10 - 0$	$3 \times 8 - 9$
（**67**）	18	$11 \div 1 + 7$	$6 \div 3 + 1$	$2 + 15 \div 3$	$3 \times 2 \div 3$	$14 \div 2 + 9$
（**68**）	3	$5 \times 2 + 1$	$15 - 4 \times 3$	$18 \div 9 + 3$	$15 \div 5 + 3$	$3 \times 3 + 3$
（**69**）	11	$16 \div 8 + 7$	$3 \div 3 \times 10$	$5 \times 5 - 5$	$4 \div 2 \times 9$	$5 - 4 + 10$
（**70**）	2	$5 - 1 + 7$	$8 \div 2 + 2$	$4 \times 2 - 1$	$50 \div 5 - 8$	$2 \times 10 \div 4$

（手引）

没	活	渋	沿	汗
深	注	温	消	波

（**71**）	沿 温 深	活 波 汗	注 沼 清	流 没 渋	涌 消 渉
（**72**）	汗 渋 消	没 温 沿	波 活 沿	深 渋 波	活 深 注
（**73**）	浅 浪 海	渋 注 消	温 深 没	沿 活 温	汗 波 活
（**74**）	波 活 没	深 汗 波	洪 温 淡	消 注 汗	沿 派 渋
（**75**）	深 消 汗	沿 渋 済	没 活 注	渋 温 沿	波 注 温
（**76**）	滋 波 活	温 没 深	汗 注 渋	油 淳 泊	消 沿 波
（**77**）	没 注 渋	決 活 沢	沿 波 浸	汗 深 波	法 洋 消
（**78**）	渋 洗 河	注 消 没	汁 沿 洞	浴 波 活	汚 池 沙
（**79**）	注 沿 波	治 汗 渋	消 没 汗	温 注 深	渋 活 沿
（**80**）	活 深 注	波 沿 温	渋 活 没	波 沿 消	温 汗 深

（手引）

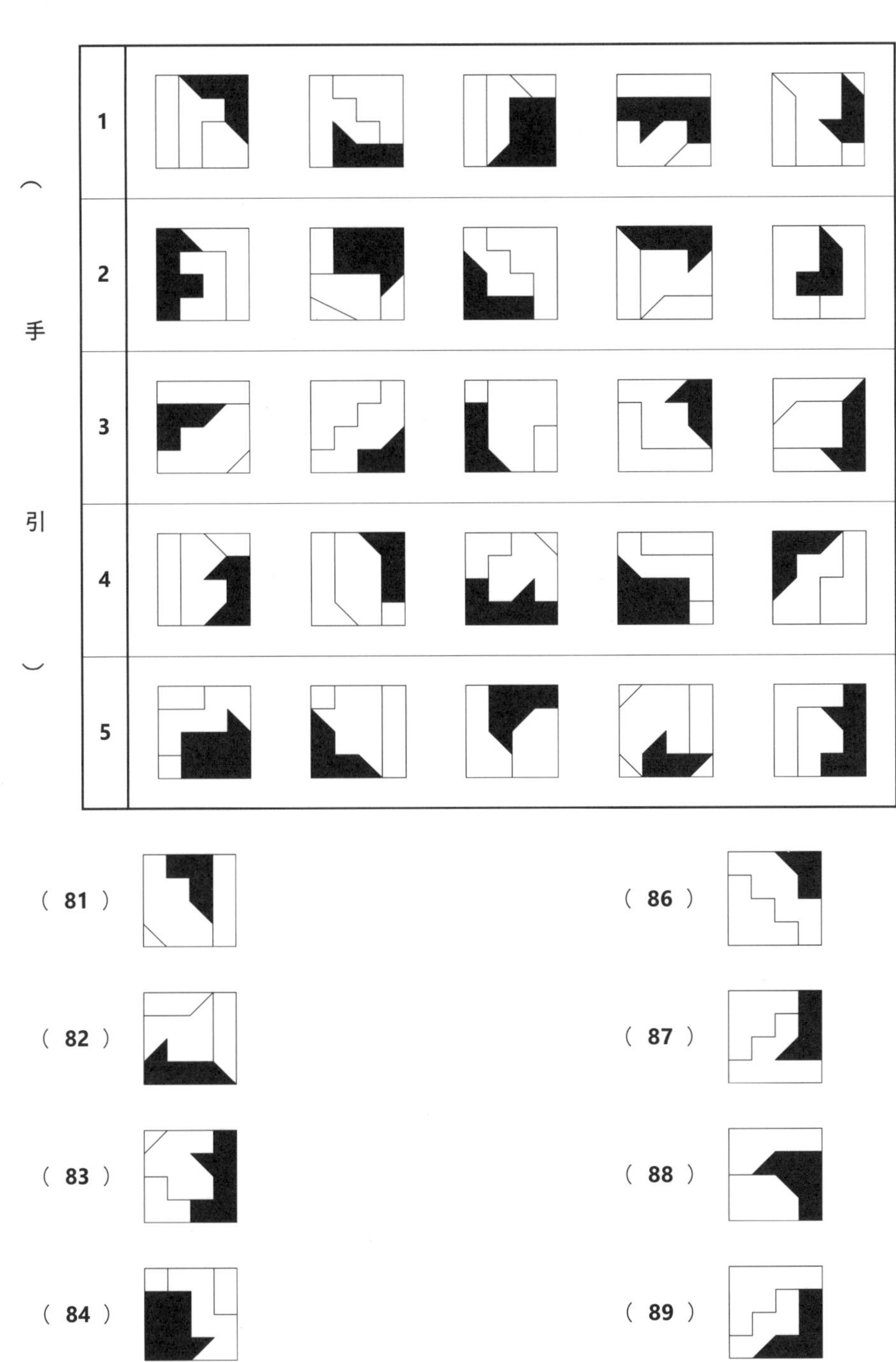

（ 81 ）

（ 82 ）

（ 83 ）

（ 84 ）

（ 85 ）

（ 86 ）

（ 87 ）

（ 88 ）

（ 89 ）

（ 90 ）

第7回

		1	2	3	4	5
(**91**)	4	2 × 3 × 2	9 − 4 ÷ 2	8 ÷ 4 + 7	6 − 4 + 2	5 − 4 ÷ 2
(**92**)	7	4 ÷ 2 + 5	9 ÷ 9 + 3	14 − 3 × 4	7 × 2 + 12	30 ÷ 5 − 3
(**93**)	19	2 × 9 + 5	3 × 8 − 5	2 × 7 + 2	4 × 5 + 1	3 + 18 ÷ 2
(**94**)	1	4 × 5 − 1	7 − 6 × 1	3 + 5 ÷ 1	8 ÷ 2 ÷ 1	16 ÷ 4 + 7
(**95**)	3	25 ÷ 5 + 2	6 ÷ 3 − 1	4 + 5 ÷ 5	5 × 2 − 7	8 − 1 + 2
(**96**)	6	3 × 7 − 9	4 × 2 + 6	1 + 10 ÷ 2	2 × 9 − 5	2 × 5 + 5
(**97**)	21	1 + 2 ÷ 2	14 ÷ 7 + 9	5 × 5 − 4	1 × 7 + 9	5 × 3 − 6
(**98**)	15	11 − 4 + 6	4 + 3 × 1	6 ÷ 3 × 6	5 × 5 − 10	9 × 2 − 1
(**99**)	2	3 × 5 + 2	10 ÷ 5 + 3	40 ÷ 5 + 9	15 ÷ 5 + 9	4 × 2 − 6
(**100**)	4	10 ÷ 2 − 1	1 × 17 − 8	3 × 3 + 3	7 + 6 ÷ 1	1 × 8 + 2

（手引）

若	萩	菜	芋	芙
茜	華	芽	茹	芥

(**101**)	茹 菜 華	芙 萩 茜	芽 若 芥	苻 芋 菌	萩 芥 菜
(**102**)	芋 若 芥	茄 落 荷	苦 萩 茹	菜 茜 若	芙 華 芽
(**103**)	芙 芸 莉	若 芽 菜	茜 芥 芋	華 茎 萩	茂 茹 菖
(**104**)	萩 茜 芙	茜 茹 芥	菜 華 若	芽 茹 芋	若 芋 萩
(**105**)	若 華 茹	菜 茨 芯	芋 芙 芽	萩 芙 芥	華 萩 茜
(**106**)	芽 芋 萩	芹 苺 若	莫 萌 荘	茜 芥 茹	菜 芙 華
(**107**)	薬 茹 菜	萩 芙 華	芽 若 茜	菅 芽 芳	芋 茹 若
(**108**)	茅 萩 花	茶 苗 苅	若 茹 荒	菜 草 菊	芙 茜 芋
(**109**)	菜 若 茜	芋 華 茹	萩 芽 芙	華 若 菜	芥 芙 茹
(**110**)	茜 華 芋	荻 若 芽	苫 菓 萩	茹 菜 芥	芝 葉 英

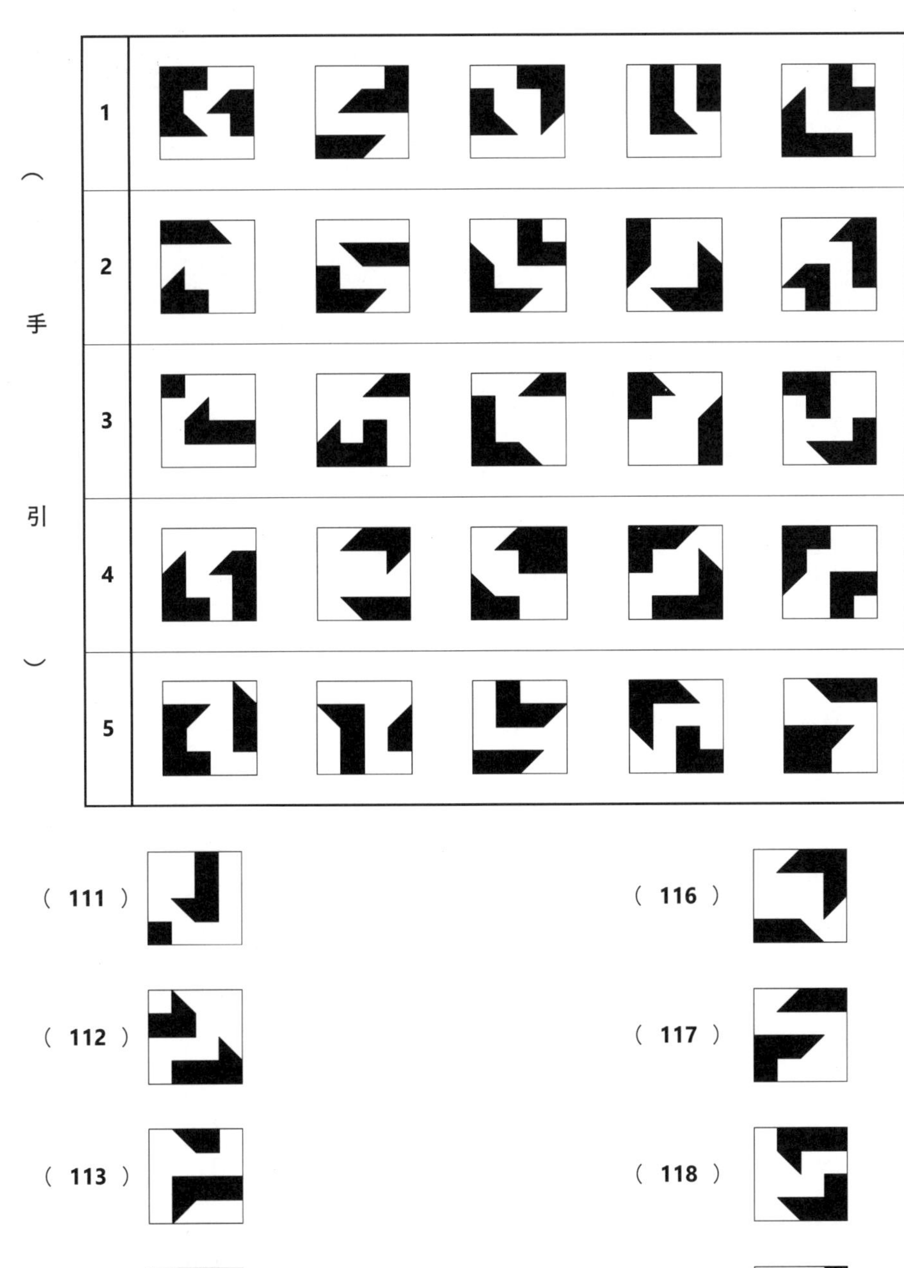

（ 111 ）

（ 112 ）

（ 113 ）

（ 114 ）

（ 115 ）

（ 116 ）

（ 117 ）

（ 118 ）

（ 119 ）

（ 120 ）

トレーニング 第7回 解答

問題番号	正 答	問題番号	正 答	問題番号	正 答	問題番号	正 答
【No. 1】	②	【No. 31】	⑤	【No. 61】	⑤	【No. 91】	④
【No. 2】	①	【No. 32】	①	【No. 62】	②	【No. 92】	①
【No. 3】	③	【No. 33】	④	【No. 63】	①	【No. 93】	②
【No. 4】	③	【No. 34】	①	【No. 64】	⑤	【No. 94】	②
【No. 5】	①	【No. 35】	③	【No. 65】	④	【No. 95】	④
【No. 6】	②	【No. 36】	②	【No. 66】	③	【No. 96】	③
【No. 7】	③	【No. 37】	⑤	【No. 67】	①	【No. 97】	③
【No. 8】	④	【No. 38】	④	【No. 68】	②	【No. 98】	④
【No. 9】	②	【No. 39】	③	【No. 69】	⑤	【No. 99】	⑤
【No. 10】	⑤	【No. 40】	⑤	【No. 70】	④	【No.100】	①
【No. 11】	⑤	【No. 41】	③	【No. 71】	②	【No.101】	④
【No. 12】	④	【No. 42】	④	【No. 72】	⑤	【No.102】	③
【No. 13】	①	【No. 43】	①	【No. 73】	④	【No.103】	②
【No. 14】	③	【No. 44】	⑤	【No. 74】	③	【No.104】	⑤
【No. 15】	②	【No. 45】	②	【No. 75】	④	【No.105】	④
【No. 16】	②	【No. 46】	④	【No. 76】	③	【No.106】	③
【No. 17】	③	【No. 47】	③	【No. 77】	②	【No.107】	③
【No. 18】	②	【No. 48】	①	【No. 78】	①	【No.108】	①
【No. 19】	②	【No. 49】	⑤	【No. 79】	④	【No.109】	⑤
【No. 20】	④	【No. 50】	②	【No. 80】	⑤	【No.110】	②
【No. 21】	①	【No. 51】	②	【No. 81】	③	【No.111】	③
【No. 22】	②	【No. 52】	③	【No. 82】	②	【No.112】	②
【No. 23】	④	【No. 53】	④	【No. 83】	④	【No.113】	⑤
【No. 24】	⑤	【No. 54】	③	【No. 84】	⑤	【No.114】	①
【No. 25】	④	【No. 55】	⑤	【No. 85】	①	【No.115】	②
【No. 26】	①	【No. 56】	④	【No. 86】	③	【No.116】	②
【No. 27】	③	【No. 57】	①	【No. 87】	①	【No.117】	①
【No. 28】	②	【No. 58】	⑤	【No. 88】	⑤	【No.118】	④
【No. 29】	⑤	【No. 59】	②	【No. 89】	②	【No.119】	⑤
【No. 30】	③	【No. 60】	①	【No. 90】	④	【No.120】	③

トレーニング 第8回 問題

（解答時間：15分間）

検査の説明

検査1 この検査は，各式を計算し，最も大きい答をもつ式がある箇所と同じ選択肢の番号の位置にマークをするものです。

	1	2	3	4	5
例題(1)	1＋9＋6	8＋5＋0	3＋5＋7	9＋2＋3	7＋9＋4

例題では，計算すると『**1**＝16』『**2**＝13』『**3**＝15』『**4**＝14』『**5**＝20』となり，最も大きい答をもつのは『**5**』の式ですから，マークは次のようになります。

→ **例題(1)正答**　1 ○ 2 ○ 3 ○ 4 ○ 5 ●

検査2 この検査は，並んでいる文字群が与えられ，それと同じものを探し，その答がある箇所と同じ選択肢の番号の位置にマークをするものです。

例題(2)	1	2	3	4	5
あエてーくミーんかサ	あエてーくシーんかサ	あエてーくミーんかサ	おエてーくミーんかサ	あエてーくミーンかサ	あエてーしミーんかサ

例題では，与えられた文字群と同じものは『**2**』の位置にありますから，マークは次のようになります。

→ **例題(2)正答**　1 ○ 2 ● 3 ○ 4 ○ 5 ○

検査3 この検査は，手引の電話機を使って問題の番号に電話をかけるとき，押す箇所のみを塗りつぶしているものを見つけ，正しく塗りつぶされているものがある箇所と同じ選択肢の番号の位置にマークをするものです。

（手引）電話機

1	2	3
4	5	6
7	8	9
＊	0	#

例題(3)　767－4003

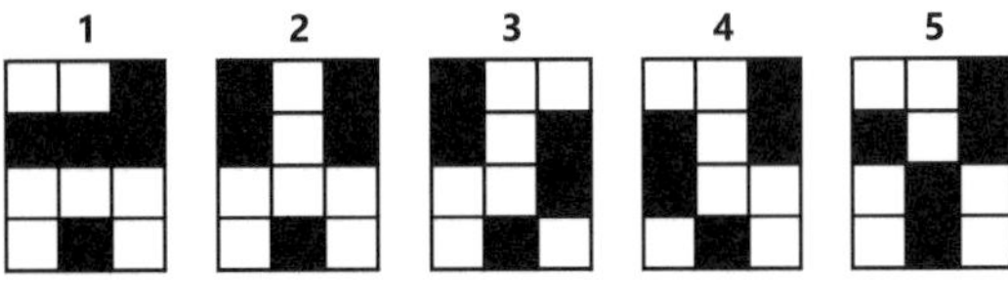

例題では，『767－4003』は『**4**』のように塗りつぶされますから，マークは次のようになります。

→ **例題(3)正答**　1 ○ 2 ○ 3 ○ 4 ● 5 ○

第8回

	1	2	3	4	5
(**1**)	8 + 6 + 3	2 + 4 + 7	7 + 5 + 2	8 + 9 + 6	5 + 3 + 4
(**2**)	5 + 3 + 6	6 + 5 + 1	4 + 3 + 8	1 + 7 + 2	9 + 5 + 3
(**3**)	9 + 2 + 1	3 + 2 + 6	7 + 6 + 8	4 + 1 + 5	2 + 6 + 9
(**4**)	2 + 7 + 3	1 + 5 + 9	6 + 8 + 2	7 + 3 + 4	9 + 3 + 6
(**5**)	7 + 2 + 8	2 + 1 + 6	8 + 4 + 3	5 + 7 + 0	4 + 2 + 5
(**6**)	3 + 6 + 4	5 + 2 + 1	4 + 2 + 6	7 + 3 + 1	2 + 1 + 6
(**7**)	4 + 5 + 0	2 + 8 + 6	3 + 4 + 5	1 + 6 + 8	6 + 3 + 2
(**8**)	2 + 4 + 8	3 + 1 + 7	5 + 9 + 2	4 + 3 + 6	8 + 6 + 1
(**9**)	6 + 3 + 4	9 + 8 + 6	1 + 4 + 6	3 + 8 + 4	6 + 8 + 3
(**10**)	4 + 9 + 6	7 + 0 + 4	5 + 1 + 4	9 + 6 + 8	2 + 5 + 6

		1	2	3	4	5
(**11**)	とウコーカもーさトよ	とウニーカもーさトよ	とウコーカもーさトよ	とうコーカもーさトよ	とウコーかもーさトよ	とウコーカもーさとよ
(**12**)	えらイーラまーそシマ	えらイーラまーそンマ	えらイーラまーそシマ	えらイーラまーとシマ	えらイーうまーそシマ	えらイーラまーそシヤ
(**13**)	ヲペヒーこメーきくレ	ヲペヒーこメーきくル	ヨペヒーこメーきくレ	ヲペヒーこメーきくレ	ヲペヒーこノーきくレ	ヲペヒーこメーきくレ
(**14**)	イてンーぐヲーりんゑ	イてンーぐヨーりんゑ	イてンーぐヲーりんえ	イてンーぐヲーりんゑ	イてンーくヲーりんゑ	イてんーぐヲーりんゑ
(**15**)	こりオーくチーハめエ	こりオーくチーハエめ	こりンーくチーハめエ	こりオーくチーハめユ	こりオーくナーハめエ	こりオーくチーハめエ

		1	2	3	4	5
(**16**)	モヘしーゐヌーロまメ	モヘしーゐヌーロすメ	モヘしーるヌーロまメ	モヘしーゐスーロまメ	モヘしーゐヌーロまメ	もヘしーゐヌーロまメ
(**17**)	こほウーモりーこロイ	こほウーモりーこロイ	こウほーモりーこロイ	こほウーもりーこロイ	こほウーモりーてロイ	こほウーモりーこコイ
(**18**)	ムすイーはコーソてぬ	ムスイーはコーソてぬ	ムすイーまコーソてぬ	ムすイーはコーンてぬ	ムすイーはコーソてぬ	ムすイーはコーソてめ
(**19**)	ひソまーフもーごハム	ひソまーフもーごハム	ひソまーフモーごハム	ひソまーヌもーごハム	ひソまーフもーごハノ	ひンまーフもーごハム
(**20**)	ニどサーめユーいコね	ニどサーめヨーいコね	ニどサーめユーいコぬ	ニどサーめニーいコね	ニどサーめユーいコね	ニどナーめユーいコね

（手引）

電話機

1	2	3
4	5	6
7	8	9
＊	0	#

		1	2	3	4	5
（ **21** ）	209－5678					
（ **22** ）	678－9012					
（ **23** ）	934－1853					
（ **24** ）	721－6954					
（ **25** ）	462－0831					
（ **26** ）	386－1257					
（ **27** ）	469－0195					
（ **28** ）	570－8342					
（ **29** ）	152－9340					
（ **30** ）	852－7001					

第8回

	1	2	3	4	5
(**31**)	8 ＋ 6 ＋ 5	7 ＋ 4 ＋ 9	4 ＋ 1 ＋ 2	3 ＋ 6 ＋ 7	2 ＋ 7 ＋ 3
(**32**)	4 ＋ 9 ＋ 3	8 ＋ 1 ＋ 4	5 ＋ 2 ＋ 7	9 ＋ 4 ＋ 6	7 ＋ 2 ＋ 9
(**33**)	9 ＋ 3 ＋ 5	2 ＋ 6 ＋ 7	1 ＋ 8 ＋ 4	7 ＋ 6 ＋ 5	2 ＋ 9 ＋ 1
(**34**)	1 ＋ 6 ＋ 3	5 ＋ 8 ＋ 4	2 ＋ 7 ＋ 5	8 ＋ 7 ＋ 0	5 ＋ 4 ＋ 3
(**35**)	5 ＋ 9 ＋ 7	8 ＋ 2 ＋ 8	3 ＋ 9 ＋ 3	1 ＋ 2 ＋ 7	8 ＋ 9 ＋ 8
(**36**)	3 ＋ 9 ＋ 4	7 ＋ 4 ＋ 2	6 ＋ 2 ＋ 1	5 ＋ 9 ＋ 7	8 ＋ 2 ＋ 5
(**37**)	6 ＋ 8 ＋ 2	3 ＋ 2 ＋ 6	5 ＋ 7 ＋ 8	2 ＋ 4 ＋ 3	1 ＋ 7 ＋ 9
(**38**)	7 ＋ 2 ＋ 6	5 ＋ 3 ＋ 4	1 ＋ 0 ＋ 9	6 ＋ 2 ＋ 3	9 ＋ 3 ＋ 1
(**39**)	9 ＋ 6 ＋ 2	3 ＋ 5 ＋ 6	4 ＋ 8 ＋ 6	7 ＋ 5 ＋ 4	1 ＋ 5 ＋ 7
(**40**)	5 ＋ 4 ＋ 8	1 ＋ 7 ＋ 3	5 ＋ 2 ＋ 0	4 ＋ 2 ＋ 9	3 ＋ 8 ＋ 2

		1	2	3	4	5
(**41**)	ごチニーラそーしもヲ	ごチンーラそーしもヲ	ごチニーラそーしもヲ	ごちニーラそーしもヲ	ごチニーラてーしもヲ	ごチニーラそーもしヲ
(**42**)	ゐしトーちソーハてフ	るしトーちソーハてフ	ゐしトーちンーハてフ	ゐしトーちソーハてフ	ゐしトーちソーハてス	ゐしトーチソーハてフ
(**43**)	クへさーけトーミなル	クへをーけトーミなル	クへさーけトーミルな	クへさーとケーミなル	クへさーけトーミなル	タへさーけトーミなル
(**44**)	フツんーがンーくたか	フソんーがンーくたか	フツんーがシーくたか	フツんーがンーくにか	スツんーがンーくたか	フツんーがンーくたか
(**45**)	ちケめーピひーじカめ	さケめーピひーじカめ	ちケめーピひーじカめ	ちケめーピひージカめ	ちケめーピしーじカめ	ちクめーピひーじカめ

		1	2	3	4	5
(**46**)	エらクーみケーオぢわ	エろクーみケーオぢわ	エらクーみケーオちわ	エらクーみケーオぢわ	エらクーみケーヲぢわ	エらクーみクーオぢわ
(**47**)	とよナーちウーケにへ	とよナーちウーけにへ	とよナーちウーケこへ	とよナーウちーケにへ	とよナーちウーケにへ	とよフーちウーケにへ
(**48**)	さスよーサそーせタミ	さスよーサそーせヌミ	さスよーサそーせタミ	さスよーサそーセタミ	きスよーサそーせタミ	さスよーサてーせタミ
(**49**)	ろみスーはアータちキ	ろめスーはアータちキ	ろみスーはアータチキ	ろみスーはアータちキ	るみスーはアータちキ	ろみスーほアータちキ
(**50**)	をテヌーキせーのほゑ	をテヌーキせーのほゑ	おテヌーキせーのほゑ	をテヌーきセーのほゑ	をテヌーキせーのほる	をテスーキせーのほゑ

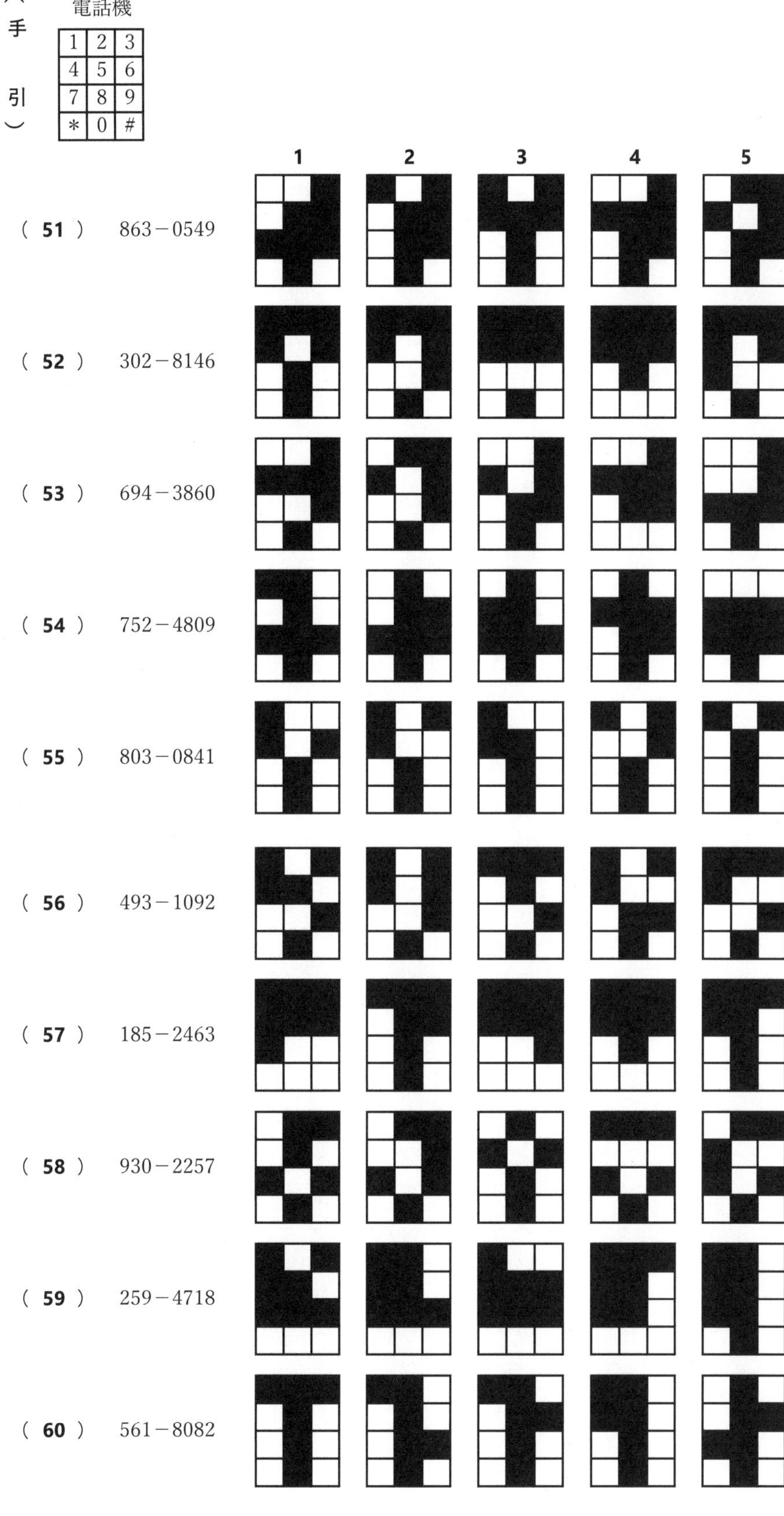

（手引）

電話機

1	2	3
4	5	6
7	8	9
＊	0	#

1　2　3　4　5

（ **51** ） 863－0549

（ **52** ） 302－8146

（ **53** ） 694－3860

（ **54** ） 752－4809

（ **55** ） 803－0841

（ **56** ） 493－1092

（ **57** ） 185－2463

（ **58** ） 930－2257

（ **59** ） 259－4718

（ **60** ） 561－8082

	1	2	3	4	5
(**61**)	3 + 8 + 4	9 + 0 + 1	5 + 3 + 4	4 + 1 + 3	6 + 5 + 2
(**62**)	4 + 7 + 4	2 + 6 + 2	8 + 4 + 9	3 + 4 + 1	4 + 7 + 6
(**63**)	6 + 2 + 1	5 + 2 + 0	7 + 3 + 1	5 + 8 + 4	3 + 4 + 5
(**64**)	8 + 5 + 6	4 + 6 + 2	9 + 2 + 5	6 + 1 + 2	1 + 8 + 5
(**65**)	7 + 3 + 2	1 + 9 + 4	8 + 3 + 4	1 + 5 + 3	9 + 4 + 5

(**66**)	7 + 3 + 7	5 + 9 + 4	3 + 2 + 1	4 + 2 + 9	2 + 2 + 3
(**67**)	1 + 7 + 2	6 + 3 + 5	2 + 9 + 4	8 + 1 + 0	4 + 5 + 2
(**68**)	3 + 2 + 9	4 + 5 + 1	6 + 1 + 6	1 + 2 + 8	5 + 9 + 6
(**69**)	3 + 8 + 0	9 + 4 + 6	2 + 5 + 6	7 + 5 + 4	6 + 2 + 4
(**70**)	5 + 0 + 8	4 + 7 + 5	1 + 2 + 3	5 + 9 + 6	8 + 4 + 5

		1	2	3	4	5
(**71**)	そらカーあスーすはシ	てらカーあスーすはシ	そらカーあスーすはツ	そらカーおスーすはシ	そらカーあスーすはシ	そラカーあスーすはシ
(**72**)	もンペーエがーけハヤ	もンペーエがーけハヤ	もンペーエがーケはヤ	もンペーエがーけハア	もンパーエがーけハヤ	もンペーキがーけハヤ
(**73**)	ひミナーテほーすもウ	ひミチーテほーすもウ	ひミナーテほーすもウ	ひミナーもほーすもウ	ひミナーテまーすもウ	ひミナーテほーすウも
(**74**)	てロシーフたーたクれ	てロシースたーたクれ	てロシーフたーたタれ	てロシーフたーたクれ	てロシーフたーたクわ	てシローフたーたクれ
(**75**)	マとムーゐキーテどた	マとムーゐキーテどタ	ヤとムーゐキーテどた	マとンーゐキーテどた	マとムーゐキーテどた	マとムーゐキーチどた

		1	2	3	4	5
(**76**)	ヤユけーチをーすキリ	ヤユけーチをーむキリ	ヤユけーチをーすキリ	アユけーチをーすキリ	マユけーチをーすキリ	ヤユけーチをーすきり
(**77**)	ざミるーウくーたドノ	ざミルーウくーたドノ	ざミるーウくーこドノ	ざミるーウくーたドノ	ざミるーウくーたドソ	ざミるーウクーたドノ
(**78**)	ぢヘヒースほーくホコ	ぢヘヒースほーくホコ	ぢヘヒースまーくホコ	ぢヒヘースほーくホコ	ぢヘヒースほーくホユ	ぢヘヒースほーしホコ
(**79**)	マなソーえワーハひか	マなソーえワーハひカ	マなツーえワーハひか	マなソーワえーハひか	マなソーえワーハしか	マなソーえワーハひか
(**80**)	ひアミーとるーぐサベ	ひアミーとるーぐサベ	ひマミーとるーぐサベ	ひアミーとるーぐサヘ	ひアミーメるーぐサベ	ひアシーとるーぐサベ

（手引）

電話機

1	2	3
4	5	6
7	8	9
＊	0	#

		1	2	3	4	5
(**81**)	518－6348					
(**82**)	386－0419					
(**83**)	246－3318					
(**84**)	858－4705					
(**85**)	465－7720					
(**86**)	135－4862					
(**87**)	631－2240					
(**88**)	920－7531					
(**89**)	748－9165					
(**90**)	202－9347					

	1	2	3	4	5
(**91**)	8 + 1 + 5	2 + 5 + 3	1 + 7 + 3	6 + 2 + 5	4 + 0 + 8
(**92**)	5 + 4 + 2	5 + 3 + 7	9 + 1 + 2	3 + 4 + 6	1 + 5 + 3
(**93**)	6 + 3 + 4	9 + 2 + 3	8 + 5 + 6	4 + 3 + 2	5 + 7 + 4
(**94**)	5 + 4 + 6	4 + 8 + 4	4 + 3 + 3	1 + 2 + 9	6 + 9 + 3
(**95**)	7 + 5 + 4	9 + 5 + 3	1 + 8 + 5	2 + 9 + 4	5 + 2 + 6
(**96**)	2 + 1 + 5	1 + 3 + 5	6 + 2 + 7	4 + 5 + 1	7 + 1 + 5
(**97**)	8 + 4 + 3	2 + 4 + 1	9 + 7 + 2	3 + 4 + 6	5 + 6 + 8
(**98**)	7 + 5 + 1	6 + 2 + 4	8 + 1 + 6	2 + 3 + 1	4 + 9 + 7
(**99**)	1 + 6 + 8	8 + 1 + 8	3 + 5 + 2	9 + 2 + 8	5 + 4 + 9
(**100**)	7 + 5 + 9	7 + 8 + 5	5 + 6 + 5	3 + 4 + 8	9 + 7 + 2

	1	2	3	4	5
(**101**) んオリーヰれーさまぺ	んオりーヰれーさまぺ	んオリーヰれーさまぺ	んオリーキれーさまぺ	んオリーヰれーさもぺ	んオリーヰねーさまぺ
(**102**) ヨすノーうセーラひれ	ヨすノーうせーラひれ	ヨすノーうセーらひれ	コすノーうセーラひれ	ヨすノーウセーラひれ	ヨすノーうセーラひれ
(**103**) いみビーレきーざノぽ	いめビーレきーざノぽ	いみビーレきーざノぽ	いみビーレきーざソポ	いみビーレさーざノポ	いみヒーレきーざノポ
(**104**) うフナーサろーそりヨ	うフナーサろーそりユ	うフナーサろーそリヨ	うフナーサろーそりヨ	うフナーサるーそりヨ	うヌナーサろーそりヨ
(**105**) シえテーはイーホてつ	シえテーはイーホてる	ツえテーはイーホてつ	シえキーはイーホてつ	シえテーはイーホてつ	シえテーはイーホテつ

	1	2	3	4	5
(**106**) ちじカーなセーへニむ	ちじカーセなーへニむ	ちじケーなセーへニむ	ちじカーなセーへニム	ちじカーなセーへニむ	ちじカーなセーへコむ
(**107**) スあはーりヤーキまネ	スめはーりヤーキまネ	スあはーりヤーキまね	スあはーりヤーきまネ	スあはーりやーキまネ	スあはーりヤーキまネ
(**108**) あラてーニせーをナン	あラてーニせーをナン	あラてーニセーをナン	あラてーこせーをナン	あらてーニせーをナン	あラてーニせーさナン
(**109**) ホそをーたユーサてん	ホそヲーたユーサてん	ホそをーたユーサえん	ホそおーたユーサてん	ホそをーたユーサてん	ホそをーたコーサてん
(**110**) けニへーマにーぎすシ	けニへーマにーぎすシ	けニへーマにーぎすツ	けニへーマにーきすシ	けニへーヤにーぎすシ	りニへーマにーぎすシ

（手引）

電話機

1	2	3
4	5	6
7	8	9
＊	0	#

1　2　3　4　5

（ **111** ）　892－1537

（ **112** ）　412－0093

（ **113** ）　618－2197

（ **114** ）　771－5094

（ **115** ）　582－3940

（ **116** ）　245－1862

（ **117** ）　519－0827

（ **118** ）　382－4197

（ **119** ）　963－4405

（ **120** ）　149－7032

第8回

トレーニング
第8回 解答

問題番号	正 答	問題番号	正 答	問題番号	正 答	問題番号	正 答
【No. 1】	④	【No. 31】	②	【No. 61】	①	【No. 91】	①
【No. 2】	⑤	【No. 32】	④	【No. 62】	③	【No. 92】	②
【No. 3】	③	【No. 33】	④	【No. 63】	④	【No. 93】	③
【No. 4】	⑤	【No. 34】	②	【No. 64】	①	【No. 94】	⑤
【No. 5】	①	【No. 35】	⑤	【No. 65】	⑤	【No. 95】	②
【No. 6】	①	【No. 36】	④	【No. 66】	②	【No. 96】	③
【No. 7】	②	【No. 37】	③	【No. 67】	③	【No. 97】	⑤
【No. 8】	③	【No. 38】	①	【No. 68】	⑤	【No. 98】	⑤
【No. 9】	②	【No. 39】	③	【No. 69】	②	【No. 99】	④
【No. 10】	④	【No. 40】	①	【No. 70】	④	【No.100】	①
【No. 11】	②	【No. 41】	②	【No. 71】	④	【No.101】	②
【No. 12】	②	【No. 42】	③	【No. 72】	①	【No.102】	⑤
【No. 13】	⑤	【No. 43】	④	【No. 73】	②	【No.103】	②
【No. 14】	③	【No. 44】	⑤	【No. 74】	③	【No.104】	③
【No. 15】	⑤	【No. 45】	②	【No. 75】	④	【No.105】	④
【No. 16】	④	【No. 46】	③	【No. 76】	②	【No.106】	④
【No. 17】	①	【No. 47】	④	【No. 77】	③	【No.107】	⑤
【No. 18】	④	【No. 48】	②	【No. 78】	①	【No.108】	①
【No. 19】	①	【No. 49】	③	【No. 79】	⑤	【No.109】	④
【No. 20】	④	【No. 50】	①	【No. 80】	①	【No.110】	①
【No. 21】	④	【No. 51】	④	【No. 81】	①	【No.111】	①
【No. 22】	②	【No. 52】	①	【No. 82】	③	【No.112】	④
【No. 23】	⑤	【No. 53】	③	【No. 83】	①	【No.113】	②
【No. 24】	③	【No. 54】	③	【No. 84】	④	【No.114】	⑤
【No. 25】	②	【No. 55】	②	【No. 85】	②	【No.115】	③
【No. 26】	①	【No. 56】	⑤	【No. 86】	②	【No.116】	④
【No. 27】	①	【No. 57】	④	【No. 87】	②	【No.117】	③
【No. 28】	⑤	【No. 58】	①	【No. 88】	⑤	【No.118】	②
【No. 29】	③	【No. 59】	②	【No. 89】	⑤	【No.119】	②
【No. 30】	④	【No. 60】	③	【No. 90】	④	【No.120】	⑤

トレーニング
第9回 問題

（解答時間：15分間）

検査の説明

検査1 この検査は，与えられた数式を計算し，その結果に該当する手引と同じ選択肢の番号の位置にマークをするものです。

（手引）

1	2	3	4	5
6で割ると1余る数	6で割ると2余る数	6で割ると3余る数	6で割ると4余る数	6で割りきれる数

例題(1) 35 ÷ 7 × 3 ＋ 16 ＋ 41

例題では，計算すると『72』となり，これは手引『**5**』の『6で割りきれる数』に該当しますから，マークは次のようになります。

→ **例題(1)正答** 1 2 3 4 5（5にマーク）

検査2 この検査は，左側の漢字を手引に従ってカタカナに置き換えたとき，正しく置き換えられているものがいくつあるかをみて，その数と同じ選択肢の番号の位置にマークをするものです。

（手引）

大 … ル	重 … ス	少 … ウ
中 … ヌ	高 … ユ	多 … ム
低 … ク	小 … ツ	軽 … フ

例題(2) 小 中 多 低 軽 ┆ ツ ク ム ユ ス

例題では，『小…ツ』『多…ム』の二つが正しく置き換えられていますから，マークは次のようになります。

→ **例題(2)正答** 1 2 3 4 5（2にマーク）

検査3 この検査は，左の図形と異なる図形が右の四つの図形の中にいくつあるかを探し，その個数と同じ選択肢の番号の位置にマークをするものです。ただし，すべて左の図形と同じ場合は『**5**』の位置にマークをします。なお，図形は回転させてもいいですが，裏返さないものとします。

例題(3)

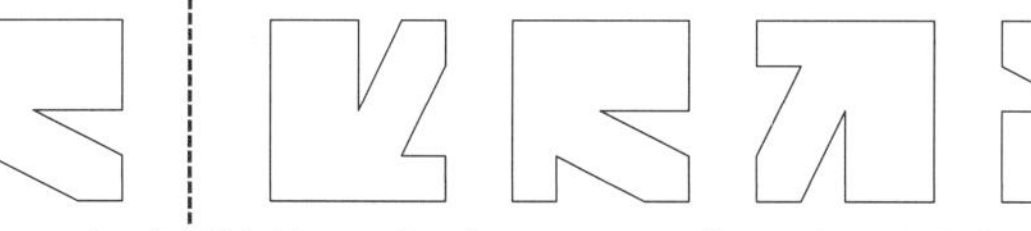

例題では，すべて左の図形と同じですから，マークは次のようになります。

→ **例題(3)正答** 1 2 3 4 5（5にマーク）

第9回

（手引）

1	2	3	4	5
6で割ると1余る数	6で割ると2余る数	6で割ると3余る数	6で割ると4余る数	6で割りきれる数

（**1**） 86 ÷ 2 ＋ 11 × 3 － 51

（**2**） 14 × 3 ＋ 36 － 64 ÷ 4

（**3**） 10 － 93 ÷ 3 ＋ 22 × 3

（**4**） 21 × 3 ＋ 81 ÷ 3 － 21

（**5**） 92 ＋ 42 ÷ 3 － 17 × 4

（**6**） 5 × 14 － 63 ÷ 3 × 2

（**7**） 56 ÷ 4 ＋ 12 × 5 ＋ 16

（**8**） 11 × 5 － 49 ÷ 7 ＋ 37

（**9**） 93 － 12 × 4 － 54 ÷ 2

（**10**） 17 × 3 － 54 ÷ 3 ＋ 55

（手引）

月 … ヒ	火 … ヰ	金 … ニ
土 … イ	日 … キ	地 … ミ
天 … リ	水 … シ	木 … チ

（**11**） 火 地 土 木 金 ｜ ニ ミ イ チ キ

（**12**） 水 日 天 金 月 ｜ シ キ リ ニ ヒ

（**13**） 日 火 金 水 土 ｜ ミ ヒ イ シ リ

（**14**） 天 月 水 日 木 ｜ リ ヰ チ キ ミ

（**15**） 木 地 火 天 水 ｜ チ ニ ヰ リ シ

（**16**） 土 木 天 月 地 ｜ イ チ キ ヰ ミ

（**17**） 月 天 土 地 木 ｜ キ リ イ ミ チ

（**18**） 地 金 木 土 火 ｜ シ ニ ヒ リ ヰ

（**19**） 土 天 水 日 月 ｜ イ リ シ キ ヒ

（**20**） 水 金 地 火 日 ｜ シ イ リ ヒ ニ

(21)

(22)

(23)

(24)

(25)

(26)

(27)

(28)

(29)

(30)

（手引）

1	2	3	4	5
5で割ると1余る数	5で割ると2余る数	5で割ると3余る数	5で割ると4余る数	5で割りきれる数

（**31**） 13 × 3 ＋ 34 − 24 ＋ 44

（**32**） 60 ＋ 72 ÷ 3 − 12 × 4

（**33**） 86 − 32 × 2 ＋ 64 ÷ 4

（**34**） 34 ＋ 69 ÷ 3 × 4 − 56

（**35**） 5 × 6 − 64 ÷ 4 ＋ 13

（**36**） 25 × 3 ＋ 96 ÷ 6 − 2

（**37**） 48 − 14 × 3 ＋ 84 ÷ 3

（**38**） 63 ÷ 3 ＋ 13 × 3 ＋ 27

（**39**） 15 × 5 − 18 − 42 ÷ 2

（**40**） 38 − 44 ÷ 4 − 3 × 4

（手引）

茶 … セ	赤 … ネ	緑 … メ
紫 … レ	桃 … ケ	青 … エ
黄 … テ	黒 … ヘ	白 … ヱ

（**41**）	白 黄 青 赤 緑	ヱ ケ レ セ ヘ
（**42**）	黒 茶 桃 緑 赤	ヘ セ ケ メ レ
（**43**）	茶 赤 紫 黒 緑	セ ケ ヘ ネ メ
（**44**）	桃 青 白 茶 黄	ケ エ ヱ セ テ
（**45**）	青 茶 黒 桃 白	エ セ ヘ ネ ヱ
（**46**）	緑 黄 白 青 紫	メ テ ヱ エ レ
（**47**）	紫 緑 赤 黄 青	レ メ ケ テ セ
（**48**）	白 黒 茶 緑 桃	ヘ ネ テ メ ケ
（**49**）	赤 桃 緑 黒 紫	ネ ヱ メ ケ レ
（**50**）	青 赤 黄 白 茶	ケ テ セ ヱ ネ

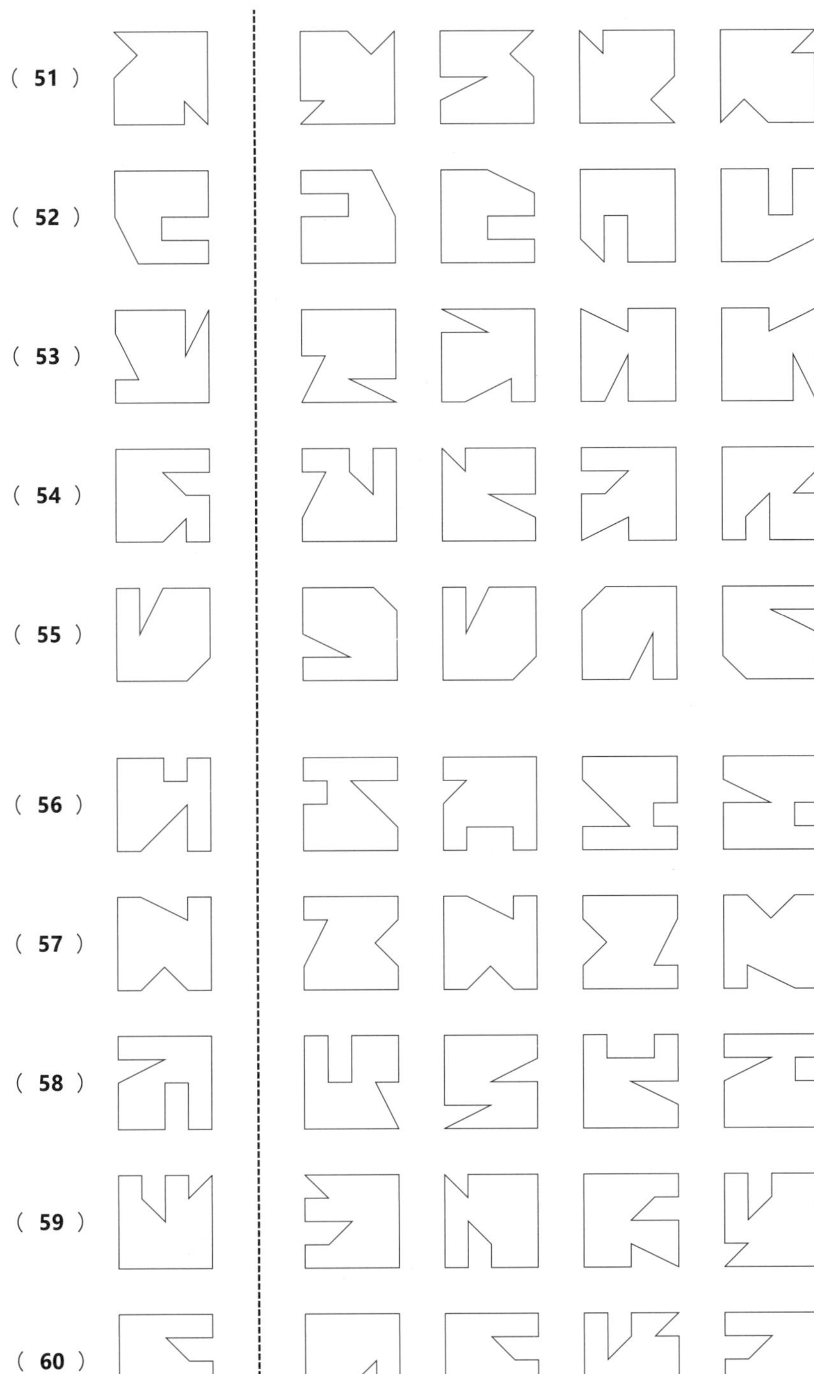
(51)
(52)
(53)
(54)
(55)
(56)
(57)
(58)
(59)
(60)

（手引）

1	2	3	4	5
8で割ると1余る数	8で割ると2余る数	8で割ると3余る数	8で割ると4余る数	8で割りきれる数

（ 61 ） 18 × 4 + 88 ÷ 11 − 12

（ 62 ） 54 ÷ 18 − 63 ÷ 9 + 52

（ 63 ） 14 × 4 + 69 ÷ 3 − 27

（ 64 ） 44 ÷ 11 + 17 × 3 − 13

（ 65 ） 24 × 3 − 78 ÷ 13 + 25

（ 66 ） 13 × 2 + 65 ÷ 5 + 11

（ 67 ） 99 − 96 ÷ 8 − 11 × 5

（ 68 ） 72 ÷ 6 + 65 − 16 ÷ 4

（ 69 ） 46 + 17 × 2 + 57 ÷ 3

（ 70 ） 84 ÷ 6 + 19 × 3 − 14

（手引）

根 … ハ	種 … ヤ	葉 … ア
苗 … カ	木 … サ	花 … タ
幹 … ナ	草 … ラ	樹 … マ

（ 71 ） 種 幹 苗 草 木 ┆ ヤ ハ ア マ ラ

（ 72 ） 苗 葉 種 花 樹 ┆ ラ サ ヤ タ マ

（ 73 ） 葉 根 幹 樹 草 ┆ ナ ハ タ マ ヤ

（ 74 ） 草 種 木 苗 樹 ┆ ラ ア サ カ マ

（ 75 ） 花 葉 幹 根 種 ┆ タ サ ナ ラ ヤ

（ 76 ） 根 木 草 種 花 ┆ ハ サ ア タ ヤ

（ 77 ） 種 苗 樹 幹 葉 ┆ ヤ カ マ ハ ア

（ 78 ） 苗 樹 葉 根 幹 ┆ タ ア ハ ヤ ナ

（ 79 ） 木 草 花 葉 根 ┆ サ ラ タ ア ハ

（ 80 ） 葉 花 根 木 苗 ┆ ア タ ハ サ カ

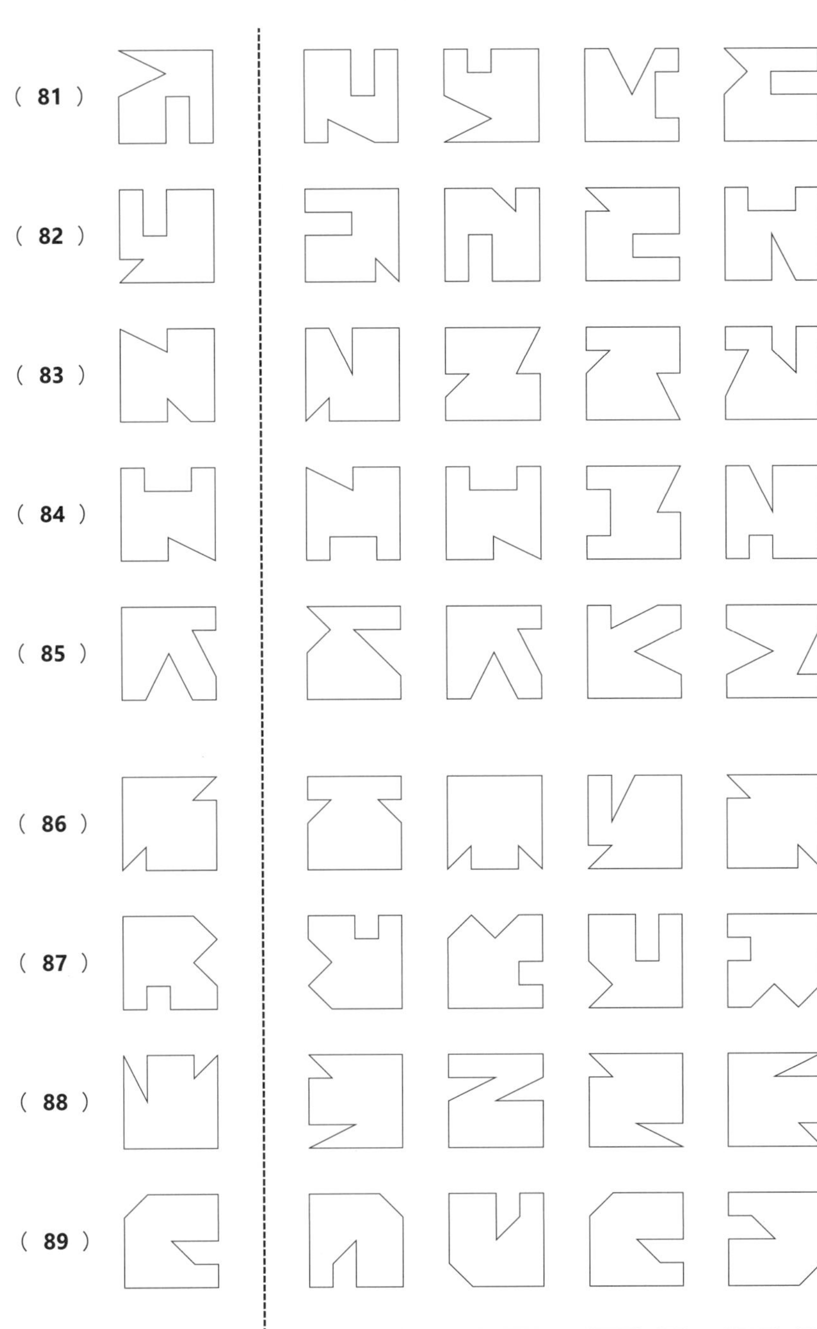
(81)
(82)
(83)
(84)
(85)
(86)
(87)
(88)
(89)
(90)

（手引）

1	2	3	4	5
7で割ると1余る数	7で割ると2余る数	7で割ると3余る数	7で割ると4余る数	7で割りきれる数

（ **91** ） 17 × 4 ＋ 16 － 54 ÷ 3

（ **92** ） 84 ÷ 4 － 41 ＋ 19 × 3

（ **93** ） 16 × 3 ＋ 21 － 65 ÷ 5

（ **94** ） 81 ＋ 72 ÷ 3 － 13 × 4

（ **95** ） 24 × 3 ＋ 51 ÷ 3 － 60

（ **96** ） 96 ÷ 2 ＋ 19 × 2 ＋ 5

（ **97** ） 13 × 2 ＋ 76 － 98 ÷ 14

（ **98** ） 89 － 31 × 4 ÷ 2 ＋ 11

（ **99** ） 58 ÷ 29 ＋ 29 × 3 － 53

（ **100** ） 39 ＋ 52 ÷ 4 － 18 × 2

（手引）

足 … コ	指 … ホ	耳 … ト
鼻 … ソ	頭 … ノ	手 … オ
口 … ヨ	目 … モ	首 … ロ

（ **101** ） 目 口 耳 頭 首 ｜ モ オ ソ ヨ ト

（ **102** ） 指 手 鼻 首 頭 ｜ ホ ソ コ ロ ヨ

（ **103** ） 首 鼻 耳 足 手 ｜ ロ ノ ト コ モ

（ **104** ） 手 首 指 目 鼻 ｜ ヨ コ ホ モ ソ

（ **105** ） 鼻 指 口 足 頭 ｜ コ ロ ヨ ホ ノ

（ **106** ） 足 頭 目 口 耳 ｜ コ ノ モ ヨ ト

（ **107** ） 耳 鼻 頭 手 足 ｜ ト ソ ノ オ ホ

（ **108** ） 口 耳 手 足 目 ｜ モ ホ オ ノ ソ

（ **109** ） 手 頭 足 鼻 指 ｜ オ ノ コ ソ ホ

（ **110** ） 頭 目 首 指 口 ｜ ノ モ ト ホ ヨ

(111)

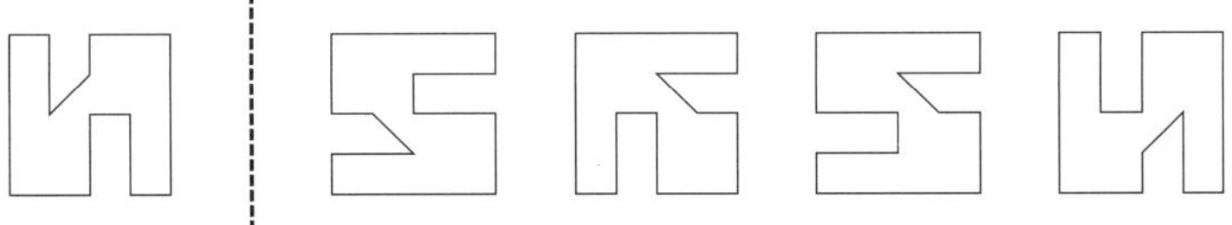

(112)

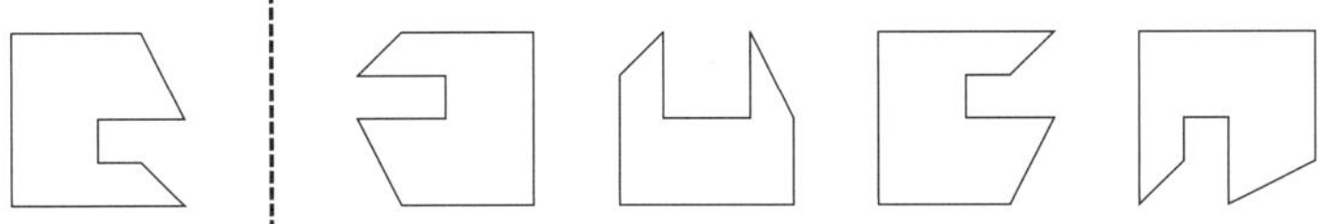

(113)

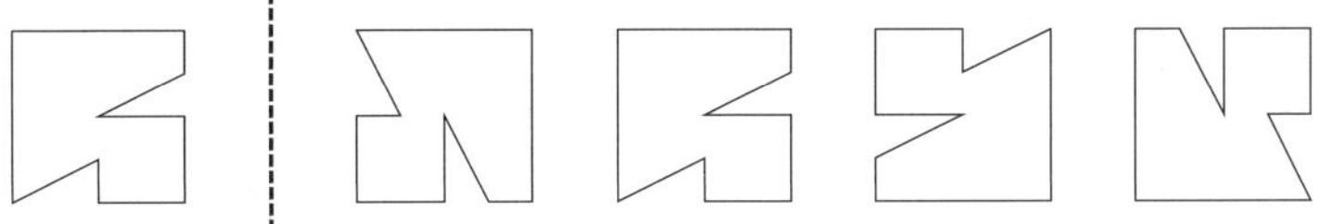

(114)

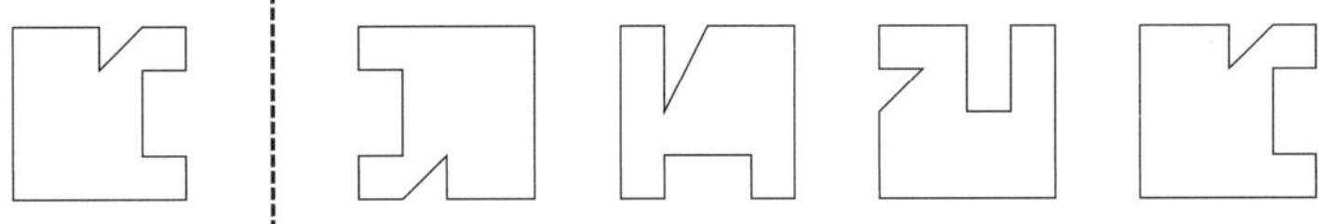

(115)

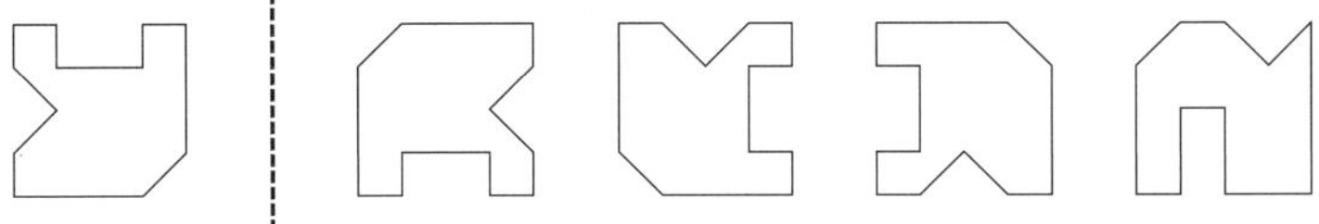

(116)

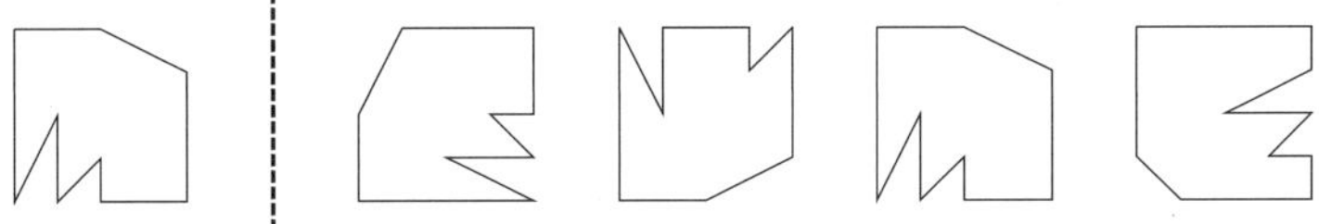

(117)

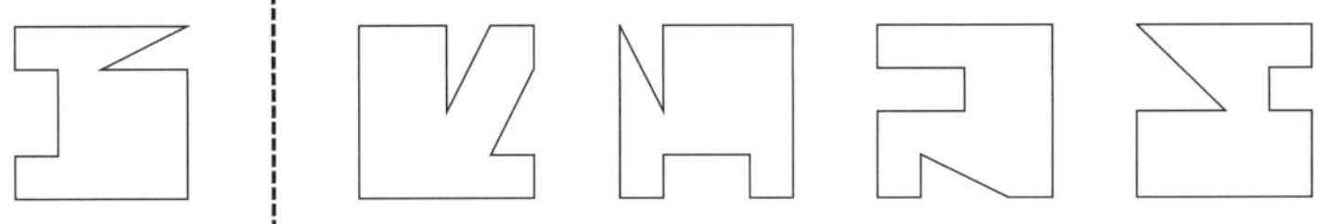

(118)

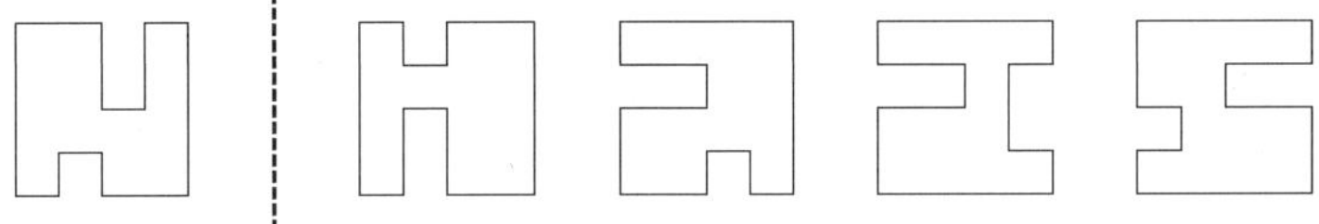

(119)

(120)

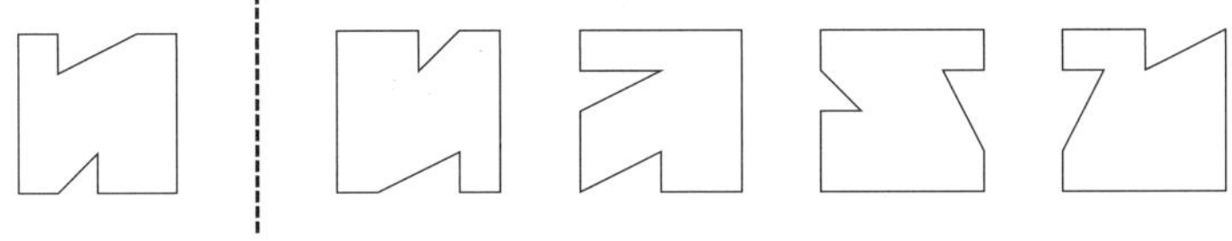

トレーニング 第9回 解答

問題番号	正 答	問題番号	正 答	問題番号	正 答	問題番号	正 答
【No. 1】	①	【No. 31】	③	【No. 61】	④	【No. 91】	③
【No. 2】	②	【No. 32】	①	【No. 62】	⑤	【No. 92】	②
【No. 3】	③	【No. 33】	③	【No. 63】	④	【No. 93】	⑤
【No. 4】	③	【No. 34】	⑤	【No. 64】	②	【No. 94】	④
【No. 5】	②	【No. 35】	②	【No. 65】	③	【No. 95】	①
【No. 6】	④	【No. 36】	④	【No. 66】	②	【No. 96】	⑤
【No. 7】	⑤	【No. 37】	④	【No. 67】	⑤	【No. 97】	④
【No. 8】	①	【No. 38】	②	【No. 68】	①	【No. 98】	③
【No. 9】	⑤	【No. 39】	①	【No. 69】	③	【No. 99】	①
【No. 10】	④	【No. 40】	⑤	【No. 70】	①	【No.100】	②
【No. 11】	③	【No. 41】	①	【No. 71】	①	【No.101】	①
【No. 12】	⑤	【No. 42】	④	【No. 72】	③	【No.102】	②
【No. 13】	①	【No. 43】	②	【No. 73】	②	【No.103】	③
【No. 14】	②	【No. 44】	⑤	【No. 74】	④	【No.104】	③
【No. 15】	④	【No. 45】	④	【No. 75】	③	【No.105】	②
【No. 16】	③	【No. 46】	⑤	【No. 76】	②	【No.106】	⑤
【No. 17】	④	【No. 47】	③	【No. 77】	④	【No.107】	④
【No. 18】	②	【No. 48】	②	【No. 78】	①	【No.108】	①
【No. 19】	⑤	【No. 49】	③	【No. 79】	⑤	【No.109】	⑤
【No. 20】	①	【No. 50】	①	【No. 80】	⑤	【No.110】	④
【No. 21】	②	【No. 51】	①	【No. 81】	④	【No.111】	①
【No. 22】	④	【No. 52】	②	【No. 82】	④	【No.112】	③
【No. 23】	①	【No. 53】	③	【No. 83】	③	【No.113】	⑤
【No. 24】	③	【No. 54】	④	【No. 84】	①	【No.114】	②
【No. 25】	④	【No. 55】	⑤	【No. 85】	②	【No.115】	①
【No. 26】	⑤	【No. 56】	②	【No. 86】	③	【No.116】	②
【No. 27】	①	【No. 57】	⑤	【No. 87】	①	【No.117】	③
【No. 28】	④	【No. 58】	④	【No. 88】	②	【No.118】	④
【No. 29】	②	【No. 59】	③	【No. 89】	⑤	【No.119】	①
【No. 30】	③	【No. 60】	①	【No. 90】	⑤	【No.120】	②

トレーニング 第10回 問題

（解答時間：15分間）

検査の説明

検査1 この検査は，与えられた計算式の（　）内の数字と記号を手引の条件に従って置き換えて計算し，その答がある箇所と同じ選択肢の番号の位置にマークをするものです。

（手引）
（整数▼）… 下線の数を11で割った余りの数
（整数◎）… 下線の数を4で割った余りの数

	1	2	3	4	5
例題(1)　（ 18 ◎ ）× 12 ＝	96	48	60	24	84

例題では，（　）内の指示が『18を4で割った余りの数』ですから『18÷4＝4…2』となり，計算式は『2×12』となりますから，答は『24』。よって，マークは次のようになります。

→ **例題(1)正答**　1 ○　2 ○　3 ○　4 ●　5 ○

検査2 この検査は，問題の三つの文字がすべて含まれている手引と同じ選択肢の番号の位置にマークをするものです。

（手引）

1	2	3	4	5
n，m，q	q，z，a	h，j，k	l，z，x	v，c，b
a，p，s	d，f，g	w，q，e	r，t，y	u，i，o
t，b，x	n，h，y	m，d，c	s，w，f	f，x，g

例題(2)　f，x，l

例題では，『f』と『x』と『l』の三つの文字はすべて手引『**4**』に含まれていますから，マークは次のようになります。

→ **例題(2)正答**　1 ○　2 ○　3 ○　4 ●　5 ○

検査3 この検査は，左の図形と同じ図形を選択肢のうちから選び，その図形がある箇所と同じ選択肢の番号の位置にマークをするものです。なお，図形は回転させてもいいですが，裏返さないものとします。

例題(3)

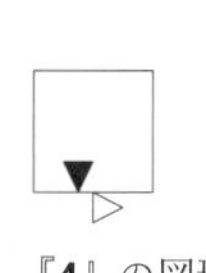

1 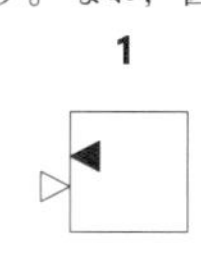
2 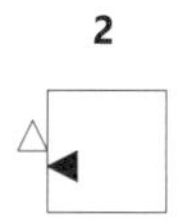
3 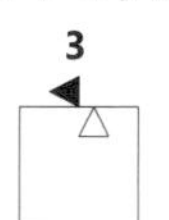
4 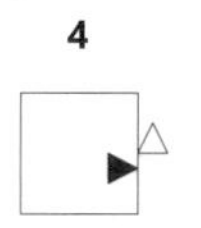
5 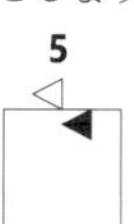

例題では，『**4**』の図形が同じですから，マークは次のようになります。

→ **例題(3)正答**　1 ○　2 ○　3 ○　4 ●　5 ○

第10回

（手引）

> (整数☆) … 下線の数を7で割った余りの数
> (整数○) … 下線の数を12で割った余りの数

	1	2	3	4	5
（**1**）（69☆）× 9 ＝	45	54	63	72	81
（**2**）（28○）× 16 ＝	16	32	48	80	64
（**3**）（55☆）× 12 ＝	60	36	48	72	84
（**4**）（81○）× 14 ＝	56	84	112	126	154
（**5**）（19☆）× 7 ＝	14	7	35	42	49
（**6**）（98○）× 17 ＝	34	204	238	51	136
（**7**）（37☆）× 13 ＝	13	26	65	39	52
（**8**）（77○）× 6 ＝	30	24	36	42	66
（**9**）（86☆）× 19 ＝	57	76	38	133	228
（**10**）（45○）× 8 ＝	24	48	64	80	72

（手引）

1	2	3	4	5
ろ，め，る	も，ね，み	こ，ひ，そ	さ，つ，ち	し，と，は
つ，か，も	め，ち，と	る，さ，り	き，み，ね	む，そ，ひ
き，く，ま	の，り，れ	む，け，せ	ら，に，な	ん，か，す

（**11**） か，る，も

（**12**） ま，き，め

（**13**） ん，し，ひ

（**14**） む，け，り

（**15**） ら，な，ち

（**16**） そ，さ，こ

（**17**） つ，み，き

（**18**） す，は，そ

（**19**） と，め，み

（**20**） ち，ね，れ

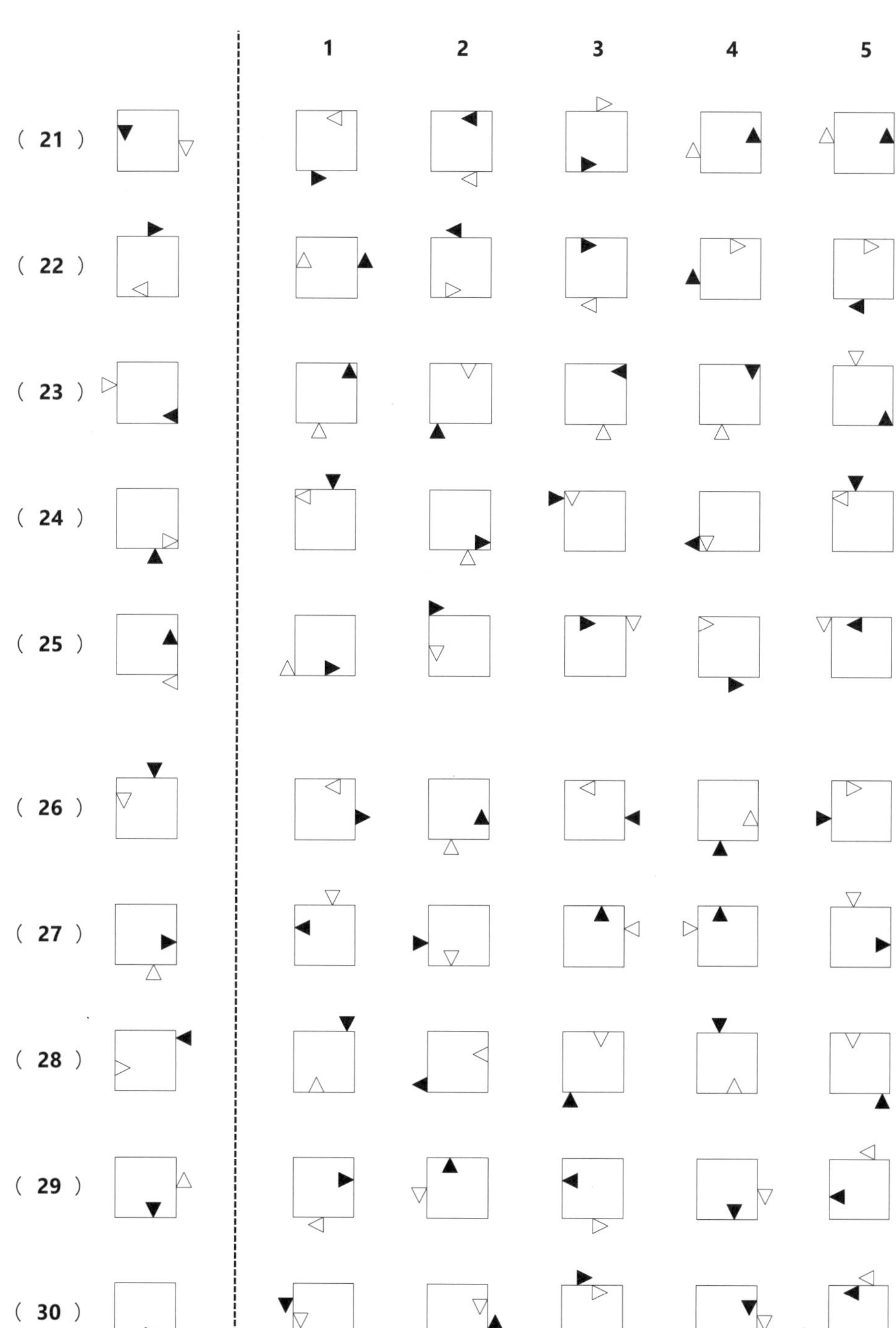

第10回

（手引）

（整数■）… 下線の数を5で割った余りの数
（整数★）… 下線の数を16で割った余りの数

	1	2	3	4	5
（31）（53★）× 15 ＝	45	60	75	150	90
（32）（49■）× 17 ＝	34	17	51	68	153
（33）（78★）× 9 ＝	27	36	117	126	135
（34）（97■）× 16 ＝	96	32	48	16	112
（35）（27★）× 6 ＝	30	6	12	60	66
（36）（89★）× 7 ＝	28	63	35	70	119
（37）（18■）× 12 ＝	12	24	36	48	60
（38）（68★）× 14 ＝	28	42	56	70	126
（39）（57■）× 8 ＝	16	24	32	72	88
（40）（38★）× 13 ＝	26	39	65	78	91

（手引）

1	2	3	4	5
久，麻，乃	利，礼，花	手，矛，点	位，主，何	名，仁，良
羽，位，音	良，左，位	去，乃，利	毛，花，日	矛，礼，久
左，子，十	日，去，見	毛，音，女	呂，血，戸	羽，士，木

（41）呂，何，花

（42）去，利，位

（43）左，音，久

（44）主，日，血

（45）良，名，矛

（46）見，左，良

（47）女，利，毛

（48）仁，士，礼

（49）手，音，去

（50）乃，羽，十

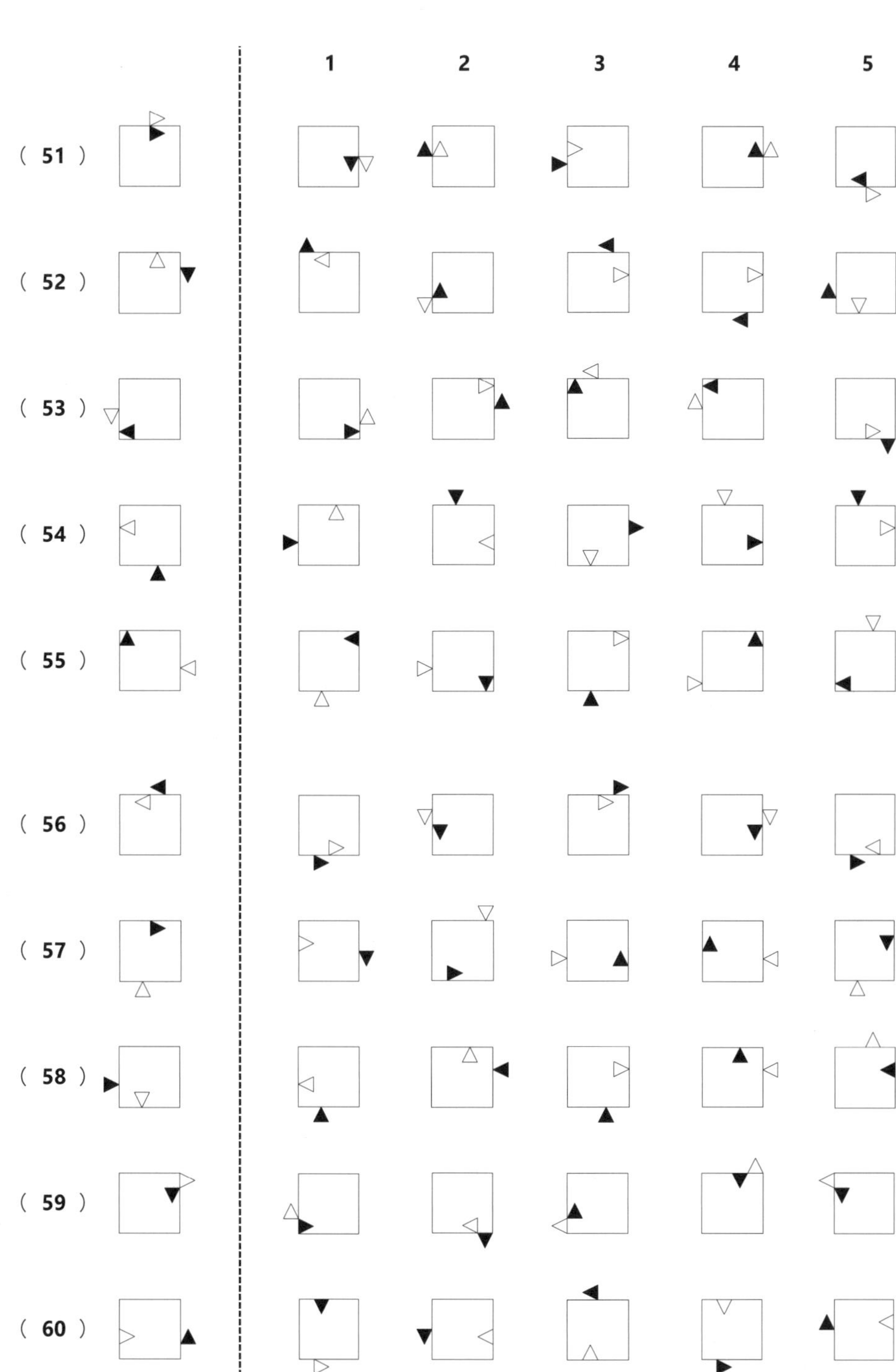

第10回

（手引）

(<u>整数</u>▽) … 下線の数を9で割った余りの数
(<u>整数</u>◇) … 下線の数を14で割った余りの数

	1	2	3	4	5
(**61**) (<u>35</u> ◇) × 12 =	24	36	48	84	96
(**62**) (<u>95</u> ▽) × 8 =	40	48	72	80	88
(**63**) (<u>17</u> ◇) × 18 =	36	18	54	108	72
(**64**) (<u>87</u> ▽) × 17 =	51	85	102	119	153
(**65**) (<u>58</u> ◇) × 9 =	9	18	36	54	27
(**66**) (<u>43</u> ▽) × 6 =	30	6	24	18	42
(**67**) (<u>66</u> ◇) × 16 =	48	64	112	160	176
(**68**) (<u>74</u> ▽) × 5 =	10	15	20	25	40
(**69**) (<u>25</u> ◇) × 13 =	13	26	91	117	143
(**70**) (<u>71</u> ▽) × 7 =	7	56	35	49	63

（手引）

1	2	3	4	5
マ，サ，ヤ	シ，ウ，ン	ヒ，ツ，カ	ハ，コ，テ	フ，ユ，ナ
ヌ，フ，ア	テ，タ，イ	ト，チ，シ	サ，ツ，ソ	ウ，ス，ハ
ハ，ヒ，コ	キ，カ，エ	オ，ヤ，ユ	ン，ナ，ニ	マ，ク，ノ

(**71**) コ，ナ，ハ

(**72**) ス，ク，ナ

(**73**) ユ，ツ，チ

(**74**) マ，フ，ヤ

(**75**) ト，オ，ヒ

(**76**) カ，シ，テ

(**77**) ヌ，ア，サ

(**78**) テ，ン，ツ

(**79**) エ，キ，イ

(**80**) ノ，フ，ハ

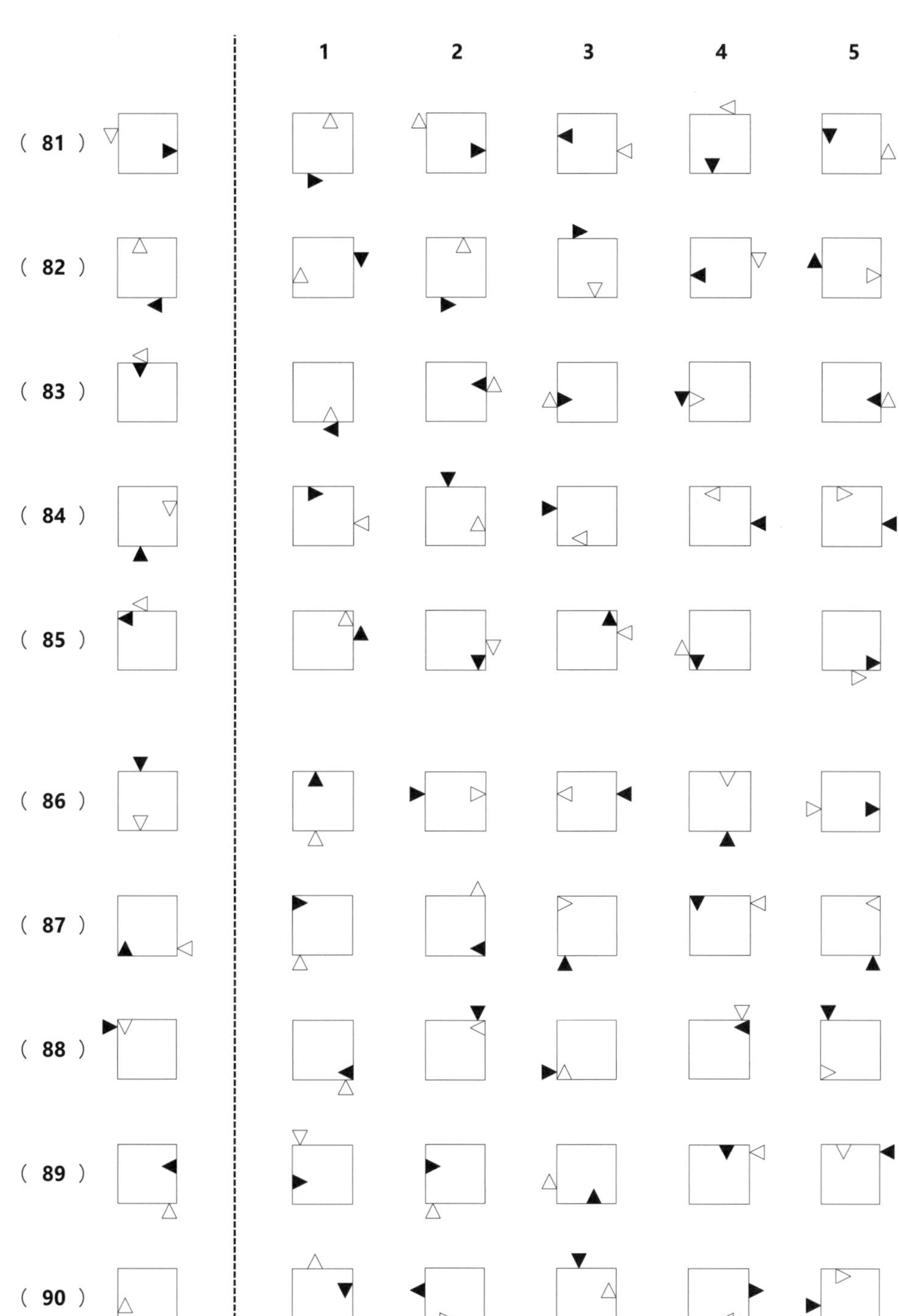

第10回

（手引）

(整数◆) … 下線の数を6で割った余りの数
(整数●) … 下線の数を13で割った余りの数

		1	2	3	4	5
(**91**)	(80 ◆) × 19 =	19	38	57	76	114
(**92**)	(41 ●) × 17 =	34	51	68	85	102
(**93**)	(75 ◆) × 12 =	48	60	120	36	144
(**94**)	(50 ●) × 13 =	26	39	104	117	143
(**95**)	(99 ◆) × 18 =	72	54	126	144	288
(**96**)	(64 ●) × 14 =	154	140	56	70	168
(**97**)	(22 ◆) × 7 =	35	56	14	28	63
(**98**)	(29 ●) × 6 =	12	48	18	24	54
(**99**)	(94 ◆) × 16 =	48	64	96	112	240
(**100**)	(84 ●) × 15 =	90	105	120	150	210

（手引）

1	2	3	4	5
M , D , C	S , W , F	F , X , G	T , B , X	N , H , Y
H , J , K	L , Z , X	V , C , B	N , M , Q	Q , Z , A
W , Q , E	R , T , Y	U , I , O	A , P , S	D , F , G

(**101**) X , N , A

(**102**) G , C , F

(**103**) A , D , Q

(**104**) E , K , H

(**105**) M , B , P

(**106**) L , S , Y

(**107**) F , R , T

(**108**) Y , Z , N

(**109**) C , J , M

(**110**) O , U , B

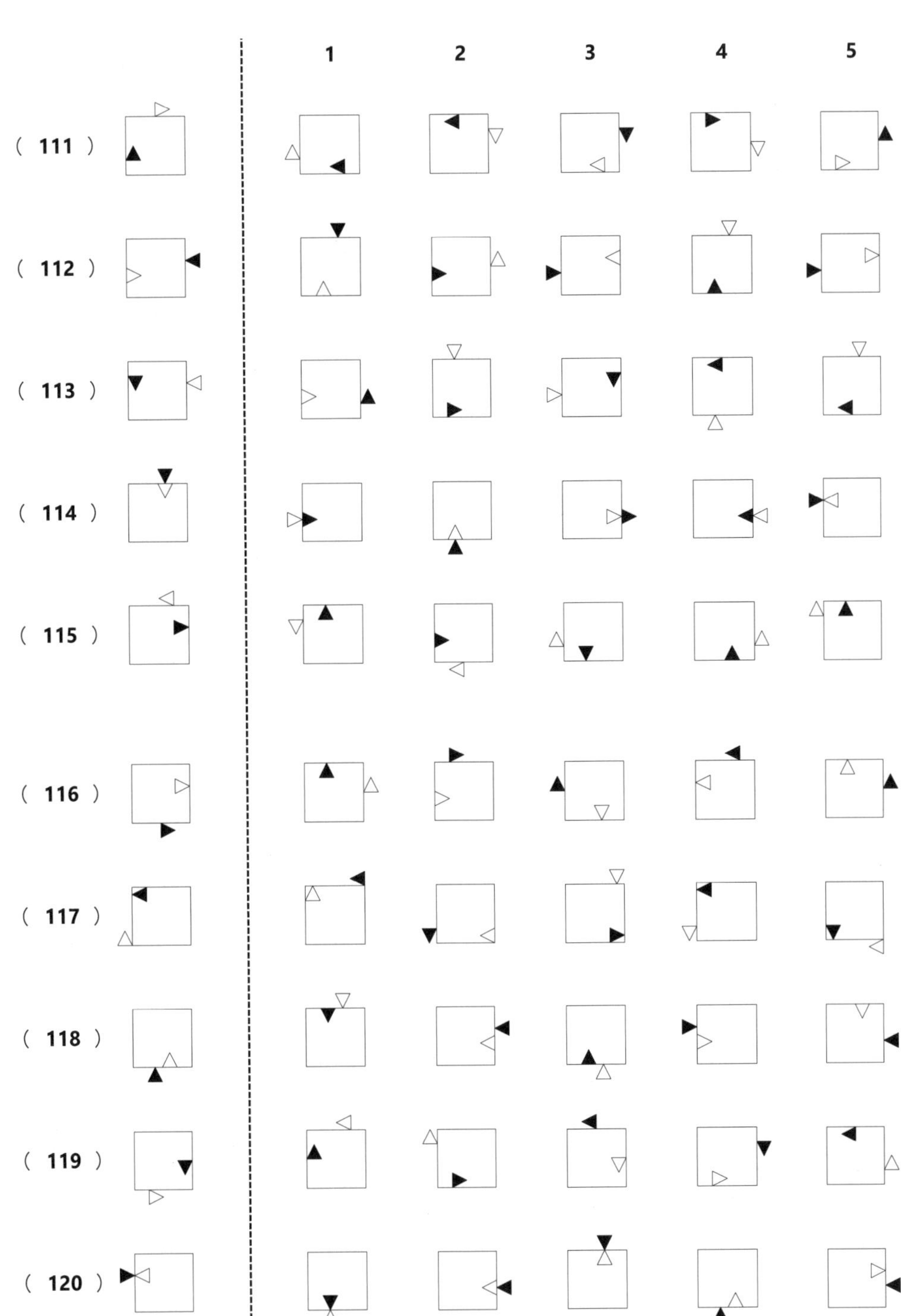

第10回

トレーニング
第10回 解答

問題番号	正 答	問題番号	正 答	問題番号	正 答	問題番号	正 答
【No. 1】	②	【No. 31】	③	【No. 61】	④	【No. 91】	②
【No. 2】	⑤	【No. 32】	④	【No. 62】	①	【No. 92】	①
【No. 3】	④	【No. 33】	④	【No. 63】	③	【No. 93】	④
【No. 4】	④	【No. 34】	②	【No. 64】	③	【No. 94】	⑤
【No. 5】	③	【No. 35】	⑤	【No. 65】	②	【No. 95】	②
【No. 6】	①	【No. 36】	②	【No. 66】	⑤	【No. 96】	⑤
【No. 7】	②	【No. 37】	③	【No. 67】	④	【No. 97】	④
【No. 8】	①	【No. 38】	③	【No. 68】	①	【No. 98】	③
【No. 9】	③	【No. 39】	①	【No. 69】	⑤	【No. 99】	②
【No. 10】	⑤	【No. 40】	④	【No. 70】	②	【No.100】	①
【No. 11】	①	【No. 41】	④	【No. 71】	④	【No.101】	④
【No. 12】	①	【No. 42】	②	【No. 72】	⑤	【No.102】	③
【No. 13】	⑤	【No. 43】	①	【No. 73】	③	【No.103】	⑤
【No. 14】	③	【No. 44】	④	【No. 74】	①	【No.104】	①
【No. 15】	④	【No. 45】	⑤	【No. 75】	③	【No.105】	④
【No. 16】	③	【No. 46】	②	【No. 76】	②	【No.106】	②
【No. 17】	④	【No. 47】	③	【No. 77】	①	【No.107】	②
【No. 18】	⑤	【No. 48】	⑤	【No. 78】	④	【No.108】	⑤
【No. 19】	②	【No. 49】	③	【No. 79】	②	【No.109】	①
【No. 20】	②	【No. 50】	①	【No. 80】	⑤	【No.110】	③
【No. 21】	③	【No. 51】	①	【No. 81】	④	【No.111】	④
【No. 22】	⑤	【No. 52】	⑤	【No. 82】	③	【No.112】	③
【No. 23】	④	【No. 53】	③	【No. 83】	②	【No.113】	②
【No. 24】	⑤	【No. 54】	①	【No. 84】	⑤	【No.114】	②
【No. 25】	①	【No. 55】	⑤	【No. 85】	⑤	【No.115】	①
【No. 26】	④	【No. 56】	①	【No. 86】	③	【No.116】	⑤
【No. 27】	③	【No. 57】	④	【No. 87】	①	【No.117】	⑤
【No. 28】	⑤	【No. 58】	②	【No. 88】	②	【No.118】	④
【No. 29】	②	【No. 59】	③	【No. 89】	①	【No.119】	①
【No. 30】	①	【No. 60】	④	【No. 90】	④	【No.120】	③

トレーニング 第11回 問題

（解答時間：15分間）

検査の説明

検査1 この検査は，与えられた計算式のアルファベットに，手引で示された数値を当てはめて計算し，その答がある箇所と同じ選択肢の番号の位置にマークをするものです。

（手引）

i … 27	j … 11	k … 5	ℓ … 8	m … 2
n … 9	o … 26	p … 15	q … 3	r … 48
s … 10	t … 16	u … 4	v … 19	w … 32

		1	2	3	4	5
例題(1)	r ÷ q ＋ k	17	18	19	20	21

例題では，それぞれ置き換えると『r＝48』『q＝3』『k＝5』となります。これらを式に当てはめると『48÷3＋5』で，計算すると『21』となりますから，マークは次のようになります。

→ **例題(1)正答** 1 ○ 2 ○ 3 ○ 4 ○ 5 ●

検査2 この検査は，与えられた五つの手引のうちから，問題のマス目に記されている数字『(1)，(2)，(3)』と同じ位置にある三つの記号をこの順に取り出して左から並べると，問題のマス目の横にある記号の列となるような手引を選び，その手引と同じ選択肢の番号の位置にマークをするものです。

（手引）

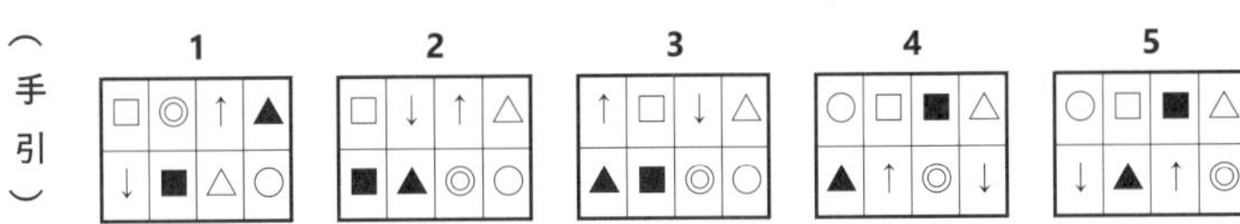

例題(2)

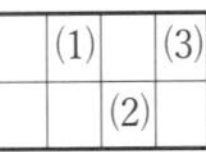

□ ↑ △

例題では，『(1)…□』『(2)…↑』『(3)…△』と置き換えますから，マークは次のようになります。

→ **例題(2)正答** 1 ○ 2 ○ 3 ○ 4 ○ 5 ●

検査3 この検査は，アルファベットや平仮名などの文字が各マスに入った見本の表から抜き出された3行×3列の表を見比べて，抜き出された表中の(1)と(2)のマスに入る文字の組合せがある箇所と同じ選択肢の番号の位置にマークをするものです。

（見本の表）

キ	ネ	マ	ワ	リ	コ	ク	ニ
イ	ロ	ヤ	ツ	ヲ	ウ	ン	ロ
ソ	ナ	ラ	ネ	ヨ	ケ	ラ	エ
ロ	ヤ	ン	ホ	イ	セ	マ	ヘ
マ	エ	ヒ	ウ	ネ	ヘ	ク	ニ
ホ	モ	ノ	ハ	ソ	キ	リ	ラ
エ	ム	コ	チ	マ	ロ	ア	ヌ
レ	ク	カ	ン	ヨ	ニ	ヒ	ヲ

例題(3)

イ	セ	(2)
ネ	ヘ	ク
(1)	キ	リ

	1	2	3	4	5
(1)	キ	ソ	ロ	ソ	ウ
(2)	マ	マ	ニ	ヘ	ニ

例題では，抜き出された表のアルファベットを見本の表と見比べると，上から4行目～6行目，左から5列目～7列目の部分と一致しますから，『(1)→ソ』『(2)→マ』となります。よって，マークは次のようになります。

→ **例題(3)正答** 1 ○ 2 ● 3 ○ 4 ○ 5 ○

（手引）

p … 45	q … 6	r … 4	s … 42	t … 5
u … 9	v … 17	w … 32	x … 8	y … 3
z … 63	a … 34	b … 2	c … 7	d … 18

		1	2	3	4	5
（1）	d × r − z	9	11	13	15	17
（2）	s − a ÷ v	32	34	36	38	40
（3）	p ÷（v − b）	3	4	5	6	7
（4）	（a − w）× c	10	12	14	16	18
（5）	u × q + p	99	88	77	66	55
（6）	x × y ÷ q	8	7	6	5	4
（7）	w ÷ x × t	50	40	30	20	10
（8）	s + u − a	16	17	18	19	20
（9）	z ÷（r + y）	8	9	10	11	12
（10）	（b + t）× c	43	45	47	49	51

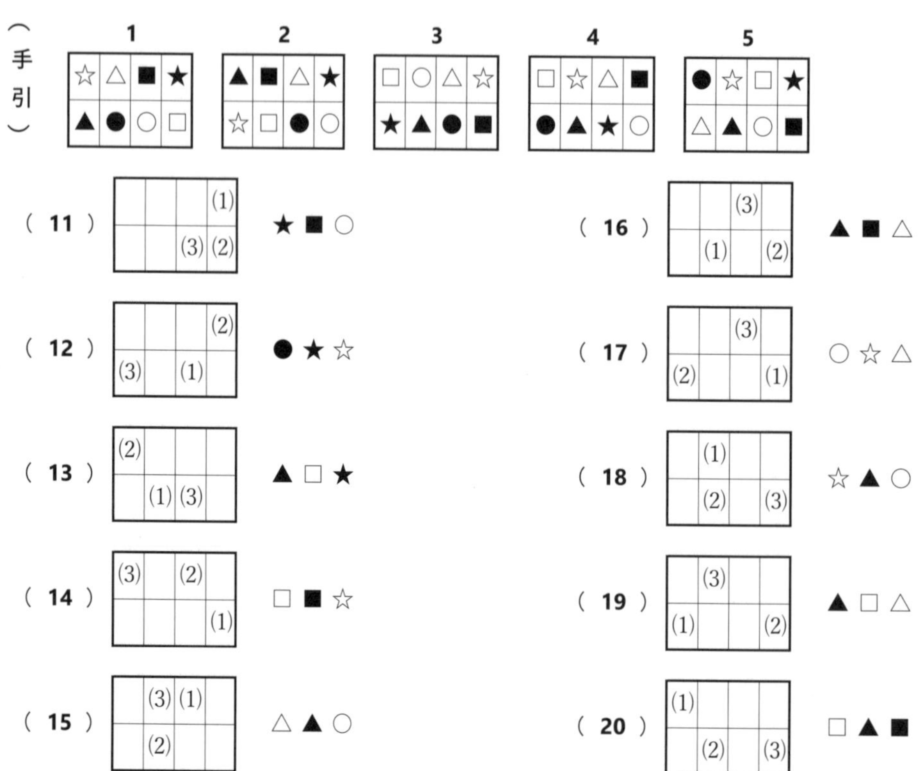

（見本の表）

ヒ	ワ	ン	ケ	ト	ナ	オ	タ
イ	ス	ニ	マ	リ	ソ	チ	フ
ツ	セ	ソ	カ	ン	メ	モ	シ
チ	オ	ヲ	ム	セ	ト	ル	ホ
ラ	テ	ノ	ウ	エ	イ	セ	ヌ
ス	エ	ル	ツ	キ	モ	ロ	サ
ユ	ヘ	レ	ク	オ	ハ	ヤ	リ
キ	ネ	ワ	ラ	ウ	ア	コ	ミ

（21）

ワ	ン	(1)
ス	ニ	マ
セ	ソ	(2)

	1	2	3	4	5
(1)	オ	レ	ケ	レ	オ
(2)	マ	マ	カ	カ	ウ

（22）

ラ	テ	ノ
ス	(1)	ル
(2)	ヘ	レ

	1	2	3	4	5
(1)	エ	ヘ	エ	オ	ヘ
(2)	ユ	ワ	ケ	ワ	ケ

（23）

(2)	オ	タ
ソ	チ	フ
メ	(1)	シ

	1	2	3	4	5
(1)	モ	ン	モ	ホ	ホ
(2)	ケ	ウ	ナ	ウ	ナ

（24）

オ	ヲ	ム
テ	(1)	ウ
エ	ル	(2)

	1	2	3	4	5
(1)	フ	リ	フ	ノ	ノ
(2)	ク	ク	コ	コ	ツ

（25）

(2)	ル	ホ
イ	セ	ヌ
モ	ロ	(1)

	1	2	3	4	5
(1)	ヲ	チ	ヲ	サ	サ
(2)	ツ	ツ	ト	ト	セ

（26）

マ	リ	ソ
(1)	ン	(2)
ム	セ	ト

	1	2	3	4	5
(1)	ニ	ツ	カ	ツ	カ
(2)	ス	メ	ハ	ス	メ

（27）

イ	(2)	ニ
ツ	セ	ソ
(1)	オ	ヲ

	1	2	3	4	5
(1)	ク	チ	チ	ネ	ネ
(2)	ト	ス	ト	ス	メ

（28）

(1)	モ	ロ
オ	ハ	(2)
ウ	ア	コ

	1	2	3	4	5
(1)	ラ	ネ	キ	キ	ネ
(2)	ケ	ケ	ヤ	レ	ク

（29）

ツ	キ	(1)
ク	オ	ハ
ラ	(2)	ア

	1	2	3	4	5
(1)	モ	モ	ホ	ホ	ン
(2)	ウ	ケ	ナ	ケ	ウ

（30）

(2)	ム	セ
ノ	ウ	エ
ル	(1)	キ

	1	2	3	4	5
(1)	ク	ク	ト	ツ	ツ
(2)	ヲ	サ	チ	ヲ	チ

（手引）

e … 10	f … 32	g … 26	h … 46	i … 38
j … 8	k … 1	ℓ … 2	m … 7	n … 49
o … 5	p … 13	q … 4	r … 23	s … 19

		1	2	3	4	5
（**31**）	q ×（n − i）	11	22	33	44	55
（**32**）	e − q + o	3	5	7	9	11
（**33**）	i ÷ s × j	18	16	14	12	10
（**34**）	q + h ÷ r	2	4	6	8	10
（**35**）	（j − o）× q	11	12	13	14	15
（**36**）	n − g ÷ p	49	48	47	46	45
（**37**）	g + r − h	3	5	7	9	11
（**38**）	ℓ × n ÷ m	6	8	10	12	14
（**39**）	f ÷（m + k）	4	5	6	7	8
（**40**）	k + o × e	45	47	49	51	53

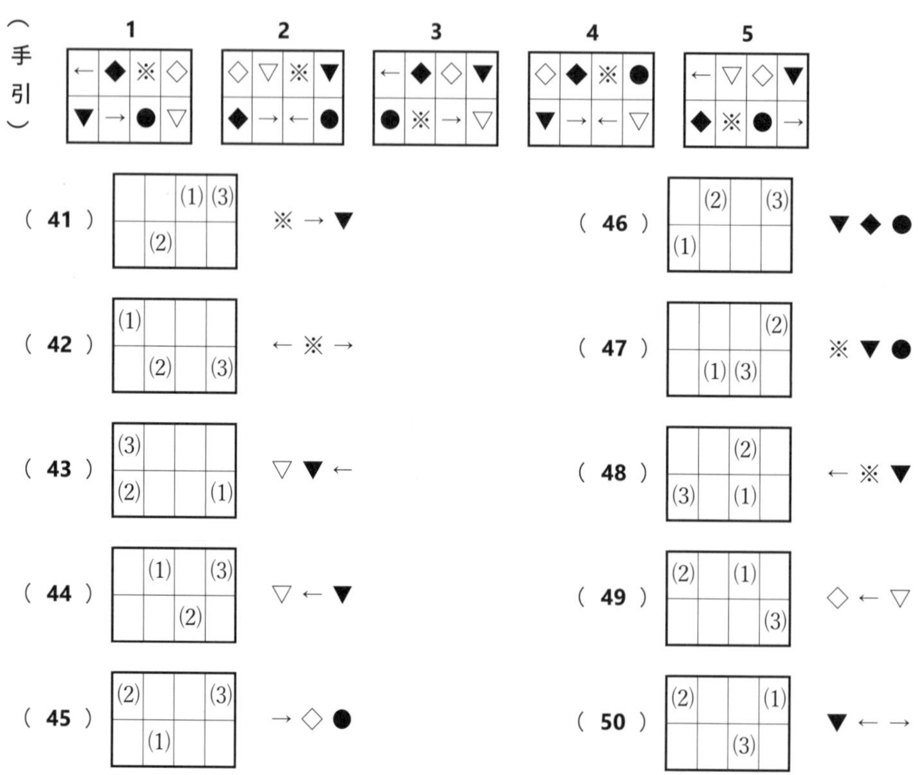

（見本の表）

g	o	n	p	a	s	k	u
e	g	x	l	f	i	w	s
w	q	v	u	g	n	t	x
d	p	m	r	j	a	y	b
k	y	w	g	l	s	q	e
n	c	j	x	o	d	l	m
b	u	t	c	k	z	i	s
o	a	v	w	y	e	m	r

（ **51** ）

s	(1)	e
(2)	l	m
z	i	s

	1	**2**	**3**	**4**	**5**
(1)	c	c	q	q	r
(2)	p	b	d	p	b

（ **52** ）

m	r	(1)
w	g	l
j	(2)	o

	1	**2**	**3**	**4**	**5**
(1)	j	s	u	j	s
(2)	w	v	x	x	w

（ **53** ）

e	(2)	x
w	q	v
d	p	(1)

	1	**2**	**3**	**4**	**5**
(1)	n	v	m	v	n
(2)	g	u	g	k	u

（ **54** ）

(1)	w	g
c	(2)	x
u	t	c

	1	**2**	**3**	**4**	**5**
(1)	x	y	y	x	s
(2)	u	j	k	j	u

（ **55** ）

i	w	s
(1)	t	x
a	y	(2)

	1	**2**	**3**	**4**	**5**
(1)	n	o	n	o	v
(2)	b	p	a	a	p

（ **56** ）

j	(2)	y
l	s	q
o	(1)	l

	1	**2**	**3**	**4**	**5**
(1)	p	d	f	d	f
(2)	t	a	a	y	t

（ **57** ）

x	o	(1)
c	k	z
(2)	y	e

	1	**2**	**3**	**4**	**5**
(1)	f	b	b	d	d
(2)	z	z	w	w	z

（ **58** ）

n	p	a
x	(1)	f
v	u	(2)

	1	**2**	**3**	**4**	**5**
(1)	l	m	l	c	m
(2)	r	q	g	r	g

（ **59** ）

d	p	m
k	y	(1)
(2)	c	j

	1	**2**	**3**	**4**	**5**
(1)	w	v	v	b	w
(2)	x	x	o	n	n

（ **60** ）

(2)	f	i
u	g	n
r	(1)	a

	1	**2**	**3**	**4**	**5**
(1)	g	j	u	j	u
(2)	c	l	y	y	c

（手引）

t … 8	u … 15	v … 20	w … 13	x … 33
y … 4	z … 48	a … 3	b … 16	c … 39
d … 24	e … 9	f … 36	g … 5	h … 11

		1	**2**	**3**	**4**	**5**
（**61**）	e ＋ x ÷ h	12	14	16	18	20
（**62**）	t ×（ a ＋ g ）	60	61	62	63	64
（**63**）	a ＋ u － g	7	9	11	13	15
（**64**）	z ÷ b ＋ v	22	23	24	25	26
（**65**）	x × a － z	49	50	51	52	53
（**66**）	z ÷ d × v	10	20	30	40	50
（**67**）	y ＋ c ÷ w	7	6	5	4	3
（**68**）	f － e ＋ u	40	42	44	46	48
（**69**）	c ÷（ b － w ）	12	13	14	15	16
（**70**）	x － t × y	1	2	3	4	5

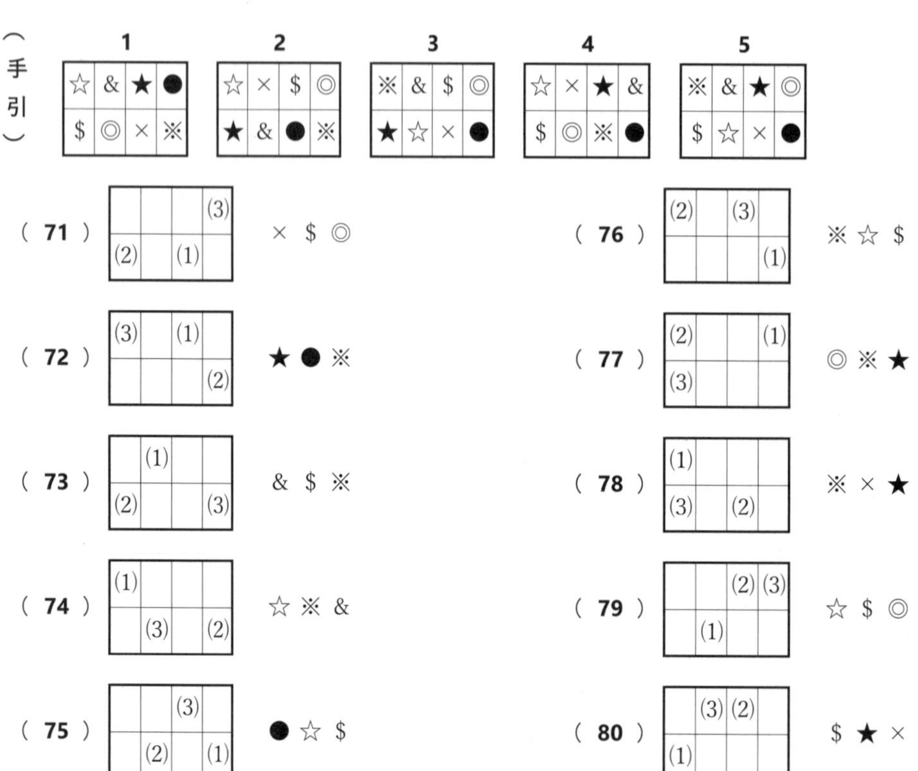

（見本の表）

あ	へ	ね	り	い	く	こ	わ
の	う	を	む	て	し	も	か
る	れ	け	ち	ふ	ひ	ゆ	み
ね	こ	ま	は	お	へ	か	む
ま	む	た	え	み	い	よ	を
か	る	さ	り	は	る	ぬ	ち
を	い	お	あ	と	よ	を	え
ね	こ	し	れ	ん	む	は	け

（81）

(2)	え	み
(1)	り	は
お	あ	と

	1	2	3	4	5
(1)	る	る	さ	さ	う
(2)	し	と	と	た	た

（82）

れ	け	(1)
こ	ま	は
(2)	た	え

	1	2	3	4	5
(1)	ち	ひ	ち	ひ	こ
(2)	む	む	や	か	や

（83）

か	(1)	さ
を	い	(2)
ね	こ	し

	1	2	3	4	5
(1)	さ	す	す	る	さ
(2)	た	た	あ	お	お

（84）

(2)	し	も
ふ	(1)	ゆ
お	へ	か

	1	2	3	4	5
(1)	ち	に	ひ	に	ひ
(2)	て	え	え	り	て

（85）

の	う	を
る	れ	(1)
ね	(2)	ま

	1	2	3	4	5
(1)	け	す	て	て	け
(2)	こ	に	ま	に	ま

（86）

り	は	る
(1)	と	(2)
れ	ん	む

	1	2	3	4	5
(1)	お	し	あ	お	あ
(2)	め	い	よ	よ	い

（87）

ね	り	い
を	む	(1)
(2)	ち	ふ

	1	2	3	4	5
(1)	て	す	す	け	ほ
(2)	け	ほ	け	て	す

（88）

み	い	よ
は	(2)	(1)
と	よ	を

	1	2	3	4	5
(1)	に	ぬ	ぬ	ち	に
(2)	る	え	る	え	り

（89）

く	(1)	わ
し	も	か
ひ	ゆ	(2)

	1	2	3	4	5
(1)	ひ	ぬ	ひ	こ	ぬ
(2)	や	や	い	み	み

（90）

へ	か	む
(2)	よ	を
る	(1)	ち

	1	2	3	4	5
(1)	ち	ぬ	ち	ひ	ひ
(2)	み	い	も	い	も

（手引）

a … 28	b … 3	c … 14	d … 2	e … 7
f … 11	g … 44	h … 75	i … 8	j … 5
k … 12	ℓ … 35	m … 21	n … 4	o … 6

		1	2	3	4	5
（**91**）	g − a + c	10	15	20	25	30
（**92**）	o + g − m	25	26	27	28	29
（**93**）	(h − ℓ) × d	80	70	60	50	40
（**94**）	n + m ÷ b	9	10	11	12	13
（**95**）	h ÷ j − k	6	5	4	3	2
（**96**）	o − g ÷ f	5	4	3	2	1
（**97**）	f × (d + j)	79	77	75	73	71
（**98**）	ℓ − m ÷ e	31	32	33	34	35
（**99**）	a ÷ n + i	15	16	17	18	19
（**100**）	e + k × o	76	77	78	79	80

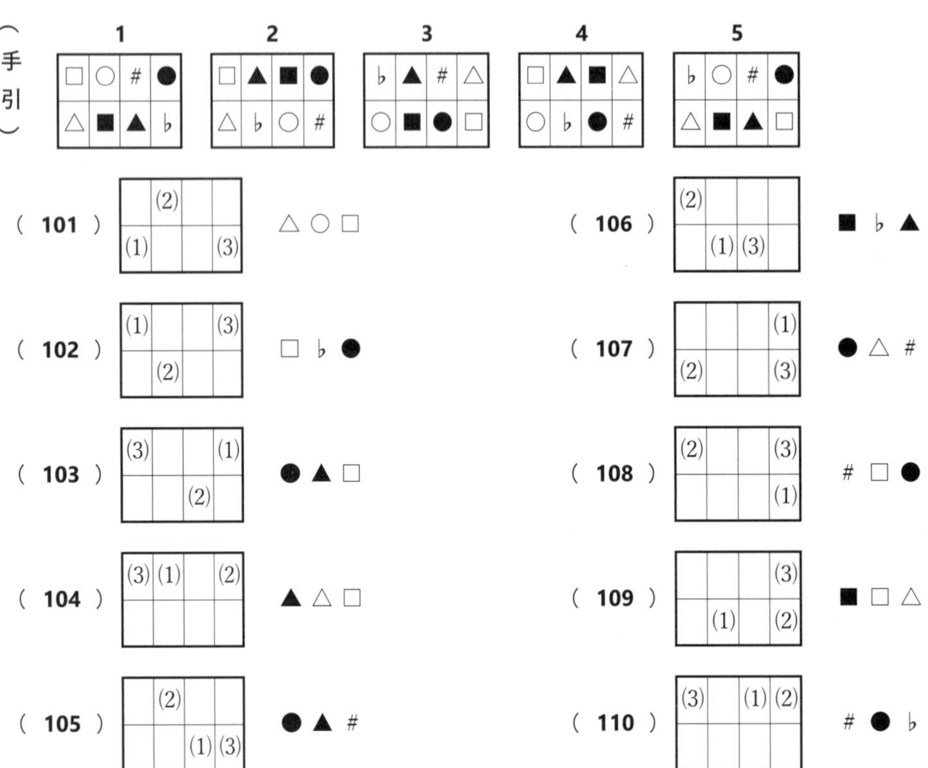

（見本の表）

T	N	D	C	R	P	Y	X
L	W	I	V	O	J	U	M
U	Q	H	F	T	E	G	A
X	M	R	K	Z	Q	T	P
F	D	U	S	Y	B	L	C
G	V	J	P	W	H	E	K
B	O	L	C	M	V	I	Z
K	E	A	Q	G	D	N	J

（111）

(1)	D	C
W	I	V
Q	H	(2)

	1	2	3	4	5
(1)	F	P	N	N	P
(2)	B	N	B	F	F

（112）

B	L	(1)
H	E	K
V	I	(2)

	1	2	3	4	5
(1)	O	A	C	O	A
(2)	U	Z	Z	Q	U

（113）

G	(2)	J
B	O	L
(1)	E	A

	1	2	3	4	5
(1)	K	K	D	D	H
(2)	M	V	L	M	V

（114）

R	K	Z
U	(2)	Y
(1)	P	W

	1	2	3	4	5
(1)	J	Q	Q	W	J
(2)	S	S	H	X	X

（115）

(1)	Q	H
X	M	R
(2)	D	U

	1	2	3	4	5
(1)	X	V	X	V	U
(2)	F	C	B	B	F

（116）

J	U	(1)
E	G	A
Q	(2)	P

	1	2	3	4	5
(1)	L	M	M	U	U
(2)	U	T	I	I	T

（117）

W	H	E
(1)	V	I
G	(2)	N

	1	2	3	4	5
(1)	M	L	V	V	M
(2)	E	E	D	Q	D

（118）

(2)	O	J
F	T	E
K	(1)	Q

	1	2	3	4	5
(1)	J	Q	Z	Z	Q
(2)	V	L	L	V	U

（119）

(1)	P	Y
O	J	(2)
T	E	G

	1	2	3	4	5
(1)	R	A	R	A	Q
(2)	U	L	X	U	L

（120）

S	Y	B
P	W	(1)
C	(2)	V

	1	2	3	4	5
(1)	S	H	S	X	H
(2)	L	M	M	L	V

トレーニング 第11回 解答

問題番号	正 答	問題番号	正 答	問題番号	正 答	問題番号	正 答
【No. 1】	①	【No. 31】	④	【No. 61】	①	【No. 91】	⑤
【No. 2】	⑤	【No. 32】	⑤	【No. 62】	⑤	【No. 92】	⑤
【No. 3】	①	【No. 33】	②	【No. 63】	④	【No. 93】	①
【No. 4】	③	【No. 34】	③	【No. 64】	②	【No. 94】	③
【No. 5】	①	【No. 35】	②	【No. 65】	③	【No. 95】	④
【No. 6】	⑤	【No. 36】	③	【No. 66】	④	【No. 96】	④
【No. 7】	④	【No. 37】	①	【No. 67】	①	【No. 97】	②
【No. 8】	②	【No. 38】	⑤	【No. 68】	②	【No. 98】	②
【No. 9】	②	【No. 39】	①	【No. 69】	②	【No. 99】	①
【No. 10】	④	【No. 40】	④	【No. 70】	①	【No.100】	④
【No. 11】	⑤	【No. 41】	②	【No. 71】	⑤	【No.101】	⑤
【No. 12】	②	【No. 42】	⑤	【No. 72】	⑤	【No.102】	②
【No. 13】	④	【No. 43】	①	【No. 73】	①	【No.103】	①
【No. 14】	①	【No. 44】	②	【No. 74】	②	【No.104】	④
【No. 15】	③	【No. 45】	④	【No. 75】	③	【No.105】	④
【No. 16】	③	【No. 46】	④	【No. 76】	②	【No.106】	⑤
【No. 17】	②	【No. 47】	⑤	【No. 77】	③	【No.107】	②
【No. 18】	④	【No. 48】	④	【No. 78】	③	【No.108】	②
【No. 19】	①	【No. 49】	③	【No. 79】	③	【No.109】	③
【No. 20】	③	【No. 50】	③	【No. 80】	④	【No.110】	⑤
【No. 21】	③	【No. 51】	③	【No. 81】	④	【No.111】	④
【No. 22】	①	【No. 52】	④	【No. 82】	①	【No.112】	③
【No. 23】	③	【No. 53】	③	【No. 83】	④	【No.113】	②
【No. 24】	⑤	【No. 54】	②	【No. 84】	⑤	【No.114】	①
【No. 25】	④	【No. 55】	①	【No. 85】	①	【No.115】	⑤
【No. 26】	⑤	【No. 56】	②	【No. 86】	③	【No.116】	②
【No. 27】	②	【No. 57】	④	【No. 87】	①	【No.117】	⑤
【No. 28】	③	【No. 58】	③	【No. 88】	③	【No.118】	④
【No. 29】	①	【No. 59】	⑤	【No. 89】	④	【No.119】	①
【No. 30】	④	【No. 60】	②	【No. 90】	②	【No.120】	②

トレーニング 第12回 問題

（解答時間：15分間）

検査の説明

検査1 この検査は，表の中の文字，文字式及び数値を手がかりにして，■部分に当てはまる数値がある選択肢の番号と同じ位置にマークをするものです。

	A	B	A＋B	A×B
例題(1)	12		■	72

1	**2**	**3**	**4**	**5**
16	17	18	19	20

例題では，『A＝12』『A×B＝72』より，『B＝6』であることがわかります。したがって，A＋Bは『12＋6＝18』となりますから，マークは次のようになります。

→ **例題(1)正答** 1 ○ 2 ○ 3 ● 4 ○ 5 ○

検査2 この検査は，六つの数字のそれぞれにおいて，右隣の数字を足したとき，その値が6以上12以下になる回数を数え，その答がある箇所と同じ選択肢の番号の位置にマークをするものです。

		1	**2**	**3**	**4**	**5**
例題(2)	6 3 1 9 5 4	1回	2回	3回	4回	5回

例題では，左から順に足していくと『6＋3＝9(1回)』『3＋1＝4(6未満で×)』『1＋9＝10(2回)』『9＋5＝14(13以上で×)』『5＋4＝9(3回)』となることがわかります。よって，マークは次のようになります。

→ **例題(2)正答** 1 ○ 2 ○ 3 ● 4 ○ 5 ○

検査3 この検査は，A図をB図の方向に向きを変えたとき，斜線で隠された部分と一致するものを選び，その隠された部分がある箇所と同じ選択肢の番号の位置にマークをするものです。

例題(3)

（A）　（B）

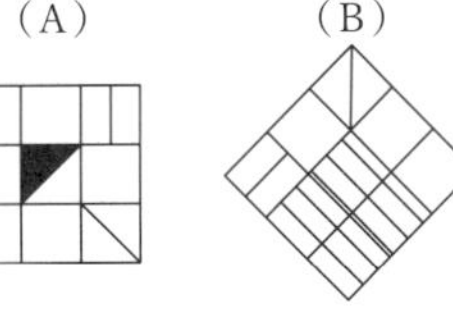

1　**2**　**3**　**4**　**5**

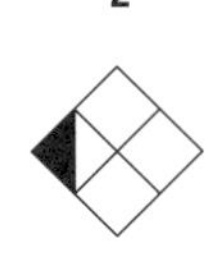

例題では，A図をB図のような方向に向きを変えたとき，斜線で隠された部分と一致するものは『**5**』ですから，マークは次のようになります。

→ **例題(3)正答** 1 ○ 2 ○ 3 ○ 4 ○ 5 ●

	A	B	A + B	A ÷ B	1	2	3	4	5
(**1**)	16		■	2	20	21	22	23	24
(**2**)		8	32	■	3	4	5	6	7
(**3**)	12		■	4	13	14	15	16	17
(**4**)	24		27	■	5	6	7	8	9
(**5**)		6	■	9	59	60	61	62	63
(**6**)		5	20	■	1	2	3	4	5
(**7**)		13	■	3	48	49	50	51	52
(**8**)	32		34	■	15	16	17	18	19
(**9**)	40		■	10	41	42	43	44	45
(**10**)		12	36	■	2	3	4	5	6

		1	2	3	4	5
(**11**)	2 4 6 1 5 7	1回	2回	3回	4回	5回
(**12**)	3 2 3 9 4 1	1回	2回	3回	4回	5回
(**13**)	7 1 9 4 6 8	1回	2回	3回	4回	5回
(**14**)	5 8 3 4 1 3	1回	2回	3回	4回	5回
(**15**)	9 1 7 2 6 8	1回	2回	3回	4回	5回
(**16**)	5 3 9 2 7 3	1回	2回	3回	4回	5回
(**17**)	1 6 8 2 9 4	1回	2回	3回	4回	5回
(**18**)	8 2 4 6 2 5	1回	2回	3回	4回	5回
(**19**)	6 5 2 9 4 8	1回	2回	3回	4回	5回
(**20**)	4 9 3 5 8 1	1回	2回	3回	4回	5回

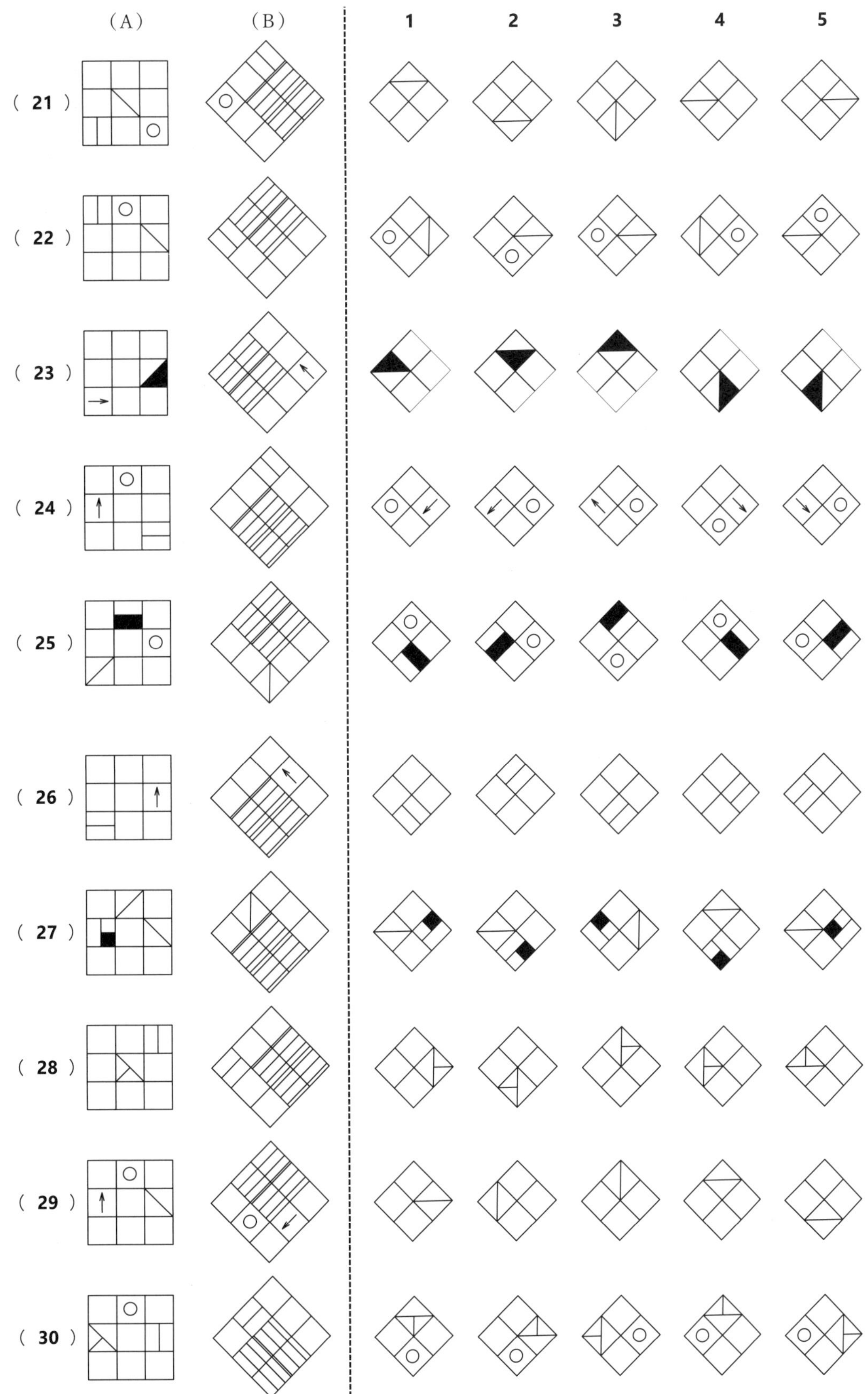
(A)
(B)
1
2
3
4
5
(21)
(22)
(23)
(24)
(25)
(26)
(27)
(28)
(29)
(30)

	A	B	A + B	A × B	1	2	3	4	5
(**31**)		14	■	84	16	17	18	19	20
(**32**)	26		28	■	51	52	53	54	55
(**33**)		3	■	24	7	8	9	10	11
(**34**)	18		21	■	51	52	53	54	55
(**35**)		20	■	60	21	22	23	24	25
(**36**)		7	12	■	35	36	37	38	39
(**37**)	11		■	88	16	17	18	19	20
(**38**)		19	24	■	95	96	97	98	99
(**39**)	10		■	70	15	16	17	18	19
(**40**)	5		21	■	79	80	81	82	83

		1	**2**	**3**	**4**	**5**
(**41**)	6 3 7 1 4 9	1回	2回	3回	4回	5回
(**42**)	2 6 7 9 4 2	1回	2回	3回	4回	5回
(**43**)	5 7 5 1 9 3	1回	2回	3回	4回	5回
(**44**)	4 9 1 6 2 8	1回	2回	3回	4回	5回
(**45**)	9 5 8 6 3 1	1回	2回	3回	4回	5回
(**46**)	8 6 4 3 9 3	1回	2回	3回	4回	5回
(**47**)	4 9 5 4 2 6	1回	2回	3回	4回	5回
(**48**)	7 6 8 2 4 9	1回	2回	3回	4回	5回
(**49**)	1 5 7 5 1 8	1回	2回	3回	4回	5回
(**50**)	3 7 6 8 1 5	1回	2回	3回	4回	5回

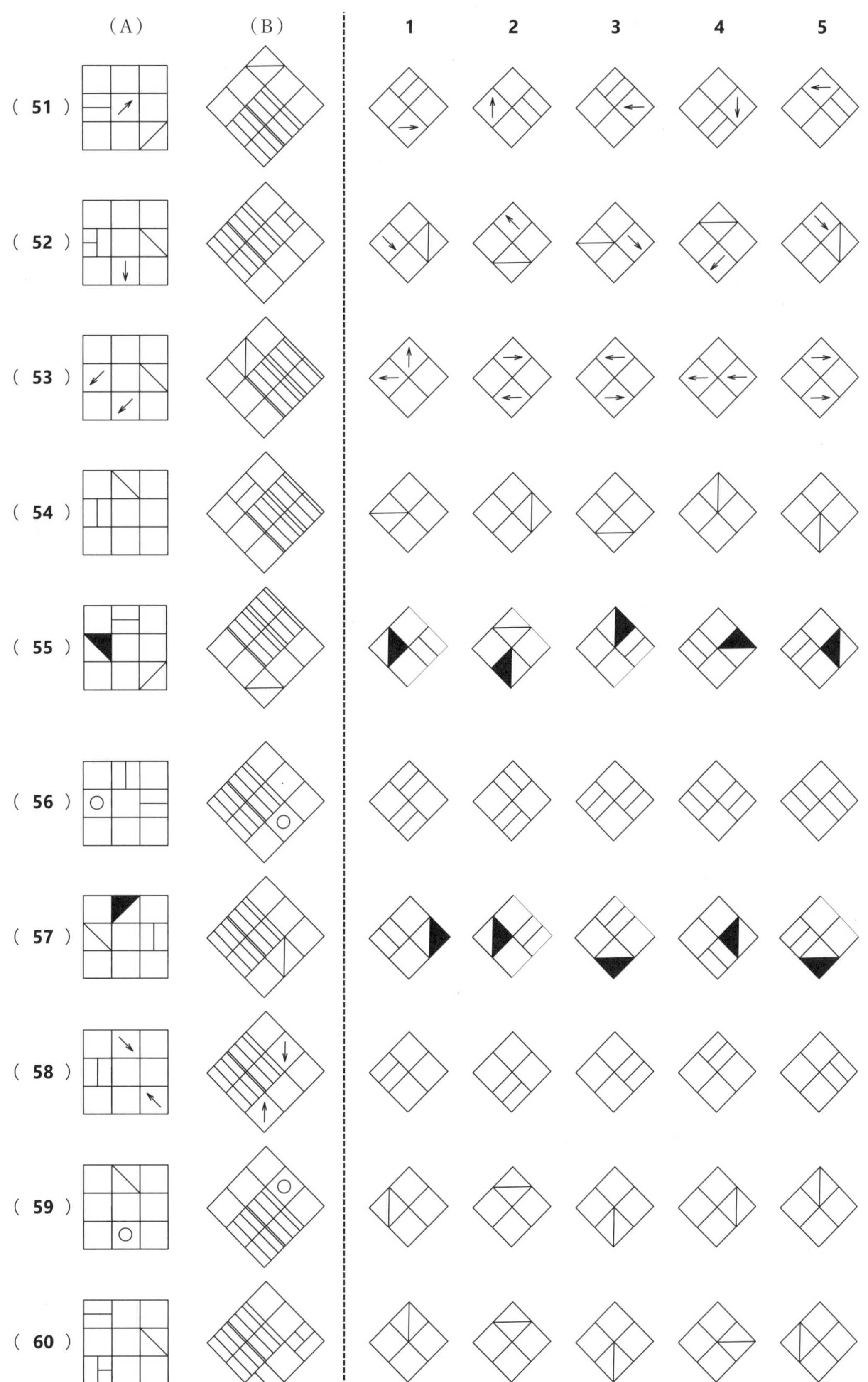

第12回

	A	B	A − B	A ÷ B	1	2	3	4	5
(**61**)	56		48	■	6	7	8	9	10
(**62**)	22		■	11	16	17	18	19	20
(**63**)		2	■	13	21	22	23	24	25
(**64**)		6	30	■	6	7	8	9	10
(**65**)	42		■	14	35	36	37	38	39
(**66**)		15	15	■	1	2	3	4	5
(**67**)		13	■	5	49	50	51	52	53
(**68**)	16		12	■	1	2	3	4	5
(**69**)		7	■	12	75	76	77	78	79
(**70**)		20	40	■	3	4	5	6	7

		1	2	3	4	5
(**71**)	5 8 2 9 6 7	1回	2回	3回	4回	5回
(**72**)	6 2 3 8 4 1	1回	2回	3回	4回	5回
(**73**)	7 5 1 7 2 6	1回	2回	3回	4回	5回
(**74**)	8 2 9 5 3 4	1回	2回	3回	4回	5回
(**75**)	9 7 6 2 3 1	1回	2回	3回	4回	5回
(**76**)	1 5 4 2 9 3	1回	2回	3回	4回	5回
(**77**)	3 1 5 9 4 1	1回	2回	3回	4回	5回
(**78**)	3 7 5 1 6 8	1回	2回	3回	4回	5回
(**79**)	4 6 8 2 5 9	1回	2回	3回	4回	5回
(**80**)	4 9 3 7 6 5	1回	2回	3回	4回	5回

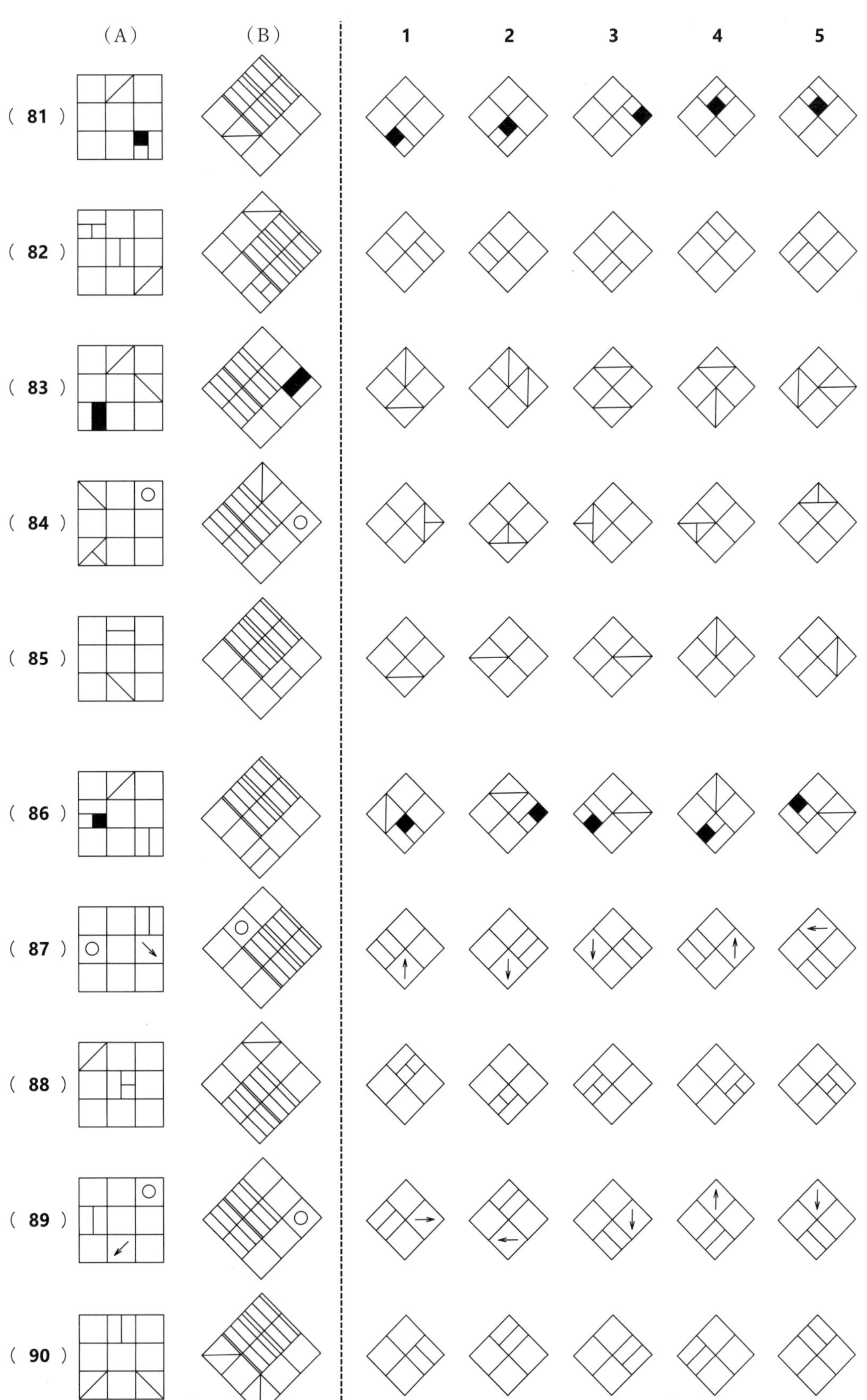

第12回

	A	B	A－B	A×B	1	2	3	4	5
(**91**)		7		77	2	3	4	5	6
(**92**)	11		6		51	52	53	54	55
(**93**)	24			72	20	21	22	23	24
(**94**)		6	9		88	89	90	91	92
(**95**)	21			63	15	16	17	18	19
(**96**)	17		15		30	31	32	33	34
(**97**)		8		72	1	2	3	4	5
(**98**)	13		7		75	76	77	78	79
(**99**)	30			60	27	28	29	30	31
(**100**)		3	12		45	46	47	48	49

		1	2	3	4	5
(**101**)	6 9 7 6 2 3	1回	2回	3回	4回	5回
(**102**)	4 2 9 5 8 2	1回	2回	3回	4回	5回
(**103**)	8 5 1 6 5 1	1回	2回	3回	4回	5回
(**104**)	2 1 6 9 4 2	1回	2回	3回	4回	5回
(**105**)	9 4 2 8 7 3	1回	2回	3回	4回	5回
(**106**)	5 9 7 1 4 6	1回	2回	3回	4回	5回
(**107**)	7 5 1 6 7 5	1回	2回	3回	4回	5回
(**108**)	4 6 9 4 1 3	1回	2回	3回	4回	5回
(**109**)	1 6 8 4 5 3	1回	2回	3回	4回	5回
(**110**)	3 7 5 2 4 5	1回	2回	3回	4回	5回

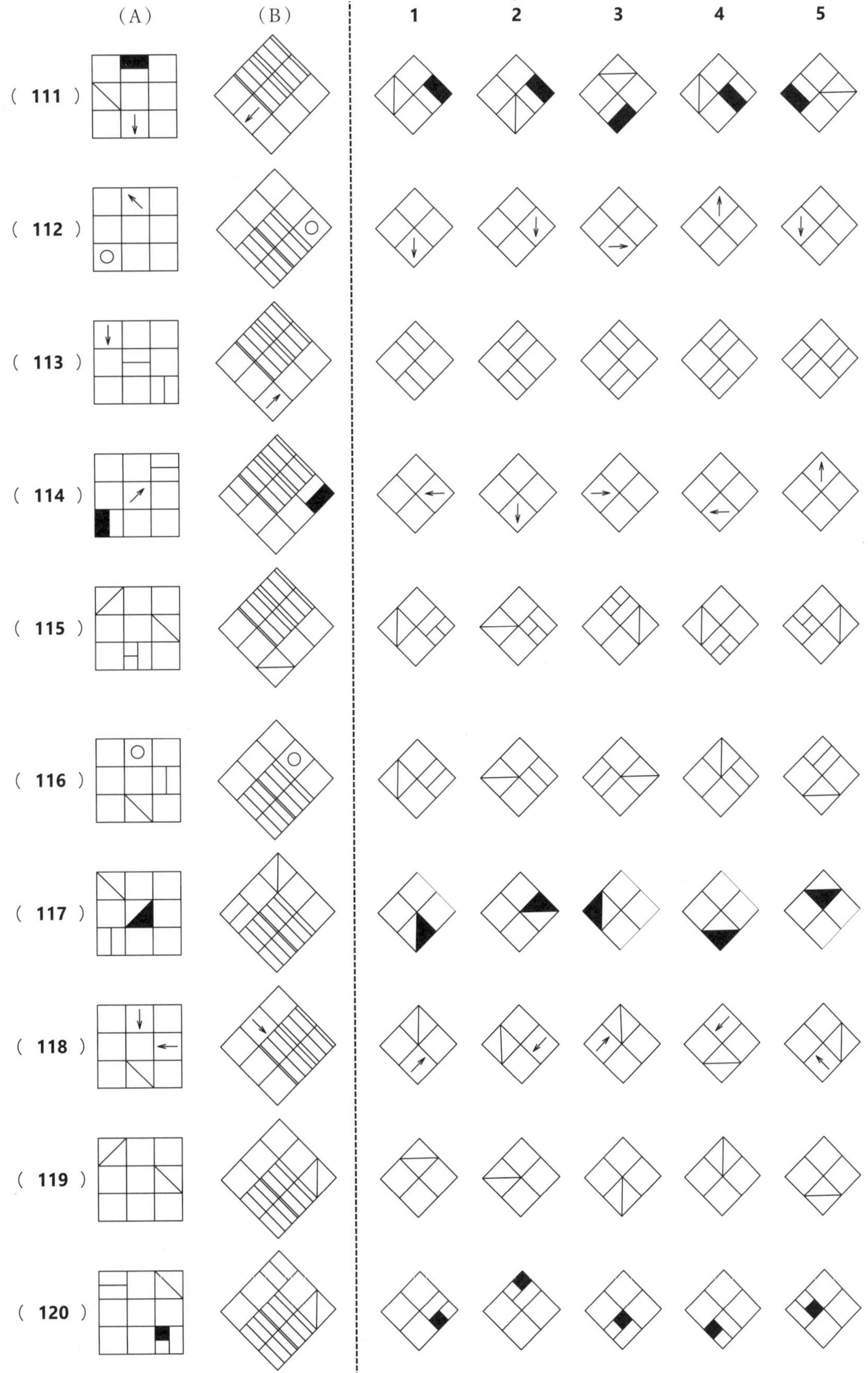

第12回

トレーニング
第12回 解答

問題番号	正 答	問題番号	正 答	問題番号	正 答	問題番号	正 答
【No. 1】	⑤	【No. 31】	⑤	【No. 61】	②	【No. 91】	③
【No. 2】	①	【No. 32】	②	【No. 62】	⑤	【No. 92】	⑤
【No. 3】	③	【No. 33】	⑤	【No. 63】	④	【No. 93】	②
【No. 4】	④	【No. 34】	④	【No. 64】	①	【No. 94】	③
【No. 5】	②	【No. 35】	③	【No. 65】	⑤	【No. 95】	④
【No. 6】	③	【No. 36】	①	【No. 66】	②	【No. 96】	⑤
【No. 7】	⑤	【No. 37】	④	【No. 67】	④	【No. 97】	①
【No. 8】	②	【No. 38】	①	【No. 68】	④	【No. 98】	④
【No. 9】	④	【No. 39】	③	【No. 69】	③	【No. 99】	②
【No. 10】	①	【No. 40】	②	【No. 70】	①	【No.100】	①
【No. 11】	⑤	【No. 41】	③	【No. 71】	②	【No.101】	①
【No. 12】	①	【No. 42】	②	【No. 72】	③	【No.102】	③
【No. 13】	③	【No. 43】	⑤	【No. 73】	⑤	【No.103】	④
【No. 14】	②	【No. 44】	④	【No. 74】	④	【No.104】	②
【No. 15】	④	【No. 45】	①	【No. 75】	①	【No.105】	③
【No. 16】	⑤	【No. 46】	④	【No. 76】	⑤	【No.106】	②
【No. 17】	③	【No. 47】	③	【No. 77】	①	【No.107】	④
【No. 18】	⑤	【No. 48】	②	【No. 78】	④	【No.108】	①
【No. 19】	④	【No. 49】	⑤	【No. 79】	③	【No.109】	④
【No. 20】	③	【No. 50】	③	【No. 80】	③	【No.110】	⑤
【No. 21】	④	【No. 51】	⑤	【No. 81】	④	【No.111】	①
【No. 22】	③	【No. 52】	②	【No. 82】	⑤	【No.112】	⑤
【No. 23】	③	【No. 53】	⑤	【No. 83】	①	【No.113】	②
【No. 24】	①	【No. 54】	④	【No. 84】	④	【No.114】	④
【No. 25】	②	【No. 55】	①	【No. 85】	②	【No.115】	①
【No. 26】	③	【No. 56】	②	【No. 86】	③	【No.116】	①
【No. 27】	①	【No. 57】	③	【No. 87】	②	【No.117】	⑤
【No. 28】	④	【No. 58】	④	【No. 88】	①	【No.118】	④
【No. 29】	②	【No. 59】	①	【No. 89】	②	【No.119】	②
【No. 30】	⑤	【No. 60】	①	【No. 90】	③	【No.120】	③

トレーニング 第13回 問題

（解答時間：15分間）

検査の説明

検査1 この検査は，最初にAとBの値を求め，次にそれらの値と手引を用いて，与えられた計算式の答を求め，その答がある箇所と同じ選択肢の番号の位置にマークをするものです。

（手引）

ア	→	A＋2B
イ	→	4A－B
ウ	→	6A÷B
エ	→	3A×2B
オ	→	5A÷3B

	A	B	手引	1	2	3	4	5
例題(1)	12 ÷ 2	6 ＋ 5	イ	14	16	13	18	11

例題では，Aの値は『6』，Bの値は『11』，それらを用いて手引中の『イ』の計算式に代入すると，『4×6－11』となり答は『13』ですから，マークは次のようになります。

→ 例題(1)正答　1 ○　2 ○　3 ●　4 ○　5 ○

検査2 この検査は，与えられたアルファベットと数字の組合せを分類表に従って分類したときに当てはまる欄を探し，その欄の文字（カタカナ）がある箇所と同じ選択肢の番号の位置にマークをするものです。

（分類表）

	0178 ～ 0204 0139 ～ 0153	0121 ～ 0138 0236 ～ 0261	0205 ～ 0235 0154 ～ 0177
a，m，g j，d，p	セ	ヒ	イ
b，n，h k，e，q	カ	モ	ト
c，o，i l，f，r	レ	シ	マ

		1	2	3	4	5
例題(2)	c － 0219	ト	マ	シ	モ	イ

例題では，『c －0219』の組合せは『c，o，i，l，f，r』の行と『0205～0235』の列が交差する『マ』の欄に該当しますから，マークは次のようになります。

→ 例題(2)正答　1 ○　2 ●　3 ○　4 ○　5 ○

検査3 この検査は，原文を指示どおりに修正（削除，挿入，置換）した結果と，修正文とを見比べ，違いのある箇所の数字と同じ選択肢の番号の位置にマークをするものです。原文に対する修正の指示は，削除の場合は，削除する部分に下線を引き，その下に×と示し，挿入の場合は，挿入する位置を↑で示した上で，挿入する文字を［ ］で示し，置換の場合は，置換する部分に二重下線を引き，その下に置換する文字を（ ）で示します。

	－原文－	1	2	3	4	5
例題(3)	生活習慣病健診は労働安全衛生法の定められ ↑［予防］（健診の前）　（により）（の→により）×（定められ）	生活習慣	病予防検	診は労働	安全衛生	法により

例題では，修正文の『**検**診』は原文では『**健**診』であり，違っているのは『**2**』にありますから，マークは次のようになります。

→ 例題(3)正答　1 ○　2 ●　3 ○　4 ○　5 ○

（手引）

ア	→ 2A＋2B
イ	→ 3A÷B
ウ	→ 2A−3B
エ	→ A＋3B
オ	→ A×2B

	A	B	手引	1	2	3	4	5
（**1**）	2 × 3	28 ÷ 7	オ	36	12	60	48	24
（**2**）	17 − 6	2 ＋ 6	エ	33	34	32	31	35
（**3**）	2 × 7	8 ÷ 4	イ	25	21	17	23	19
（**4**）	5 ＋ 2	12 − 9	オ	42	40	38	36	44
（**5**）	70 ÷ 5	2 × 2	ウ	14	17	16	15	18
（**6**）	5 ＋ 5	18 − 13	ア	24	30	22	20	26
（**7**）	4 × 6	45 ÷ 15	エ	35	29	33	31	37
（**8**）	18 ÷ 3	11 − 9	ウ	4	10	8	6	12
（**9**）	8 ＋ 4	20 ÷ 5	イ	10	8	11	12	9
（**10**）	3 × 3	14 − 6	ア	34	32	38	30	36

（分類表）

	1477 〜 1502 1539 〜 1564	1525 〜 1538 1432 〜 1476	1410 〜 1431 1503 〜 1524
f，g，j l，o，r	ノ	ロ	ア
b，e，i m，p，s	ヌ	ラ	ワ
a，c，h k，n，d	ル	オ	メ

		1	2	3	4	5
（**11**）	k − 1558	メ	ノ	ル	オ	ワ
（**12**）	o − 1416	ル	ア	メ	ノ	オ
（**13**）	e − 1529	ノ	ロ	ラ	ワ	メ
（**14**）	h − 1427	ヌ	オ	ル	メ	ノ
（**15**）	j − 1516	ア	メ	ヌ	オ	ラ
（**16**）	r − 1493	ラ	ア	ワ	ル	ノ
（**17**）	p − 1513	オ	ワ	ル	メ	ア
（**18**）	m − 1485	ワ	ラ	ノ	ヌ	ロ
（**19**）	a − 1531	ラ	ヌ	ロ	ア	オ
（**20**）	g − 1459	ロ	オ	ワ	ラ	ル

	－原文－	修正指示	1	2	3	4	5
(21)	先日まで木についていたいちょうの葉が吹き	先日→(一週間前)　木に↑くっ　いちょう→(紅葉)　吹き×	一週間前	まで木に	くっつい	ていた紅	葉の葉が
(22)	郵政の業務といえば保険や貯金や速達である	の↑[三大]　といえば→(とは)　速達→(郵便)	郵政の三	大業務と	は保険や	貯蓄や郵	便である
(23)	従来は建物の揺れで震度を決定していたが最	従来は×　揺れ↑[の程度]　決定→(観測)	建物の揺	れの程度	で震度を	観察して	いたが最
(24)	夏の青空に雲が浮かんでいる風景を思い出し	夏の×　に↑[飛行機]　思い出→(想像)	青空に飛	行機雲が	浮かんで	いる風景	を相像し
(25)	意外なのは昼間よく目立つ赤や黄いろや緑が	昼間→(日中)　目立つ↑[色である]　黄いろや×	意外なの	は日中よ	く日立つ	色である	赤や緑が
(26)	昨日の研究会では研究の成果を報告したりこ	昨日の×　は↑[仲間と]　報告→(発表)	研究会で	は仲間を	研究の成	果を発表	したりこ
(27)	日本在住の外国人にすばやく情報を提供する	在住の→(に住む)　外国人↑[や観光客]　すばやく×	日本で住	む外国人	や観光客	に情報を	提供する
(28)	公務員試験を受験するために必死になって勉	公務員↑[採用]　必死→(一所懸命)　になって×	公務員採	用試験を	受験する	ために一	生懸命勉
(29)	郵便物をポストに投函してから相手に届くま	をポストに×　相手→(先方)　ま↑[での間私]	郵便物が	投函して	から先方	に届くま	での間私
(30)	過半数が判断したのでその結果はすぐに可決	が↑[有益と]　その×　結果→(話)	過半数が	利益と判	断したの	で話はす	ぐに可決

（手引）

ア	→	A × 3 B	
イ	→	2 A − B	
ウ	→	A ＋ 2 B	
エ	→	3 A − 2 B	
オ	→	4 A ÷ B	

	A	B	手引	1	2	3	4	5
（ **31** ）	2 ＋ 7	8 ÷ 4	オ	12	10	18	16	14
（ **32** ）	8 ÷ 4	11 − 6	ア	10	40	50	30	20
（ **33** ）	2 × 14	21 ÷ 7	ウ	34	32	36	38	40
（ **34** ）	9 ＋ 5	15 − 8	オ	2	4	6	0	8
（ **35** ）	6 × 3	8 ＋ 9	イ	15	19	13	11	17
（ **36** ）	18 − 10	39 ÷ 13	エ	14	17	15	16	18
（ **37** ）	3 ＋ 4	8 − 6	ア	46	40	42	48	44
（ **38** ）	24 ÷ 6	8 ＋ 1	ウ	25	22	21	23	24
（ **39** ）	22 − 9	42 ÷ 6	イ	17	21	23	19	25
（ **40** ）	3 × 3	23 − 17	エ	15	11	9	13	7

（分類表）

	3628 〜 3649 3748 〜 3785	3666 〜 3712 3608 〜 3627	3713 〜 3747 3650 〜 3665
a，m，p t，w，y	イ	キ	チ
c，n，q s，u，x	テ	ト	ウ
b，l，o r，v，z	ツ	リ	サ

		1	2	3	4	5
（ **41** ）	t − 3619	キ	サ	ツ	ウ	リ
（ **42** ）	q − 3756	ウ	ツ	ト	イ	テ
（ **43** ）	m − 3662	キ	リ	サ	チ	イ
（ **44** ）	l − 3739	ウ	テ	リ	ツ	サ
（ **45** ）	s − 3684	ト	ウ	テ	イ	ツ
（ **46** ）	p − 3705	ツ	チ	キ	リ	イ
（ **47** ）	c − 3653	イ	テ	ウ	サ	ト
（ **48** ）	r − 3768	リ	キ	サ	ツ	ウ
（ **49** ）	b − 3697	サ	リ	イ	ト	チ
（ **50** ）	w − 3768	チ	イ	ウ	テ	キ

	ー 原 文 ー	ー 修正文 ー 1	2	3	4	5
（ 51 ）	低気圧が発達しながら本州を通過したので荒 ↑[急速に]　本州を：×　ので：（ため）	低気圧が	急速に発	展しなが	ら通過し	たため荒
（ 52 ）	周囲の環境に調和する積極的な緑化を十分に 周囲：（公園）　↑[緑豊かな]　積極的な：×	公園の緑	豊かな環	境に調和	する緑化	を十分に
（ 53 ）	三年間の期限付きで設置された機関で政府の 三年間の：×　↑[第三者]　政府：（政治家）	期限付き	で設備さ	れた第三	者機関で	政治家の
（ 54 ）	解散を迫られたチームにはサポーターが押し を迫られた：（間近の）　↑[大勢の]　し：×	解散間近	のチーム	には大勢	のサポー	クーが押
（ 55 ）	全国に先駆けた高齢者福祉の充実と生涯を通 全国に：×　↑[保健]　充実：（見直し）	先負けた	高齢者保	健福祉の	見直しと	生涯を通
（ 56 ）	統計の需要は多様化し内容的にも複雑で高度 の：（に対する）　内容的にも：×　↑[更に]	統計に対	する需要	は多様化	し複雑で	更に難度
（ 57 ）	毒物事件が発生し捜査本部が設置され一日も ↑[混入]　↑[緊急]　が設置され：（は）	毒物混入	事件が発	生し緊急	捜査本部	は一日も
（ 58 ）	自分のアイデアを形にするためには膨大な手 自分の：×　↑[現実の]　膨大な：（多くの）	アイデア	を現実の	物にする	ためには	多くの手
（ 59 ）	目に涙を浮かべながらしっかりと優しい気持 ↑[いっぱいの]　しっかりと：×　優しい：（嬉しい）	目にいっ	ぱいの涙	を浮かべ	ながら楽	しい気持
（ 60 ）	経済が現在の状態から脱出する具体的な対策 現在の状態：（足踏み）　↑[早急に]　的な対：×	経済が足	踏み状況	から早急	に脱出す	る具体策

（手引）

ア	→	3	A × B	
イ	→	5	A ÷ B	
ウ	→	2	A ＋ 3	B
エ	→	A	＋ 2	B
オ	→	4	A − 2	B

	A	B	手引	1	2	3	4	5
（**61**）	8 ＋ 6	3 × 3	エ	30	26	32	28	34
（**62**）	54 ÷ 6	3 ＋ 4	オ	55	11	44	22	33
（**63**）	2 × 3	20 ÷ 5	ア	76	70	74	68	72
（**64**）	36 ÷ 6	31 − 28	イ	7	9	10	8	11
（**65**）	12 ＋ 7	36 ÷ 9	エ	21	27	30	24	18
（**66**）	21 − 12	13 − 8	ウ	31	29	35	37	33
（**67**）	3 ＋ 8	24 ÷ 3	オ	28	24	32	40	36
（**68**）	10 ÷ 5	12 − 4	ア	48	51	50	49	52
（**69**）	6 × 2	28 ÷ 7	イ	20	15	25	5	10
（**70**）	9 ＋ 2	11 − 4	ウ	41	44	42	43	45

（分類表）

	8196 ～ 8223 8112 ～ 8139	8224 ～ 8253 8163 ～ 8195	8140 ～ 8162 8254 ～ 8278
d, g, j o, r, s	ユ	エ	ム
f, l, n p, t, u	ン	ヤ	ヲ
e, h, i k, m, q	セ	ソ	フ

		1	2	3	4	5
（**71**）	i − 8269	フ	ヲ	セ	ユ	ム
（**72**）	n − 8176	ソ	ム	ヤ	ン	ユ
（**73**）	t − 8258	ヲ	フ	エ	ヤ	セ
（**74**）	j − 8154	ソ	ン	ユ	ム	エ
（**75**）	k − 8207	ム	ヤ	セ	ソ	フ
（**76**）	r − 8124	ヤ	ユ	ヲ	セ	ム
（**77**）	d − 8231	ユ	ム	ヤ	フ	エ
（**78**）	h − 8183	セ	エ	ム	ソ	ヤ
（**79**）	u − 8212	エ	セ	フ	ヲ	ン
（**80**）	g − 8145	ン	ム	ヲ	ユ	エ

	― 原 文 ―	― 修正文 ― 1	2	3	4	5
(**81**)	切ったばかりの髪は大人びて見えると言われ × ↑ (っぽく) [すこし]	切った髭	はすこし	大人っぽ	く見える	と言われ
(**82**)	和菓子は常に季節感豊かなものを出すように × (のある) ↑ [常時]	和菓子は	季節感の	あるもの	お常時出	すように
(**83**)	かなり話し慣れている人でも大舞台では緊張 (上手な) (大勢の)↑ (人前)	かなり話	し上手な	人でも大	勢の人前	では緊迫
(**84**)	これからの進路について両親と真剣に話し合 ↑ × (相談し) [自分の]	これから	の自分の	進学につ	いて両親	と相談し
(**85**)	調査結果の提供については報告書などで行う (公表) × ↑ [記者会見場]	調査結果	の発表に	ついては	記者会見	場で行う
(**86**)	東北地方ののどかな暮らしを描いた作品が映 (ごく普通) (市民生活) ↑ [静かに]	ごく普通	の市民生	活を静か	に猫いた	作品が映
(**87**)	電話以外の通信手段が急速に進むと言われる ↑ × (考えられ) [従来の]	従来の電	話以上の	通信手段	が進むと	考えられ
(**88**)	二人の距離が遠くなればなるほど難しくなる × (近) (それだけ) ↑ [ってく]	距離が近	くなれば	それだけ	難しくな	っている
(**89**)	常に自分の狙った場所へ確実に打つことがで × (方向) (打ち込む)	自分の阻	った方向	へ確実に	打ち込む	ことがで
(**90**)	各施設の建設は小さな自治体にとって負担と (ドーム) × ↑ [多大な]	ドームの	建設は自	治休にと	って多大	な負担と

第13回

（手引）

ア	→	A × 3 B
イ	→	5 A − 3 B
ウ	→	2 A ＋ B
エ	→	3 A − 2 B
オ	→	4 A ÷ B

	A	B	手引	1	2	3	4	5
(**91**)	9 ＋ 5	12 ÷ 6	オ	28	24	20	16	32
(**92**)	8 ÷ 4	5 ＋ 1	ア	36	33	30	39	27
(**93**)	2 × 8	22 − 14	オ	10	4	8	2	6
(**94**)	4 ＋ 7	54 ÷ 9	イ	43	37	40	31	34
(**95**)	16 ÷ 4	5 × 7	ウ	41	42	45	44	43
(**96**)	5 × 3	72 ÷ 9	エ	32	28	30	27	29
(**97**)	7 ＋ 6	3 × 5	ウ	31	11	21	41	51
(**98**)	21 − 12	48 ÷ 8	イ	25	21	23	27	29
(**99**)	33 ÷ 3	16 − 9	エ	21	19	17	20	18
(**100**)	14 − 5	20 ÷ 10	ア	64	14	54	34	24

（分類表）

	6879 ～ 6912 6826 ～ 6843	6804 ～ 6825 6913 ～ 6954	6955 ～ 6983 6844 ～ 6878
c , e , h k , v , x	タ	ケ	ヨ
b , f , j t , w , z	ホ	モ	ニ
a , d , g i , u , y	コ	ハ	マ

		1	2	3	4	5
(**101**)	z − 6853	タ	モ	ケ	コ	ニ
(**102**)	v − 6907	ニ	ヨ	コ	タ	ハ
(**103**)	d − 6896	コ	マ	ハ	ホ	ヨ
(**104**)	u − 6972	モ	ニ	マ	コ	ホ
(**105**)	t − 6819	ケ	コ	ホ	ヨ	モ
(**106**)	y − 6942	ヨ	ハ	タ	モ	マ
(**107**)	e − 6864	ケ	ヨ	マ	ハ	ニ
(**108**)	c − 6925	モ	ホ	ケ	コ	タ
(**109**)	w − 6831	マ	タ	モ	ホ	ケ
(**110**)	b − 6928	モ	ケ	コ	マ	ヨ

	― 原 文 ―	1	2	3	4	5
(111)	運動会では徒競走やダンスがあるので楽しみ (体育祭) ↑ × [フォーク]	体育祭で	は徒競走	やフォー	クタンス	が楽しみ
(112)	落ち着いた雰囲気を保ってきた場所なので今 (風格) (維持し) (住宅街では)	落ち着い	た風格を	維待して	きた住宅	街では今
(113)	夜間大学を設けるなど社会人向け教育を充実 × (の設置) ↑ [都会の]	大学の設	置など都	会の社会	人向け教	育の充実
(114)	都市高を主軸とするネットワークの整備や空 (高速道路) ↑ × [道路]	高速通路	を主軸と	する道路	ネットワ	ークの空
(115)	仕事や生活の中で成長していくのに必要な要 × (ステップアップする) (大切)	仕事の中	でステッ	プマップ	するのに	大切な要
(116)	歴史散策やお城巡りが人気を呼んでいるこの ↑ (史跡) × [古い町の]	古い町の	歴史散策	や史跡巡	りが人気	を呼んだ
(117)	若者は自分がいま本当にしたいことがあるの ↑ × (できる) [たち]	若人たち	は自分が	本当にで	きること	があるの
(118)	意思を反映させるために住民投票が取り組み ↑ (が) (するよう) ↑ × [住民の] [積極的]	住民の意	向が反映	するよう	住民投票	が積極的
(119)	火事の遭った現場から走って立ち去る人が目 (発生) × ↑ [背の高い]	火事発生	現場から	走って去	ろ背の高	い人が目
(120)	行政的に措置をとる必要性がある者について ↑ × (患者に対) [予防]	行政的に	予防処置	をとる必	要がある	患者に対

トレーニング
第13回 解答

問題番号	正 答	問題番号	正 答	問題番号	正 答	問題番号	正 答
【No. 1】	④	【No. 31】	③	【No. 61】	③	【No. 91】	①
【No. 2】	⑤	【No. 32】	④	【No. 62】	④	【No. 92】	①
【No. 3】	②	【No. 33】	①	【No. 63】	⑤	【No. 93】	③
【No. 4】	①	【No. 34】	⑤	【No. 64】	③	【No. 94】	②
【No. 5】	③	【No. 35】	②	【No. 65】	②	【No. 95】	⑤
【No. 6】	②	【No. 36】	⑤	【No. 66】	⑤	【No. 96】	⑤
【No. 7】	③	【No. 37】	③	【No. 67】	①	【No. 97】	④
【No. 8】	④	【No. 38】	②	【No. 68】	①	【No. 98】	④
【No. 9】	⑤	【No. 39】	④	【No. 69】	②	【No. 99】	②
【No. 10】	①	【No. 40】	①	【No. 70】	④	【No.100】	③
【No. 11】	③	【No. 41】	①	【No. 71】	①	【No.101】	⑤
【No. 12】	②	【No. 42】	⑤	【No. 72】	③	【No.102】	④
【No. 13】	③	【No. 43】	④	【No. 73】	①	【No.103】	①
【No. 14】	④	【No. 44】	⑤	【No. 74】	④	【No.104】	③
【No. 15】	①	【No. 45】	①	【No. 75】	③	【No.105】	⑤
【No. 16】	⑤	【No. 46】	③	【No. 76】	②	【No.106】	②
【No. 17】	②	【No. 47】	③	【No. 77】	⑤	【No.107】	②
【No. 18】	④	【No. 48】	④	【No. 78】	④	【No.108】	③
【No. 19】	⑤	【No. 49】	②	【No. 79】	⑤	【No.109】	④
【No. 20】	①	【No. 50】	②	【No. 80】	②	【No.110】	①
【No. 21】	③	【No. 51】	③	【No. 81】	①	【No.111】	④
【No. 22】	④	【No. 52】	④	【No. 82】	④	【No.112】	③
【No. 23】	④	【No. 53】	②	【No. 83】	⑤	【No.113】	⑤
【No. 24】	⑤	【No. 54】	⑤	【No. 84】	③	【No.114】	①
【No. 25】	③	【No. 55】	①	【No. 85】	②	【No.115】	③
【No. 26】	②	【No. 56】	⑤	【No. 86】	④	【No.116】	⑤
【No. 27】	①	【No. 57】	①	【No. 87】	②	【No.117】	①
【No. 28】	⑤	【No. 58】	③	【No. 88】	⑤	【No.118】	②
【No. 29】	①	【No. 59】	④	【No. 89】	①	【No.119】	④
【No. 30】	②	【No. 60】	②	【No. 90】	③	【No.120】	②

トレーニング 第14回 問題

（解答時間：15分間）

検査の説明

検査1 この検査は，手引に従ってひらがなを数字に置き換え，その数字に辺で接している三角形の中の数字の和を求めて式に代入し，その答の末尾（一の位）の数と同じ選択肢の番号の位置にマークをするものです。

（手引）

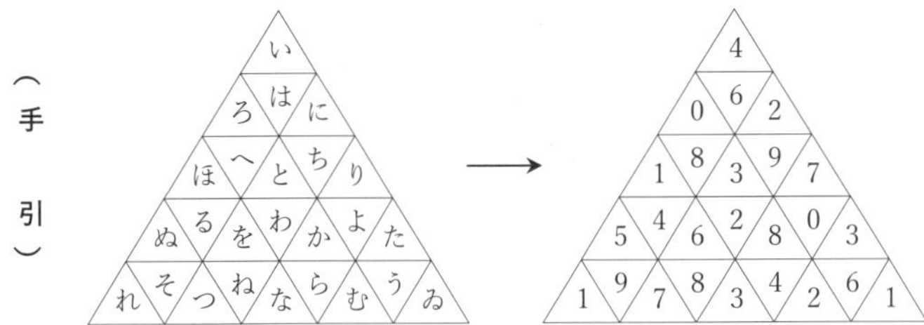

例題(1)　か × い － ぬ

例題では，それぞれのひらがなを手引に従って数字に置き換えると，『か』は『8』で，これに辺で接している三角形の数字は『わ＝2』『よ＝0』『ら＝4』で和は『6』。『い』は『4』で，これに接している三角形の数字は『は＝6』。『ぬ』は『5』でこれに接している三角形の数字は『る＝4』『そ＝9』で和は『13』です。これらを式に代入すると，『6×6－13』ですから，答は『23』となり，マークは次のようになります。

→ 例題(1)正答　1 ○　2 ○　3 ●　4 ○　5 ○

検査2 この検査は，正本と副本とを見比べて，副本の誤りがある（正本と表記が異なる）箇所と同じ選択肢の番号の位置にマークをするものです。

例題(2)

正本

開始日	8月9日	3月1日	7月7日	1月5日
終了日	9月2日	4月5日	8月5日	2月6日
休　日	木曜日	火曜日	金曜日	水曜日

副本

1	2	3	4	5
開始日	8月9日	3月1日	7月7日	1月5日
修了日	9月2日	4月5日	8月5日	2月6日
休　日	木曜日	火曜日	金曜日	水曜日

例題では，正本の表の2行1列目の欄が『終了日』となっているのに対し，副本の同じ欄は『修了日』となっており，この誤りは副本『**1**』の位置にありますから，マークは次のようになります。

→ 例題(2)正答　1 ●　2 ○　3 ○　4 ○　5 ○

検査3 この検査は，気象に関する四つの要素（気温，風速，風向，湿度）のうちの二つについて，与えられた条件が当てはまる欄を分類表の中から選び，その欄の文字がある箇所と同じ選択肢の番号の位置にマークをするものです。

（分類表）

		風向	湿度（%）	風向	湿度（%）	風向	湿度（%）	風向	湿度（%）
		西,北西	46～60	東,南東	15～30	北,北東	61～75	南,南西	31～45
気温（℃）	16 ～ 25	A		B		C		D	
風速（m/s）	0 ～ 10								
気温（℃）	6 ～ 15	E		F		G		H	
風速（m/s）	21 ～ 30								
気温（℃）	26 ～ 35	I		J		K		L	
風速（m/s）	11 ～ 20								

		1	2	3	4	5
例題(3)	風向北東，気温21℃	D	E	C	A	H

例題では，『風向北東』は分類表の『風向 北，北東』の列に当てはまり，『気温21℃』は分類表の『気温（℃）16～25』の行に当てはまりますから，この与えられた条件が当てはまる欄の文字は『C』となります。よってマークは次のようになります。

→ 例題(3)正答　1 ○　2 ○　3 ●　4 ○　5 ○

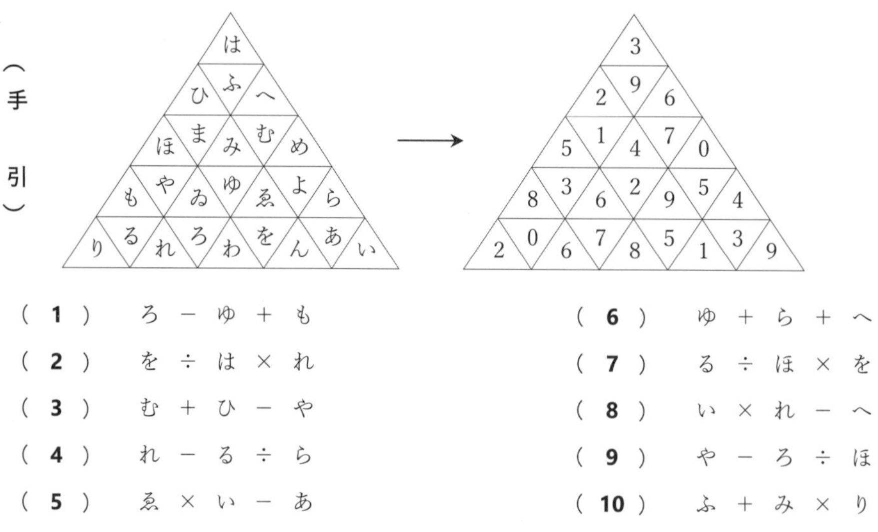

（ **1** ）　ろ － ゆ ＋ も

（ **2** ）　を ÷ は × れ

（ **3** ）　む ＋ ひ － や

（ **4** ）　れ － る ÷ ら

（ **5** ）　ゑ × い － あ

（ **6** ）　ゆ ＋ ら ＋ へ

（ **7** ）　る ÷ ほ × を

（ **8** ）　い × れ － へ

（ **9** ）　や － ろ ÷ ほ

（ **10** ）　ふ ＋ み × り

正　本 / **副　本**

（ **11** ）

正本

町　名	アイ町	カキ町	サシ町	タチ町
世帯数	3,007	3,166	2,810	4,561
人　口	8,419	8,231	8,420	13,226

副本

1	2	3	4	5
町　名	アイ町	カキ町	サシ町	タチ町
世帯数	3,007	3,136	2,810	4,561
人　口	8,419	8,231	8,420	13,226

（ **12** ）

正本

演習名	演習 a	演習 b	演習 c	演習 d
時間数	50分	55分	45分	40分
得　点	60点	95点	70点	65点

副本

1	2	3	4	5
練習名	演習 a	演習 b	演習 c	演習 d
時間数	50分	55分	45分	40分
得　点	60点	95点	70点	65点

（ **13** ）

正本

企画名	企画A	企画B	企画C	企画D
予　算	200万	180万	150万	175万
賛成度	72%	53%	69%	87%

副本

1	2	3	4	5
企画名	企画A	企画B	企画C	企画D
予　算	200万	180万	150万	175万
賛成度	72%	50%	69%	87%

（ **14** ）

正本

班番号	第１班	第２班	第３班	第４班
班　長	トゲシ	ヒルマ	トウマ	ウエチ
成員数	34	16	27	22

副本

1	2	3	4	5
班番号	第１班	第２班	第３班	第４班
班　長	トゲシ	ヒルマ	トウマ	ウエチ
成員数	31	16	27	22

（ **15** ）

正本

会社名	ＳＺ社	ＲＢ社	ＣＯ社	ＭＮ社
社員数	1,425	807	2,240	1,188
資本金	280億	14億	580億	90億

副本

1	2	3	4	5
会社名	ＳＺ社	ＲＢ社	ＣＯ社	ＭＮ社
社員数	1,425	807	2,440	1,188
資本金	280億	14億	580億	90億

（ **16** ）

正本

資料名	資料Ⅰ	資料Ⅱ	資料Ⅲ	資料Ⅳ
部　数	32	176	58	100
期　限	4/30	5/31	6/30	7/31

副本

1	2	3	4	5
資料名	資料Ⅰ	資料Ⅱ	資料Ⅲ	資料Ⅳ
枚　数	32	176	58	100
期　限	4/30	5/31	6/30	7/31

（ **17** ）

正本

室番号	101号室	201号室	301号室	401号室
座席数	30	40	50	60
面　積	100㎡	120㎡	140㎡	160㎡

副本

1	2	3	4	5
室番号	101号室	201号室	301号室	401号室
座席数	30	40	50	60
面　績	100㎡	120㎡	140㎡	160㎡

（ **18** ）

正本

巻　数	第1巻	第2巻	第3巻	第4巻
ページ	307	315	299	310
価　格	1,845	1,885	1,805	1,860

副本

1	2	3	4	5
巻　数	第1巻	第2巻	第3巻	第4巻
ページ	307	315	298	310
価　格	1,845	1,885	1,805	1,860

（ **19** ）

正本

講習名	英会話	料　理	水　泳	ペン字
曜　日	月・水	火・金	月・金	水・土
授業料	6,000	10,000	3,000	3,500

副本

1	2	3	4	5
講習名	英会話	料　理	水　泳	ペン字
曜　日	月・木	火・金	月・金	水・土
授業料	6,000	10,000	3,000	3,500

（ **20** ）

正本

会場名	会場Ⅰ	会場Ⅱ	会場Ⅲ	会場Ⅳ
開　場	10：30	11：00	16：00	18：30
開　演	12：00	13：00	17：30	19：00

副本

1	2	3	4	5
会場名	会場Ⅰ	会場Ⅱ	会場Ⅲ	会場Ⅳ
開　場	10：30	11：00	16：00	16：30
開　演	12：00	13：00	17：30	19：00

（分類表）

		湿度（%）	風速（m/s）	湿度（%）	風速（m/s）	湿度（%）	風速（m/s）	湿度（%）	風速（m/s）
		23～31	15～20	5～13	3～8	32～40	21～26	14～22	9～14
気温（℃）	−4 ～ 6	A		B		C		D	
風向	南，南西，南東								
気温（℃）	7 ～ 17	E		F		G		H	
風向	西，北西								
気温（℃）	−15 ～ −5	I		J		K		L	
風向	北，東，北東								

		1	2	3	4	5
（21）	湿度17%，風向南東	D	I	B	F	K
（22）	気温15℃，湿度29%	L	D	I	G	E
（23）	風速11m/s，気温12℃	A	G	D	H	F
（24）	風向北西，湿度10%	H	J	G	F	B
（25）	気温−13℃，風速12m/s	J	F	L	C	G

		1	2	3	4	5
（26）	風向南西，風速5m/s	C	B	K	D	J
（27）	気温8℃，湿度38%	G	A	E	I	C
（28）	風速19m/s，風向北東	E	J	C	B	I
（29）	湿度35%，気温−2℃	A	C	F	E	L
（30）	風向東，風速23m/s	K	F	H	D	A

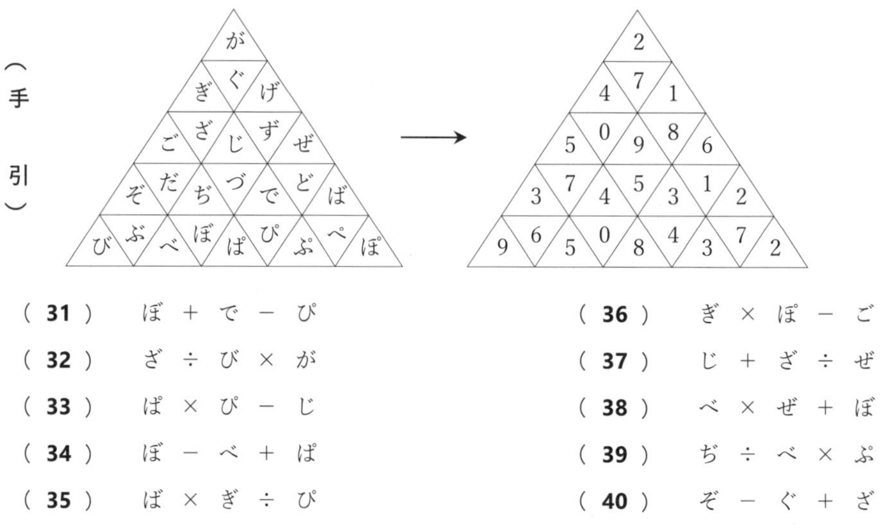

(31) ぼ ＋ で － ぴ

(32) ざ ÷ び × が

(33) ぱ × ぴ － じ

(34) ぼ － べ ＋ ぱ

(35) ば × ぎ ÷ ぴ

(36) ぎ × ぽ － ご

(37) じ ＋ ざ ÷ ぜ

(38) べ × ぜ ＋ ぼ

(39) ぢ ÷ べ × ぷ

(40) ぞ － ぐ ＋ ざ

正本 / 副本

(41)

行き先	海老津	新下関	南行橋	東福岡
要時間	45分	36分	57分	78分
金　額	450	380	520	880

1	2	3	4	5
行き先	海老津	新下関	南行橋	南福岡
要時間	45分	36分	57分	78分
金　額	450	380	520	880

(42)

新聞社	A新聞	B新聞	C新聞	D新聞
集金日	20日	25日	15日	10日
集金額	3,825	4,100	3,560	3,975

1	2	3	4	5
新聞社	A新聞	B新聞	C新聞	D新聞
集金日	20日	25日	15日	10日
集金額	3,825	4,700	3,560	3,975

(43)

地　域	札　幌	名古屋	北九州	那　覇
最　高	24.6℃	32.1℃	33.8℃	33.5℃
最　低	16.7℃	25.6℃	28.4℃	29.0℃

1	2	3	4	5
地　域	札　幌	名古屋	北九州	那　覇
最　高	24.6℃	32.1℃	33.8℃	33.5℃
最　底	16.7℃	25.6℃	28.4℃	29.0℃

(44)

学校名	W高校	X高校	Y高校	Z高校
入試日	3/7	3/5	3/8	3/9
発表日	3/14	3/15	3/16	3/18

1	2	3	4	5
学校名	W高校	X高校	Y高校	Z高校
入試日	3/7	3/6	3/8	3/9
発表日	3/14	3/15	3/16	3/18

(45)

会社名	αβ社	βα社	αα社	ββ社
従業員	890	720	505	340
年　齢	33.5	39.7	29.2	31.6

1	2	3	4	5
会社名	αβ社	βα社	αα社	ββ社
従業員	890	720	555	340
年　齢	33.5	39.7	29.2	31.6

(46)

行事名	体育祭	発表会	文化祭	バザー
日　程	10/10	5/20	11/3	1/25
担　当	サトウ	タナカ	スズキ	ヒラタ

1	2	3	4	5
行事名	体育祭	発表会	文化祭	バザー
日　程	10/10	5/20	11/8	1/25
担　当	サトウ	タナカ	スズキ	ヒラタ

(47)

工場名	A工場	B工場	C工場	D工場
生産数	500万個	240万個	360万個	170万個
前月比	85.9%	91.6%	103.2%	110.2%

1	2	3	4	5
工場名	A工場	B工場	C工場	D工場
生産数	500万個	240万個	360万個	170万個
前日比	85.9%	91.6%	103.2%	110.2%

(48)

文書名	文書(1)	文書(2)	文書(3)	文書(4)
サイズ	120KB	29KB	685KB	78KB
作成日	2/6	8/11	5/9	11/29

1	2	3	4	5
文書名	文書(1)	文書(2)	文書(3)	文書(4)
サイズ	120KB	29MB	685KB	78KB
作成日	2/6	8/11	5/9	11/29

(49)

班番号	第1班	第2班	第3班	第4班
成員数	32	38	37	29
年　齢	25.9	25.2	28.4	27.1

1	2	3	4	5
班番号	第1班	第2班	第3班	第4班
成員数	32	38	37	29
年　齢	26.9	25.2	28.4	27.1

(50)

店　名	那覇店	名護店	北谷店	コザ店
OPEN	8：30	9：00	10：00	9：30
CLOSE	23：00	21：00	20：00	18：00

1	2	3	4	5
店　名	那覇店	名護店	北山店	コザ店
OPEN	8：30	9：00	10：00	9：30
CLOSE	23：00	21：00	20：00	18：00

（分類表）

		風向	気温（℃）	風向	気温（℃）	風向	気温（℃）	風向	気温（℃）
		北,北東	29〜36	南,南西	13〜20	東,南東	5〜12	西,北西	21〜28
風速（m/s）	10 〜 17	A		B		C		D	
湿度（%）	16 〜 30								
風速（m/s）	2 〜 9	E		F		G		H	
湿度（%）	1 〜 15								
風速（m/s）	18 〜 25	I		J		K		L	
湿度（%）	31 〜 45								

		1	2	3	4	5
（**51**）	風速19m/s，風向南	J	D	E	I	B
（**52**）	気温17℃，風速6m/s	E	C	G	F	I
（**53**）	湿度32%，風向南東	B	F	K	A	L
（**54**）	風速4m/s，気温8℃	I	G	B	K	C
（**55**）	風向北東，湿度10%	A	F	H	L	E

（**56**）	湿度18%，気温32℃	G	A	C	H	K
（**57**）	気温26℃，風速15m/s	K	D	J	A	G
（**58**）	湿度17%，風向東	H	L	A	C	F
（**59**）	風向北，風速24m/s	D	E	J	B	I
（**60**）	気温24℃，湿度9%	L	B	F	D	H

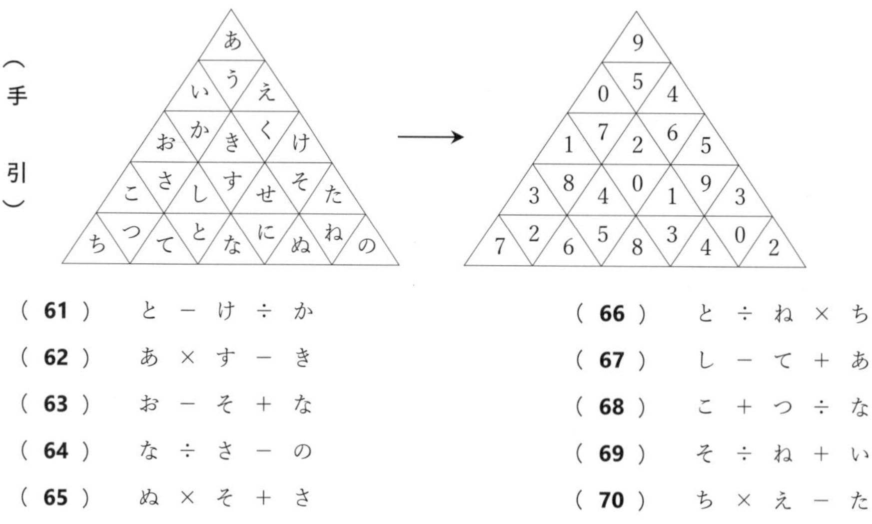

（ **61** ）　と － け ÷ か

（ **62** ）　あ × す － き

（ **63** ）　お － そ ＋ な

（ **64** ）　な ÷ さ － の

（ **65** ）　ぬ × そ ＋ さ

（ **66** ）　と ÷ ね × ち

（ **67** ）　し － て ＋ あ

（ **68** ）　こ ＋ つ ÷ な

（ **69** ）　そ ÷ ね ＋ い

（ **70** ）　ち × え － た

正　本 / **副　本**

（ **71** ）

工場名	ア工場	イ工場	ウ工場	エ工場
従業員	65名	140名	115名	90名
稼働率	75%	65%	80%	60%

1	2	3	4	5
工場名	ア工場	イ工場	ウ工場	エ工場
従業員	65名	140名	115名	90名
嫁同率	75%	65%	80%	60%

（ **72** ）

号　数	第1号	第2号	第3号	第4号
印刷日	1/10	2/5	2/15	3/1
発売日	2/28	3/15	3/31	4/15

1	2	3	4	5
号　数	第1号	第2号	第3号	第4号
印刷日	1/10	2/5	2/15	3/1
発売日	2/28	3/15	3/30	4/15

（ **73** ）

支部名	a支部	b支部	c支部	d支部
会員数	3,256	4,382	1,195	2,653
参加数	1,537	3,269	643	1,959

1	2	3	4	5
支部名	α支部	b支部	c支部	d支部
会員数	3,256	4,382	1,195	2,653
参加数	1,537	3,269	643	1,959

（ **74** ）

辞　書	国　語	古　語	英　和	和　英
項目数	200,000	78,000	120,600	92,000
価　格	5,250	4,200	3,780	3,465

1	2	3	4	5
辞　書	国　語	古　語	英　和	和　英
項目数	200,000	73,000	120,600	92,000
価　格	5,250	4,200	3,780	3,465

（ **75** ）

クラス	5－1	5－2	5－3	5－4
受験数	32	35	33	38
平均点	78.6	82.5	83.4	75.3

1	2	3	4	5
クラス	5－1	5－2	5－3	5－5
受験数	32	35	33	38
平均点	78.6	82.5	83.4	75.3

（ **76** ）

会場名	ホール	客　室	化粧室	会議室
定員数	300	2	50	100
使用料	150,000	16,000	2,000	45,000

1	2	3	4	5
会場名	ポール	客　室	化粧室	会議室
定員数	300	2	50	100
使用料	150,000	16,000	2,000	45,000

（ **77** ）

県　名	愛媛県	山口県	千葉県	石川県
出生数	9,874	8,553	11,526	7,016
死亡数	9,901	9,127	13,245	7,184

1	2	3	4	5
県　名	愛知県	山口県	千葉県	石川県
出生数	9,874	8,553	11,526	7,016
死亡数	9,901	9,127	13,245	7,184

（ **78** ）

仕事名	仕事(1)	仕事(2)	仕事(3)	仕事(4)
責任者	やまだ	こうの	ささき	いそべ
担当者	たしろ	あかい	かとう	ふるた

1	2	3	4	5
仕事名	仕事(1)	仕事(2)	仕事(3)	仕事(4)
責任者	やまだ	こうの	ささき	いそべ
担当者	たしろ	あかい	かとり	ふるた

（ **79** ）

班番号	ＡＡ班	ＢＢ班	ＣＣ班	ＤＤ班
記録１	55分	33分	42分	47分
記録２	54分	43分	42分	56分

1	2	3	4	5
班番号	ＡＡ班	ＢＢ班	ＣＣ班	ＤＤ班
記録１	55分	33分	42分	47分
記録２	54分	43分	47分	56分

（ **80** ）

駅　名	ＲＫ駅	ＥＦ駅	ＰＢ駅	ＶＵ駅
出　発	13：52	16：14	9：28	11：47
ホーム	7番線	1番線	4番線	5番線

1	2	3	4	5
駅　名	ＲＫ駅	ＥＦ駅	ＰＢ駅	ＵＶ駅
出　発	13：52	16：14	9：28	11：47
ホーム	7番線	1番線	4番線	5番線

（分類表）

		気温（℃）16～23	湿度（%）41～55	気温（℃）0～7	湿度（%）11～25	気温（℃）8～15	湿度（%）26～40	気温（℃）24～31	湿度（%）56～70
風向	西，南西	A		B		C		D	
風速（m/s）	5 ～ 11								
風向	東，南，南東	E		F		G		H	
風速（m/s）	19 ～ 25								
風向	北東，北，北西	I		J		K		L	
風速（m/s）	12 ～ 18								

		1	2	3	4	5
（**81**）	風速20m/s，湿度33%	L	F	C	E	G
（**82**）	気温17℃，風速10m/s	A	G	L	H	C
（**83**）	風向北西，湿度68%	K	C	A	L	E
（**84**）	風速21m/s，気温29℃	L	H	F	D	I
（**85**）	湿度48%，風速15m/s	D	J	B	I	A

		1	2	3	4	5
（**86**）	気温12℃，風向北東	I	F	K	G	H
（**87**）	風向西，気温27℃	J	D	H	K	F
（**88**）	湿度16%，風速17m/s	B	E	A	G	J
（**89**）	風速23m/s，気温4℃	H	G	I	F	B
（**90**）	湿度52%，風向南	E	D	J	B	K

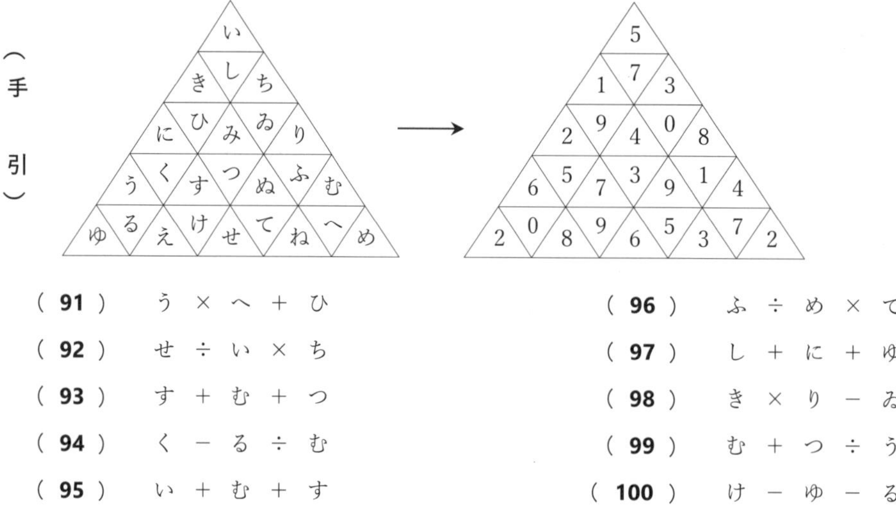

(**91**) う × へ ＋ ひ

(**92**) せ ÷ い × ち

(**93**) す ＋ む ＋ つ

(**94**) く − る ÷ む

(**95**) い ＋ む ＋ す

(**96**) ふ ÷ め × て

(**97**) し ＋ に ＋ ゆ

(**98**) き × り − ゐ

(**99**) む ＋ つ ÷ う

(**100**) け − ゆ − る

正　本 / **副　本**

(**101**)

資料名	資料A	資料B	資料C	資料D
枚　数	12	30	23	17
部　数	1,500	900	1,240	1,330

	1	2	3	4	5
	資料名	資料A	資料B	資料C	資料D
	枚　数	12	30	23	17
	部　数	1,500	900	1,240	1,330

(**102**)

国　名	Ⅰ　国	Ⅱ　国	Ⅲ　国	Ⅳ　国
出国数	528,692	981,203	864,167	814,553
入国数	561,184	714,560	863,241	815,019

	1	2	3	4	5
	国　名	Ⅰ　国	Ⅱ　国	Ⅲ　国	Ⅳ　国
	出国数	528,692	981,203	864,167	814,553
	入国数	561,184	714,560	836,241	815,019

(**103**)

学校名	AB校	DE校	GH校	JK校
募集数	450	380	420	350
競争率	1.62%	1.34%	1.55%	2.08%

	1	2	3	4	5
	学校名	AB校	DE校	GH校	JK校
	募集数	450	280	420	350
	競争率	1.62%	1.34%	1.55%	2.08%

(**104**)

事案名	A事案	B事案	C事案	D事案
期　限	8／31	10／31	11／30	12／31
枚　数	95	85	100	105

	1	2	3	4	5
	事案名	A事案	B事案	C事案	D事案
	期　限	8／30	10／31	11／30	12／31
	枚　数	95	85	100	105

(**105**)

支店名	○支店	△支店	□支店	※支店
売　上	780,000	690,000	510,000	850,000
利　益	90,500	120,000	72,000	145,000

	1	2	3	4	5
	支店名	○支店	△支店	□支店	※支店
	売　上	780,000	690,000	510,000	850,000
	収　益	90,500	120,000	72,000	145,000

(**106**)

店　名	A　店	B　店	C　店	D　店
募集数	5	8	3	11
時　給	900	850	1,100	950

	1	2	3	4	5
	店　名	A　店	B　店	C　店	D　店
	応募数	5	8	3	11
	時　給	900	850	1,100	950

(**107**)

会場名	A会場	B会場	C会場	D会場
開　始	10：00	17：00	14：30	16：00
終　了	12：00	20：00	17：00	19：30

	1	2	3	4	5
	会場名	A会場	B会場	C会場	D会場
	開　始	10：00	17：00	14：30	18：00
	終　了	12：00	20：00	17：00	19：30

(**108**)

班　名	赤　班	青　班	黄　班	白　班
時間数	3.5 h	4.5 h	2.0 h	3.0 h
作業量	680個	720個	590個	640個

	1	2	3	4	5
	班　名	赤　班	青　班	黄　班	白　班
	時間数	3.5 h	4.5 h	2.0 h	3.0 h
	作業量	690個	720個	590個	640個

(**109**)

部活動	応援団	吹奏楽	バレー	野　球
部員数	24	73	35	88
練習場	中　庭	音楽室	体育館	運動場

	1	2	3	4	5
	部活動	応援団	吹奏楽	バレー	野　球
	部員数	24	73	35	88
	練習場	校　庭	音楽室	体育館	運動場

(**110**)

工場名	Ⅰ工場	Ⅱ工場	Ⅲ工場	Ⅳ工場
始　業	9：00	11：00	14：00	17：00
終　業	17：00	19：00	21：00	0：30

	1	2	3	4	5
	工場名	Ⅰ工場	Ⅱ工場	Ⅲ工場	Ⅵ工場
	始　業	9：00	11：00	14：00	17：00
	終　業	17：00	19：00	21：00	0：30

（分類表）

		風向	湿度（%）	風向	湿度（%）	風向	湿度（%）	風向	湿度（%）
		西,南西	31～38	東,北東	15～22	北,北西	7～14	南,南東	23～30
気温（℃）	8 ～ 21	A		B		C		D	
風速（m/s）	26 ～ 38								
気温（℃）	－20 ～ －7	E		F		G		H	
風速（m/s）	0 ～ 12								
気温（℃）	－6 ～ 7	I		J		K		L	
風速（m/s）	13 ～ 25								

		1	2	3	4	5
（**111**）	気温－14℃，風向南西	D	G	E	A	C
（**112**）	風向北西，風速11m/s	G	B	C	I	D
（**113**）	気温16℃，風向北	J	E	D	C	L
（**114**）	湿度20%，風速9m/s	F	H	L	G	E
（**115**）	風速37m/s，湿度35%	D	K	F	E	A

（**116**）	気温－3℃，湿度9%	A	B	K	L	E
（**117**）	風向西，気温5℃	F	I	A	B	H
（**118**）	湿度16%，風速34m/s	L	E	F	K	B
（**119**）	風速23m/s，風向東	C	J	E	L	D
（**120**）	湿度25%，気温19℃	F	C	G	D	I

トレーニング 第14回 解答

問題番号	正 答	問題番号	正 答	問題番号	正 答	問題番号	正 答
【No. 1】	④	【No. 31】	③	【No. 61】	③	【No. 91】	②
【No. 2】	④	【No. 32】	①	【No. 62】	②	【No. 92】	④
【No. 3】	①	【No. 33】	③	【No. 63】	④	【No. 93】	⑤
【No. 4】	⑤	【No. 34】	⑤	【No. 64】	①	【No. 94】	③
【No. 5】	②	【No. 35】	④	【No. 65】	⑤	【No. 95】	②
【No. 6】	③	【No. 36】	②	【No. 66】	④	【No. 96】	④
【No. 7】	②	【No. 37】	⑤	【No. 67】	①	【No. 97】	③
【No. 8】	⑤	【No. 38】	①	【No. 68】	②	【No. 98】	①
【No. 9】	④	【No. 39】	②	【No. 69】	③	【No. 99】	②
【No. 10】	①	【No. 40】	④	【No. 70】	③	【No.100】	⑤
【No. 11】	③	【No. 41】	⑤	【No. 71】	①	【No.101】	③
【No. 12】	①	【No. 42】	③	【No. 72】	④	【No.102】	④
【No. 13】	③	【No. 43】	①	【No. 73】	②	【No.103】	③
【No. 14】	②	【No. 44】	③	【No. 74】	③	【No.104】	②
【No. 15】	④	【No. 45】	④	【No. 75】	⑤	【No.105】	①
【No. 16】	①	【No. 46】	④	【No. 76】	②	【No.106】	①
【No. 17】	①	【No. 47】	①	【No. 77】	②	【No.107】	⑤
【No. 18】	④	【No. 48】	③	【No. 78】	④	【No.108】	②
【No. 19】	②	【No. 49】	②	【No. 79】	④	【No.109】	②
【No. 20】	⑤	【No. 50】	④	【No. 80】	⑤	【No.110】	⑤
【No. 21】	①	【No. 51】	①	【No. 81】	⑤	【No.111】	③
【No. 22】	⑤	【No. 52】	④	【No. 82】	①	【No.112】	①
【No. 23】	④	【No. 53】	③	【No. 83】	④	【No.113】	④
【No. 24】	④	【No. 54】	②	【No. 84】	②	【No.114】	①
【No. 25】	③	【No. 55】	⑤	【No. 85】	④	【No.115】	⑤
【No. 26】	②	【No. 56】	②	【No. 86】	③	【No.116】	③
【No. 27】	①	【No. 57】	②	【No. 87】	②	【No.117】	②
【No. 28】	⑤	【No. 58】	④	【No. 88】	⑤	【No.118】	⑤
【No. 29】	②	【No. 59】	⑤	【No. 89】	④	【No.119】	②
【No. 30】	①	【No. 60】	⑤	【No. 90】	①	【No.120】	④

トレーニング 第15回 問題

（解答時間：15分間）

第15回

検査の説明

検査1 この検査は，問題で指定された演算記号（＋，－，×，÷）を手引から取り出し，問題の計算式の中の『ア』と『イ』に当てはめて計算し，その答のある箇所と同じ選択肢の番号の位置にマークをするものです。

(手引)

	(1)	(2)	(3)	(4)	(5)
ア	＋	－	＋	÷	×
イ	×	÷	－	×	＋

	演算記号	計算式	1	2	3	4	5
例題(1)	(1)	（ 3 [ア] 1 ） [イ] 2	4	5	6	7	8

例題では，指定された演算記号は(1)ですから，手引(1)の列のとおり，アに『＋』，イに『×』を当てはめると計算式は『(3＋1)×2』となります。計算すると『8』ですから，マークは次のようになります。

→ 例題(1)正答 1 ○ 2 ○ 3 ○ 4 ○ 5 ●

検査2 この検査は，手引の指定された点から，指示に従って移動したときの点を表すものがある箇所と同じ選択肢の番号の位置にマークをするものです。

（手引）

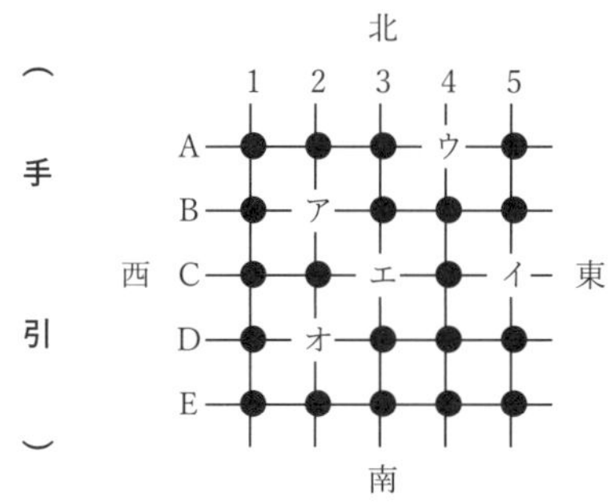

		1	2	3	4	5
例題(2)	イ　西へ4	D 1	A 5	C 1	D 5	E 1

例題では，指定された『イ』から指示に従って『西へ4』移動したときの点は，『横列C』と『縦列1』が交差するところにありますから『C1』で表されます。よって，マークは次のようになります。

→ 例題(2)正答 1 ○ 2 ○ 3 ● 4 ○ 5 ○

検査3 この検査は，小さな黒い正三角形2つ，小さな灰色の正三角形7つ（うち1つには黒い点がついている）を組み合わせて1つの大きな三角形にした左の図形の，黒い正三角形だけを移動させて向きだけを変えた図形を選択肢のうちから選び，その答がある箇所と同じ選択肢の番号の位置にマークをするものです。ただし，灰色の正三角形は移動させてはいけません。

例題(3)

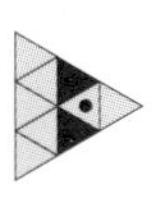

1

2

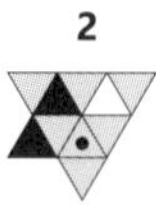

3

4

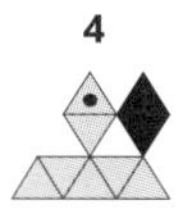

5

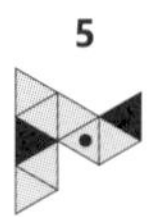

例題では，灰色の部分の形が同じで，黒い正三角形を移動させたてできた図形は『**3**』ですから，マークは次のようになります。

→ 例題(3)正答 1 ○ 2 ○ 3 ● 4 ○ 5 ○

(手引)

	(1)	(2)	(3)	(4)	(5)
ア	×	+	×	−	×
イ	−	÷	+	+	÷

	演算記号	計算式	1	2	3	4	5
(1)	(1)	6 [ア] 8 [イ] 45	5	4	3	2	1
(2)	(5)	25 [ア] 21 [イ] 75	4	5	6	7	8
(3)	(2)	3 [ア] 46 [イ] 23	5	6	7	8	9
(4)	(4)	74 [ア] 68 [イ] 1	8	7	6	5	4
(5)	(3)	1 [ア] 5 [イ] 4	5	6	7	8	9
(6)	(5)	56 [ア] 4 [イ] 32	7	6	5	4	3
(7)	(3)	6 [ア] 1 [イ] 2	4	5	6	7	8
(8)	(4)	91 [ア] 89 [イ] 4	3	4	5	6	7
(9)	(1)	2 [ア] (73 [イ] 69)	9	8	7	6	5
(10)	(2)	(53 [ア] 27) [イ] 16	4	5	6	7	8

（手引）

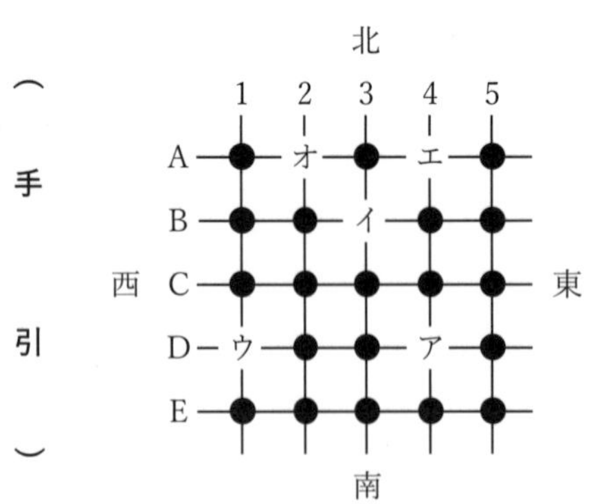

			1	2	3	4	5
(11)	ウ	北へ1, 東へ3	D 4	C 2	C 4	E 4	D 2
(12)	エ	東へ1, 南へ4	C 1	E 5	A 5	A 2	C 5
(13)	ア	西へ2	B 2	D 2	E 2	A 2	B 5
(14)	オ	東へ3, 南へ2	D 1	C 1	C 5	D 5	D 4
(15)	エ	南へ1	B 4	A 4	E 5	C 4	E 3
(16)	イ	西へ2, 南へ2	E 5	D 5	E 3	D 1	B 1
(17)	オ	南へ4	C 2	B 4	A 4	B 2	E 2
(18)	ウ	北へ3, 東へ2	A 3	B 3	D 3	C 3	A 1
(19)	ア	東へ1, 北へ3	A 1	B 3	A 3	C 3	A 5
(20)	イ	西へ 2	D 3	E 1	E 4	B 1	E 3

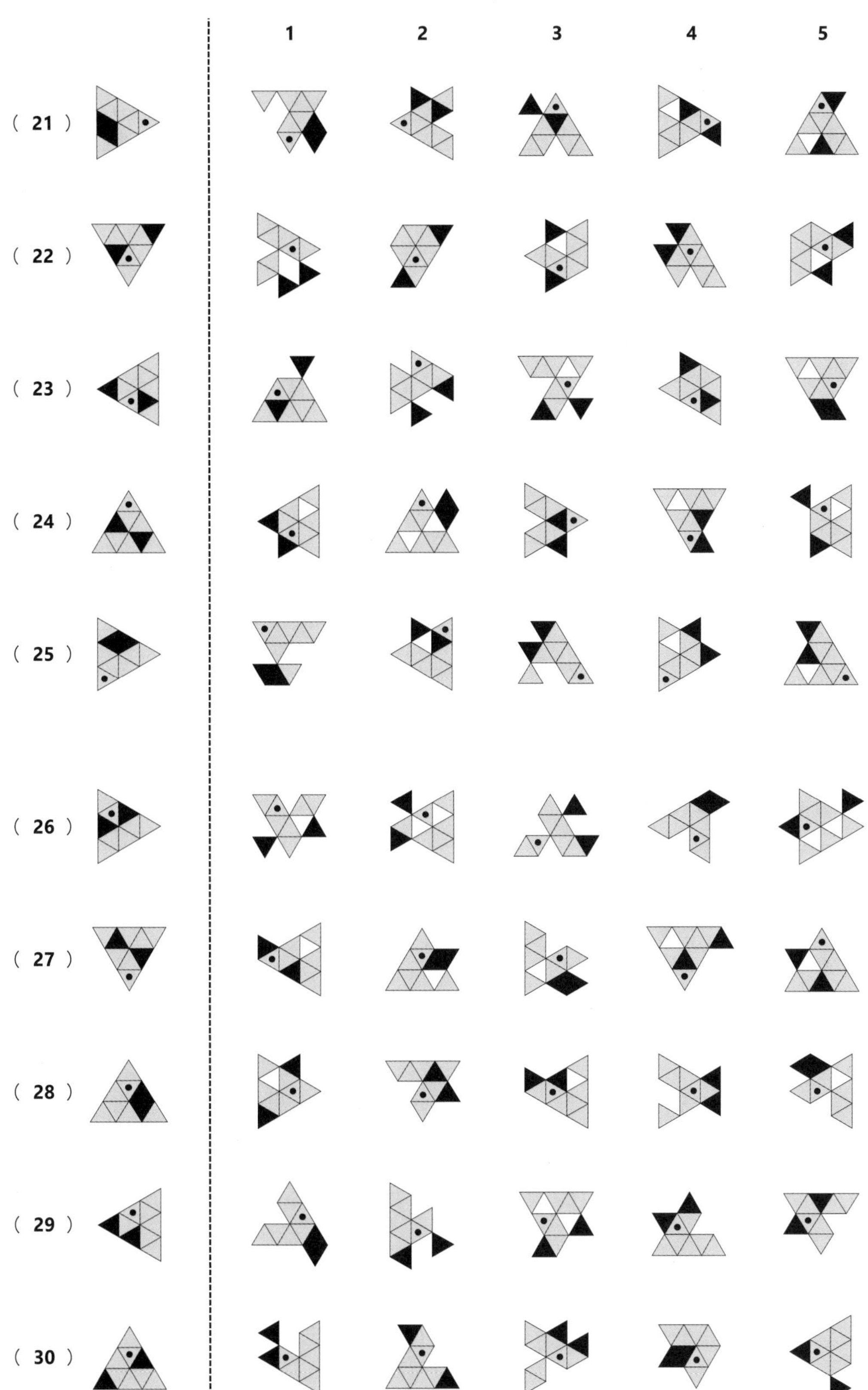

第15回

(手引)

	(1)	(2)	(3)	(4)	(5)
ア	−	÷	−	+	÷
イ	÷	×	×	−	+

	演算記号	計算式	1	2	3	4	5
(**31**)	(4)	9 ア 2 イ 4	5	6	7	8	9
(**32**)	(2)	36 ア 12 イ 2	3	4	5	6	7
(**33**)	(3)	(52 ア 49) イ 3	9	8	7	6	5
(**34**)	(1)	19 ア 91 イ 7	3	4	5	6	7
(**35**)	(5)	9 ア 3 イ 2	4	5	6	7	8
(**36**)	(4)	43 ア 22 イ 64	5	4	3	2	1
(**37**)	(1)	(78 ア 48) イ 5	2	3	4	5	6
(**38**)	(3)	86 ア 3 イ 28	1	2	3	4	5
(**39**)	(5)	42 ア 14 イ 1	4	5	6	7	8
(**40**)	(2)	18 ア 9 イ 4	5	6	7	8	9

(手引)

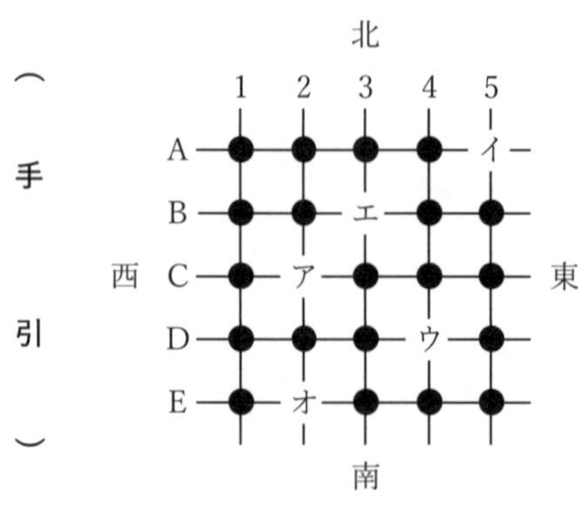

			1	2	3	4	5
(**41**)	エ	南へ2，西へ1	C 2	E 2	D 2	D 5	A 2
(**42**)	オ	北へ4	A 2	C 1	A 1	E 1	D 1
(**43**)	ア	東へ1，南へ2	E 3	E 1	B 3	C 3	E 4
(**44**)	ウ	北へ2，西へ3	C 4	B 1	D 4	E 4	B 4
(**45**)	エ	東へ2	D 5	A 5	E 5	B 5	C 4
(**46**)	イ	西へ1，南へ4	D 4	C 4	E 4	A 5	B 4
(**47**)	オ	北へ3	E 2	D 3	E 5	B 2	E 3
(**48**)	イ	南へ2，西へ2	B 3	C 3	A 3	D 3	C 2
(**49**)	ウ	西へ3	D 2	C 1	B 1	A 1	D 1
(**50**)	ア	東へ3，南へ1	C 2	B 2	D 5	B 5	C 5

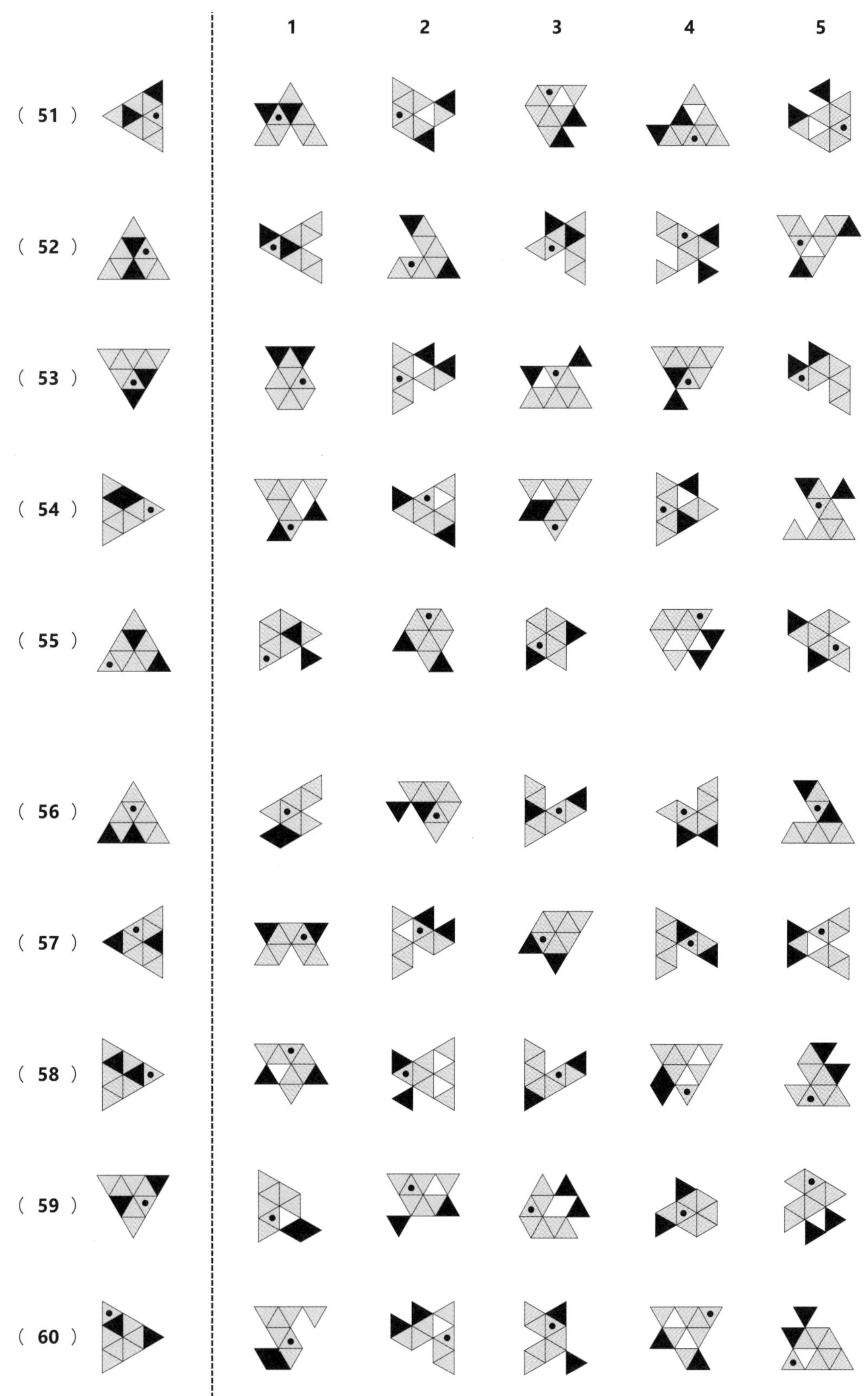
1
2
3
4
5
(51)
(52)
(53)
(54)
(55)
(56)
(57)
(58)
(59)
(60)

(手引)

	(1)	(2)	(3)	(4)	(5)
ア	×	−	+	÷	×
イ	+	÷	−	+	−

	演算記号	計算式	1	2	3	4	5
(**61**)	(4)	24 [ア] (4 [イ] 2)	1	2	3	4	5
(**62**)	(3)	13 [ア] 6 [イ] 16	2	3	4	5	6
(**63**)	(5)	11 [ア] 2 [イ] 18	8	7	6	5	4
(**64**)	(1)	3 [ア] (1 [イ] 2)	6	7	8	9	10
(**65**)	(2)	(43 [ア] 34) [イ] 3	5	4	3	2	1
(**66**)	(4)	36 [ア] 12 [イ] 5	9	8	7	6	5
(**67**)	(5)	4 [ア] (19 [イ] 17)	5	6	7	8	9
(**68**)	(2)	14 [ア] 28 [イ] 4	7	6	5	4	3
(**69**)	(1)	3 [ア] 2 [イ] 1	9	8	7	6	5
(**70**)	(3)	15 [ア] 7 [イ] 20	2	3	4	5	6

（手引）

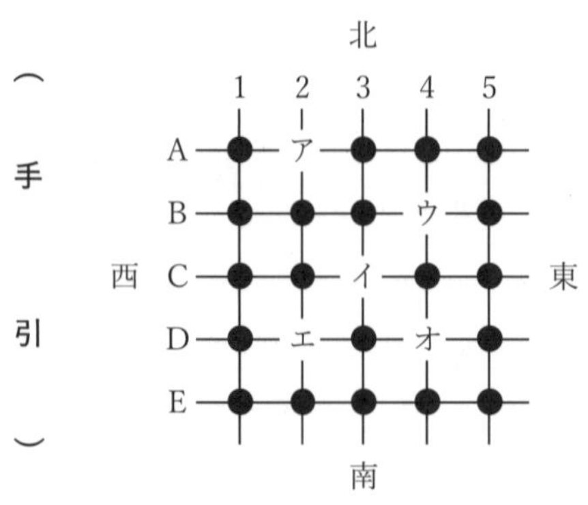

			1	2	3	4	5
(**71**)	オ	北へ3，西へ2	C 4	A 2	D 2	E 2	C 2
(**72**)	ア	南へ4，東へ1	A 3	E 3	C 3	B 3	E 5
(**73**)	イ	西へ2	C 1	C 5	A 1	D 1	B 1
(**74**)	エ	東へ3，北へ2	D 5	E 4	B 5	A 5	C 5
(**75**)	ウ	西へ2	A 2	D 4	E 5	B 2	E 1
(**76**)	エ	北へ2，西へ1	E 1	A 1	B 1	C 1	D 1
(**77**)	ア	南へ2	C 2	B 2	E 2	D 2	A 5
(**78**)	イ	東へ1，南へ1	B 5	B 4	D 5	D 4	A 4
(**79**)	オ	西へ1，北へ3	A 3	C 1	E 1	D 1	A 1
(**80**)	ウ	南へ3	D 3	A 4	C 4	B 4	E 4

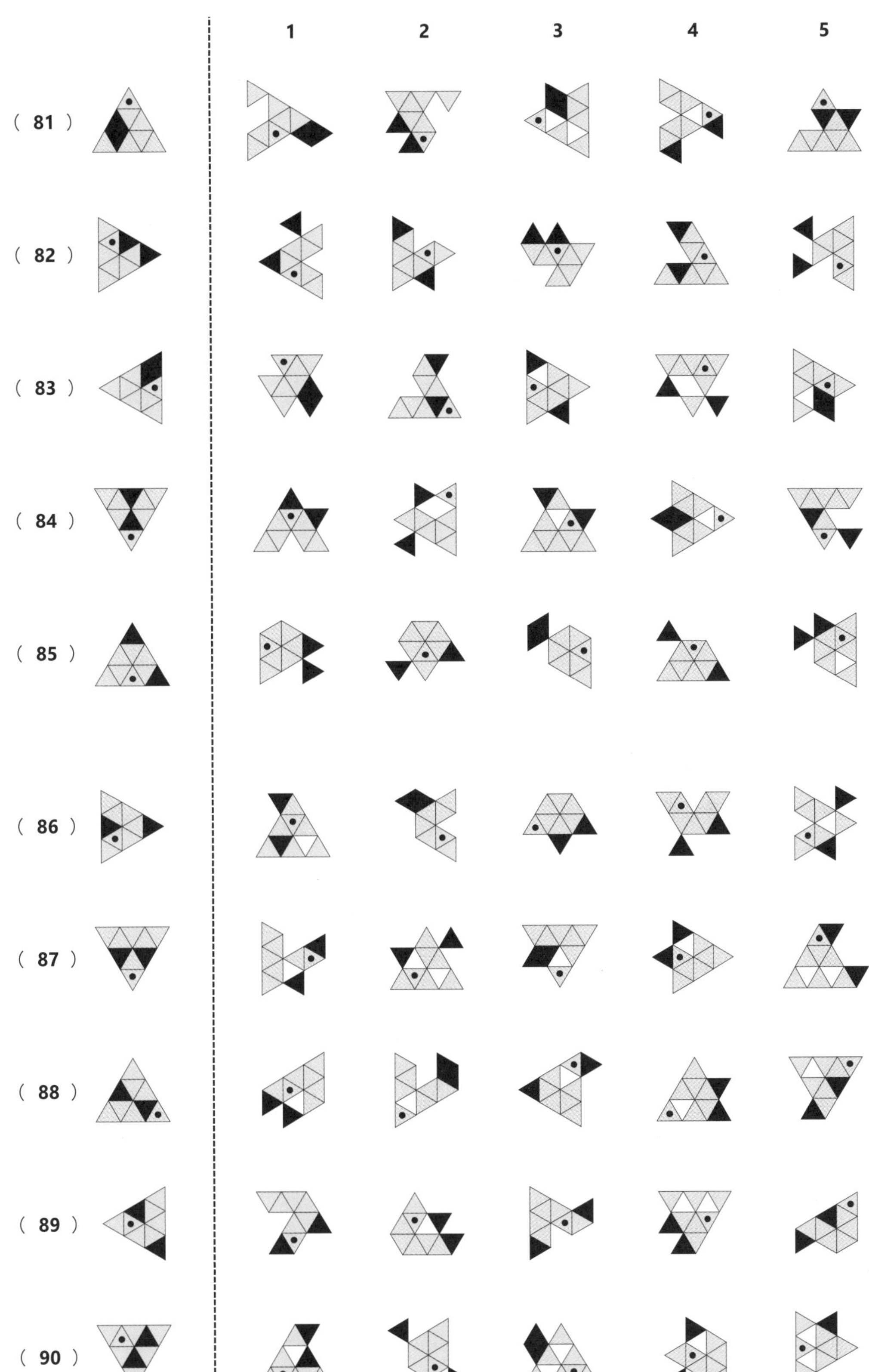

第15回

(手引)

	(1)	(2)	(3)	(4)	(5)
ア	÷	−	＋	÷	×
イ	×	＋	×	−	÷

	演算記号	計算式					1	2	3	4	5
(**91**)	(2)	52	ア	48	イ	5	9	8	7	6	5
(**92**)	(3)	1	ア	4	イ	2	5	6	7	8	9
(**93**)	(1)	48	ア	24	イ	3	8	7	6	5	4
(**94**)	(5)	21	ア	5	イ	35	3	4	5	6	7
(**95**)	(4)	68	ア	17	イ	1	5	4	3	2	1
(**96**)	(3)	2	ア	3	イ	2	9	8	7	6	5
(**97**)	(2)	37	ア	35	イ	3	8	7	6	5	4
(**98**)	(5)	9	ア	14	イ	18	8	7	6	5	4
(**99**)	(4)	28	ア	(15	イ	8)	4	5	6	7	8
(**100**)	(1)	72	ア	24	イ	2	6	5	4	3	2

(手引)

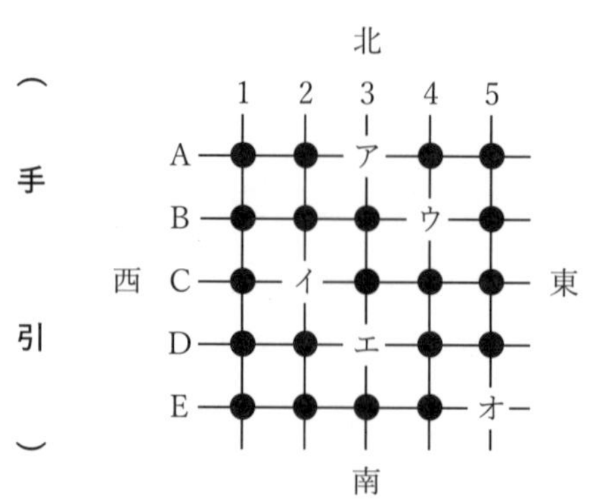

			1	2	3	4	5
(**101**)	オ	西へ4, 北へ4	E 4	B 1	E 5	E 1	A 1
(**102**)	イ	南へ2, 東へ3	E 5	A 5	B 4	E 4	D 4
(**103**)	ウ	西へ1, 南へ1	D 2	E 2	A 3	C 3	E 5
(**104**)	エ	東へ2	D 5	D 4	C 4	B 4	A 4
(**105**)	ウ	南へ2, 西へ3	B 1	D 1	E 1	A 1	C 1
(**106**)	ア	南へ4	D 3	E 3	B 3	C 3	E 2
(**107**)	オ	北へ3, 西へ3	D 1	A 2	E 3	B 2	D 3
(**108**)	ア	南へ2, 西へ1	B 5	C 1	A 3	C 2	B 3
(**109**)	エ	北へ3, 東へ2	A 4	C 4	A 5	D 5	B 5
(**110**)	イ	南へ2	A 2	D 2	C 2	B 2	E 2

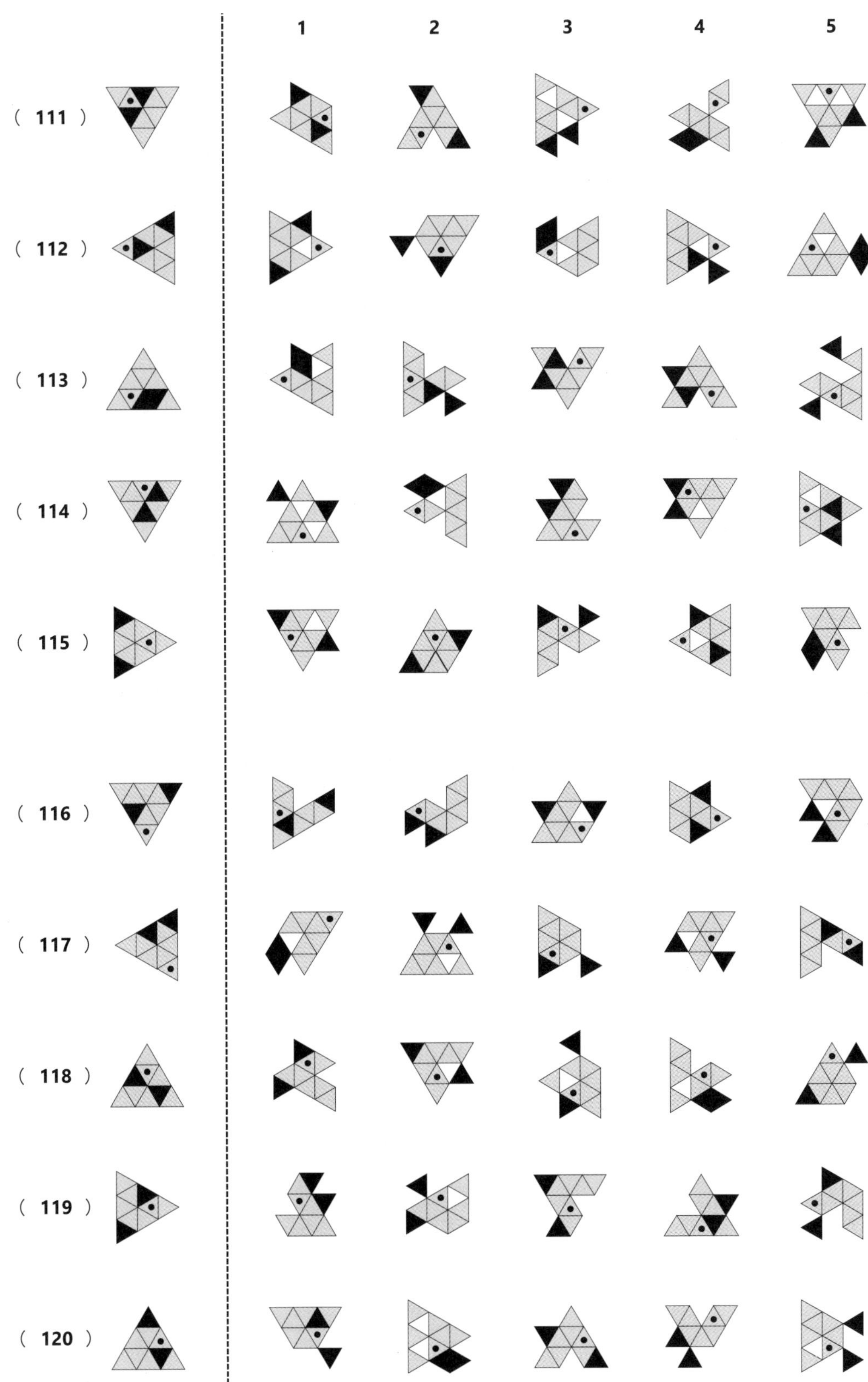
1
2
3
4
5
(111)
(112)
(113)
(114)
(115)
(116)
(117)
(118)
(119)
(120)

トレーニング
第15回 解答

問題番号	正 答	問題番号	正 答	問題番号	正 答	問題番号	正 答
【No. 1】	③	【No. 31】	③	【No. 61】	④	【No. 91】	①
【No. 2】	④	【No. 32】	④	【No. 62】	②	【No. 92】	⑤
【No. 3】	①	【No. 33】	①	【No. 63】	⑤	【No. 93】	③
【No. 4】	②	【No. 34】	④	【No. 64】	④	【No. 94】	①
【No. 5】	⑤	【No. 35】	②	【No. 65】	③	【No. 95】	③
【No. 6】	①	【No. 36】	⑤	【No. 66】	②	【No. 96】	②
【No. 7】	⑤	【No. 37】	⑤	【No. 67】	④	【No. 97】	④
【No. 8】	④	【No. 38】	②	【No. 68】	①	【No. 98】	②
【No. 9】	②	【No. 39】	①	【No. 69】	③	【No. 99】	①
【No. 10】	②	【No. 40】	④	【No. 70】	①	【No.100】	①
【No. 11】	③	【No. 41】	③	【No. 71】	②	【No.101】	⑤
【No. 12】	②	【No. 42】	①	【No. 72】	②	【No.102】	①
【No. 13】	②	【No. 43】	①	【No. 73】	①	【No.103】	④
【No. 14】	③	【No. 44】	②	【No. 74】	③	【No.104】	①
【No. 15】	①	【No. 45】	④	【No. 75】	④	【No.105】	②
【No. 16】	④	【No. 46】	③	【No. 76】	③	【No.106】	②
【No. 17】	⑤	【No. 47】	④	【No. 77】	①	【No.107】	④
【No. 18】	①	【No. 48】	②	【No. 78】	④	【No.108】	④
【No. 19】	⑤	【No. 49】	⑤	【No. 79】	①	【No.109】	③
【No. 20】	④	【No. 50】	③	【No. 80】	⑤	【No.110】	⑤
【No. 21】	②	【No. 51】	②	【No. 81】	②	【No.111】	④
【No. 22】	⑤	【No. 52】	⑤	【No. 82】	⑤	【No.112】	①
【No. 23】	①	【No. 53】	③	【No. 83】	①	【No.113】	③
【No. 24】	④	【No. 54】	①	【No. 84】	④	【No.114】	⑤
【No. 25】	⑤	【No. 55】	④	【No. 85】	③	【No.115】	②
【No. 26】	③	【No. 56】	①	【No. 86】	④	【No.116】	②
【No. 27】	①	【No. 57】	①	【No. 87】	①	【No.117】	①
【No. 28】	③	【No. 58】	④	【No. 88】	②	【No.118】	④
【No. 29】	②	【No. 59】	③	【No. 89】	②	【No.119】	③
【No. 30】	④	【No. 60】	⑤	【No. 90】	③	【No.120】	⑤

トレーニング 第16回 問題

（解答時間：15分間）

検査の説明

検 査 1 この検査は，隣合う数字を，左枠内で指定された演算記号（＋，－，×，÷）に従って計算し，さらにその答の一の位の数字だけを使用して下の段へと計算することを繰り返し，最後に出た答がある箇所と同じ選択肢の番号の位置にマークをするものです。

例題(1)

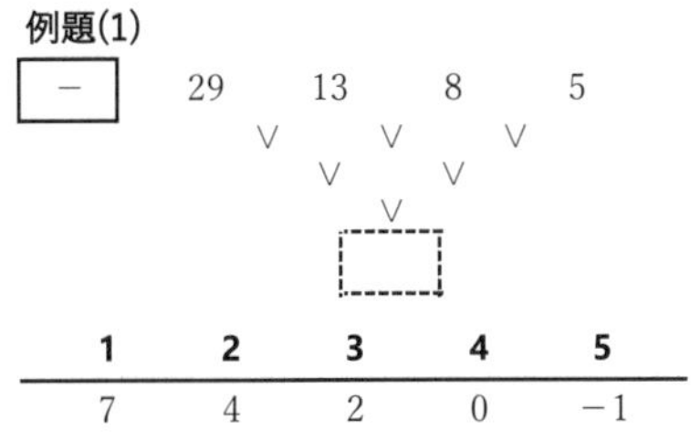

≪解答方法≫

29　13　8　5　←そのまま計算
16　5　3
（一の位　6　5　3　）←一の位について計算
1　2
（一の位　1　2　）←一の位について計算
－1

例題では，指定された演算記号は『－（マイナス）』ですから，≪解答方法≫にあるように，隣合う数字同士について，左にある数字から右にある数字を引きます。具体的には，まず『29－13＝16』『13－8＝5』『8－5＝3』の計算を行い，次に，それぞれの一の位である『6』『5』『3』について同様に引き算を行うと『6－5＝1』『5－3＝2』となり，さらにこれらの答の一の位である『1』『2』について同様に引き算を行うと『1－2＝－1』となりますから，マークは次のようになります。

→ **例題(1)正答**　1 ○　2 ○　3 ○　4 ○　5 ●

検 査 2 この検査は，与えられた三つの文字が，手引の変換文字（(1)，(2)，(3)のいずれかの指定されたもの）にすべて正しく置き換えられた組合せを選択肢の中から選び，その組合せがある箇所と同じ選択肢の番号の位置にマークをするものです。

（手引）

元の文字	わ	も	こ	ち	め	に	う	お	し	は
変換文字(1)	R	H	J	5	K	8	T	4	3	Q
変換文字(2)	2	モ	7	1	6	ニ	ウ	オ	9	ハ
変換文字(3)	ワ	U	コ	チ	メ	P	S	A	シ	E

	変換文字		1	2	3	4	5
例題(2)	(2)	め　は　こ	6　E　J	6　Q　7	6　ハ　7	K　ハ　J	K　Q　コ

例題では，元の文字『め』『は』『こ』を，手引の変換文字(2)に置き換えると，それぞれ『6』『ハ』『7』となりますから，マークは次のようになります。

→ **例題(2)正答**　1 ○　2 ○　3 ●　4 ○　5 ○

検 査 3 この検査は，与えられた文中の下線部の言葉について，五十音図のどの行（あ行，か行，さ行など）の音で始まるかと，使用している文字の種類（漢字，平仮名，片仮名）が何であるかとを正しく組み合わせているものを分類表の中から選び，正しい組合せのある箇所と同じ選択肢の番号の位置にマークをするものです。

（分類表）

1	2	3	4	5
は行 漢字と片仮名	あ行 漢字のみ	た行 漢字と平仮名	あ行 平仮名と片仮名	ら行 片仮名のみ
さ行 漢字と平仮名	ら行 漢字と平仮名	さ行 漢字のみ	た行 片仮名のみ	は行 平仮名のみ
ら行 平仮名のみ	た行 漢字と片仮名	あ行 漢字と平仮名	は行 漢字と平仮名	あ行 漢字と片仮名
た行 漢字のみ	さ行 平仮名と片仮名	は行 片仮名のみ	ら行 漢字と片仮名	さ行 漢字と片仮名

例題(3)　当店では歓迎会に<u>備えて</u>，新しいメニューをご用意いたしました。

例題では，文中の下線部の言葉は，始まりの音『備えて（<u>そ</u>なえて）』ですから『さ行』に分類され，使用している文字は『漢字と平仮名』ですから，正しい組合せは『さ行 漢字と平仮名』となります。これは分類表『**1**』にありますから，マークは次のようになります。

→ **例題(3)正答**　1 ●　2 ○　3 ○　4 ○　5 ○

			1	2	3	4	5
(1)	+	17 9 5 27	5	6	7	8	9
(2)	×	8 2 7 4	8	10	12	14	16
(3)	+	12 17 10 25	10	9	8	7	6
(4)	−	35 19 7 6	−2	−1	0	1	3
(5)	+	22 3 10 8	5	7	9	11	13
(6)	×	11 6 8 3	32	24	20	16	12
(7)	+	16 11 7 32	11	12	13	14	15
(8)	÷	64 16 4	1	2	3	4	5
(9)	+	4 1 2 7	12	11	10	9	8
(10)	−	49 20 12 10	−6	−5	−3	0	1

(手引)

元の文字	ろ	え	の	こ	れ	や	く	し	さ	ん
変換文字(1)	B	Z	8	S	4	G	F	6	3	1
変換文字(2)	ロ	2	ノ	7	レ	5	ク	シ	9	ン
変換文字(3)	O	エ	T	コ	E	ヤ	G	H	サ	Q

	変換文字		1	2	3	4	5
(**11**)	(1)	こ し さ	7 シ 9	S 6 3	S 6 9	コ シ 9	コ H サ
(**12**)	(1)	れ ろ く	4 ロ ク	4 B F	4 B G	レ ロ F	レ B ク
(**13**)	(2)	の さ え	T サ エ	T サ Z	T 9 Z	ノ 9 エ	ノ 9 2
(**14**)	(3)	く や し	G 5 6	G ヤ H	G ヤ シ	ク G H	ク 5 6
(**15**)	(3)	ん れ の	ン レ ノ	ン レ T	Q レ T	Q E ノ	Q E T
(**16**)	(2)	さ く ろ	9 ク ロ	9 ク O	サ G O	サ G ロ	3 ク ロ
(**17**)	(3)	え こ れ	2 7 レ	2 7 4	エ コ 4	エ コ E	エ コ レ
(**18**)	(3)	し え ん	H Z 1	H エ ン	H エ Q	6 2 ン	6 2 Q
(**19**)	(1)	ろ の や	ロ 8 ヤ	ロ T G	B 8 G	B T G	O ノ ヤ
(**20**)	(2)	や ん こ	5 ン 7	5 ン コ	5 Q 7	ヤ Q S	ヤ 1 7

(分類表)

1	2	3	4	5
か行 漢字のみ	ま行 平仮名と片仮名	あ行 漢字と平仮名	ま行 平仮名のみ	な行 漢字と平仮名
あ行 平仮名のみ	た行 片仮名のみ	ま行 片仮名のみ	な行 漢字と片仮名	か行 片仮名のみ
な行 平仮名と片仮名	あ行 漢字と片仮名	た行 漢字と片仮名	か行 漢字と片仮名	た行 漢字と平仮名
ま行 漢字と平仮名	か行 漢字と平仮名	な行 片仮名のみ	た行 平仮名のみ	あ行 漢字のみ

(**21**) コンタクトレンズを落としてしまい，みんなに探してもらった。

(**22**) ボールペンは，独特の構造により弱い力でスムーズな線を書くことができる。

(**23**) 心と身体のリフレッシュのため，温泉旅行に出かけた。

(**24**) わずか２本のたばこで，１日に必要なビタミンＣが失われてしまうという。

(**25**) 旅先では，みかん農家ならではのフレッシュなみかんジュースをいただいた。

(**26**) 明日の数学のテストのために，早めに家に帰って勉強をした。

(**27**) クレヨンは子どもが使うことを前提に作られており，安全な材料だけが配合されている。

(**28**) 安全のため，オートバイに乗る時にはヘルメットを着用しなければならない。

(**29**) タンパク質は，生体の重要な構成成分のひとつである。

(**30**) ぜひ交通安全のポスターを掲示していただきたいと思い，お願いにあがりました。

			1	2	3	4	5
(**31**)	÷	180 10 5	1	2	3	4	5
(**32**)	+	4 14 8 37	5	6	7	8	9
(**33**)	−	45 36 19 8	−4	−3	−1	0	2
(**34**)	+	11 7 6 28	13	11	10	8	7
(**35**)	×	5 3 8 7	0	1	4	5	8
(**36**)	+	5 20 3 36	8	9	10	11	12
(**37**)	−	42 23 15 3	−2	−3	−4	−5	−6
(**38**)	+	18 5 17 40	14	13	12	11	10
(**39**)	×	4 8 6 1	56	48	40	36	32
(**40**)	+	21 4 8 39	12	13	14	15	16

(手引)

元の文字	つ	お	を	ま	た	け	せ	ひ	と	る
変換文字(1)	6	7	B	U	W	R	4	T	3	Y
変換文字(2)	ツ	1	ヲ	マ	5	2	セ	9	ト	8
変換文字(3)	J	オ	A	X	タ	ケ	R	ヒ	H	ル

	変換文字		1	2	3	4	5
(**41**)	(2)	け を つ	R ヲ J	R B ツ	ケ A ツ	2 ヲ 6	2 ヲ ツ
(**42**)	(2)	ま ひ と	マ 9 ト	マ 9 3	マ ヒ H	マ ヒ ト	U 9 3
(**43**)	(1)	る お た	8 1 タ	8 1 5	Y 7 W	Y 7 5	Y 1 W
(**44**)	(1)	と つ せ	H J R	3 J 4	3 J R	3 6 セ	3 6 4
(**45**)	(3)	を た ひ	ヲ W ヒ	ヲ W T	A タ T	A タ ヒ	B タ ヒ
(**46**)	(3)	お け ま	7 R U	7 2 マ	7 2 X	オ ケ X	オ ケ マ
(**47**)	(2)	せ る を	セ 8 ヲ	セ ル ヲ	セ Y A	R Y B	R 8 A
(**48**)	(3)	つ ま る	6 マ 8	J X ル	J X Y	J U 8	J U ル
(**49**)	(1)	た と け	W H R	W 3 2	W 3 R	5 H 2	5 H R
(**50**)	(2)	ひ せ お	ヒ セ 7	9 セ 1	9 セ 7	T R 1	T R 7

(分類表)

1	2	3	4	5
さ行 漢字のみ	な行 平仮名と片仮名	か行 漢字と平仮名	は行 漢字と片仮名	た行 片仮名のみ
か行 平仮名のみ	さ行 漢字と片仮名	は行 平仮名のみ	た行 漢字のみ	な行 漢字と平仮名
は行 片仮名のみ	た行 漢字と平仮名	な行 漢字のみ	さ行 平仮名と片仮名	か行 漢字のみ
な行 漢字と片仮名	は行 漢字のみ	た行 漢字と片仮名	か行 片仮名のみ	さ行 漢字と平仮名

(**51**) オオサンショウウオは，日本に生息する世界最大の現生両生類である。

(**52**) 「カルメン」は，ビゼーの作曲したフランス語によるオペラである。

(**53**) スギ花粉の大量飛散が続いており，昨年の数十倍もの量が観測された。

(**54**) 学校から持ち帰ったほうせんかが，順調に育って花をつけた。

(**55**) フロンガスは自然には存在せず，工業製品として人工的に作られた気体である。

(**56**) 雪が降ったため，タイヤチェーンを装着して高速道路を走行した。

(**57**) 大きなビルでは，非常口や非常階段を前もって確認しておく。

(**58**) ナツメやしは，古い時代からアラブの人々の主食でした。

(**59**) トムは小さい頃から，ロケットに乗って火星へ行くことを夢見ていた。

(**60**) 調理クラブで，小麦粉とバターをいためてホワイトソースを作った。

No.	Operator	Numbers	1	2	3	4	5
(**61**)	+	13 12 3 5	11	9	7	5	3
(**62**)	−	19 5 3 2	−3	0	1	2	4
(**63**)	+	31 2 6 23	7	8	9	10	11
(**64**)	×	2 9 11 3	1	7	12	14	21
(**65**)	+	6 4 10 1	15	13	11	9	7
(**66**)	÷	108 12 4	3	4	5	6	7
(**67**)	+	25 7 5 19	8	9	10	11	12
(**68**)	−	37 20 14 3	−1	−2	−3	−4	−5
(**69**)	+	28 15 9 25	13	15	16	19	20
(**70**)	×	7 2 9 3	24	20	18	16	12

(手引)

元の文字	い	ゆ	め	つ	な	す	る	も	に	あ
変換文字(1)	R	3	2	U	Z	9	C	5	W	V
変換文字(2)	6	ユ	ス	1	8	ス	7	モ	ニ	4
変換文字(3)	イ	B	E	ト	ナ	I	ル	K	T	ア

	変換文字		1	2	3	4	5
(**71**)	(2)	に い つ	W R ト	W R U	ニ イ 1	ニ 6 ト	ニ 6 1
(**72**)	(1)	ゆ つ あ	3 ト 4	3 U 4	3 U V	ユ 1 4	ユ ト ア
(**73**)	(3)	す め な	ス ス 8	I E Z	I E ナ	I 2 Z	I 2 8
(**74**)	(1)	も ゆ い	モ 3 6	モ ユ R	5 ユ イ	5 3 R	5 3 イ
(**75**)	(2)	つ に め	1 ニ ス	1 W 2	ト T E	ト ニ 2	U W ス
(**76**)	(3)	な す も	ナ ス K	ナ I K	ナ I モ	Z 9 K	Z ス モ
(**77**)	(1)	る つ ゆ	7 1 3	7 1 B	7 U 3	C U 3	C U B
(**78**)	(3)	あ も る	ア K ル	ア K C	ア モ ル	ア モ C	4 K C
(**79**)	(2)	め な に	E ナ ニ	E 8 W	E 8 T	ス ナ T	ス 8 ニ
(**80**)	(1)	い あ す	6 ア 9	6 ア ス	R ア ス	R V 9	R V I

(分類表)

1	2	3	4	5
た行 漢字と片仮名	さ行 平仮名のみ	ま行 平仮名のみ	か行 漢字と平仮名	あ行 漢字と片仮名
あ行 漢字と平仮名	か行 平仮名と片仮名	は行 漢字と平仮名	さ行 漢字と片仮名	た行 片仮名のみ
ま行 漢字のみ	は行 漢字と片仮名	か行 漢字と片仮名	あ行 片仮名のみ	さ行 漢字と平仮名
さ行 平仮名と片仮名	た行 漢字と平仮名	や行 漢字と平仮名	た行 平仮名と片仮名	は行 片仮名のみ

(**81**) ひき逃げ事故の目撃者を探している。

(**82**) ユニークな企業戦略が，新しいビジネスモデルとして注目されている。

(**83**) 新しい改革として，子育て支援を強力に推し進めていく。

(**84**) 各地でフェリーや航空便の欠航が相次いだ。

(**85**) アクシデントもいい方向に作用した。

(**86**) チラシの価格は，すべて消費税を含んだ総額表示価格を掲載しています。

(**87**) 授業終了のチャイムが鳴ったら，食堂へ走って行こう。

(**88**) お気をつけてお越し下さい。お待ちしております。

(**89**) 気体が液体にあるときに放出する熱量を凝縮熱という。

(**90**) インフルエンザが発生した鶏舎の鶏を，すべて処分する方針を変更した。

No.	Operation	Numbers	1	2	3	4	5
(**91**)	×	12　7　8　3	16	14	12	8	6
(**92**)	+	9　16　11　26	5	6	7	8	9
(**93**)	÷	96　6　2	0	1	2	3	4
(**94**)	+	8　5　4　3	12	11	10	9	8
(**95**)	−	29　12　6　4	−4	−3	−2	−1	0
(**96**)	+	6　8　4　7	5	7	9	11	13
(**97**)	−	48　30　13　11	−1	−2	−3	−4	−5
(**98**)	+	11　6　8　7	7	8	9	10	11
(**99**)	×	3　5　3　9	30	25	20	15	10
(**100**)	+	8　5　9　6	16	17	18	19	20

(手引)

元の文字	な	や	う	み	そ	ね	き	ろ	て	は
変換文字(1)	6	H	V	7	D	T	N	4	5	F
変換文字(2)	ナ	ヤ	3	ミ	8	ネ	キ	2	9	1
変換文字(3)	G	S	ウ	P	ソ	C	L	ロ	テ	ハ

	変換文字		1	2	3	4	5
(101)	(3)	ね て う	ネ テ ウ	ネ テ V	C テ ウ	C テ V	T テ V
(102)	(2)	き は や	キ 1 ヤ	キ 1 S	L ハ S	L ハ H	L 1 S
(103)	(1)	み な ろ	7 ナ 2	7 6 4	7 6 2	ミ 6 2	ミ ナ 2
(104)	(2)	そ や て	ソ ヤ 5	ソ ヤ テ	8 ヤ 9	8 ヤ 5	8 H 9
(105)	(1)	う み は	V 7 1	V 7 F	V ミ F	3 ミ 1	3 7 F
(106)	(2)	な ね そ	G T 8	G ネ D	6 T D	ナ T 8	ナ ネ 8
(107)	(3)	ろ き み	2 L 7	ロ キ 7	ロ キ P	ロ L P	ロ L ミ
(108)	(1)	や う ね	ヤ ウ ネ	ヤ V C	H 3 T	H V T	H ウ C
(109)	(3)	は そ な	ハ ソ G	ハ ソ ナ	ハ D ナ	1 D G	1 8 G
(110)	(2)	て ろ き	テ 4 キ	テ ロ N	5 2 キ	9 2 N	9 2 キ

(分類表)

1	2	3	4	5
さ行 片仮名のみ	ら行 漢字と片仮名	あ行 漢字と平仮名	た行 漢字のみ	さ行 漢字と片仮名
か行 漢字と平仮名	は行 漢字のみ	さ行 平仮名と片仮名	か行 漢字と片仮名	は行 漢字と平仮名
あ行 漢字と片仮名	さ行 漢字のみ	か行 片仮名のみ	た行 片仮名のみ	ら行 平仮名と片仮名
か行 平仮名のみ	あ行 平仮名と片仮名	ら行 漢字のみ	さ行 漢字と平仮名	あ行 平仮名のみ

(**111**) 安全のため，自動車を運転する際は，シートベルトを装着しなければならない。

(**112**) 専用回線は通話料金の低価格化にも貢献する。

(**113**) 企業のリストラなどで，所得格差が広がっている現状を指摘。

(**114**) 次第に風雨が強まり，高波が押し寄せた。

(**115**) 昨季はチームトップの右腕も，今年は不調が続いている。

(**116**) その店のレジ袋を持参すると，ポイントが2倍になるサービスをする店がある。

(**117**) 今度の中間考査のため，一週間前から勉強を始めた。

(**118**) 確認いたしましたが，こちらはお客様が注文された品物に間違いございません。

(**119**) 生殖細胞の染色体数は，通常体細胞の染色体数の半分である。

(**120**) 人と文化を育み，世界につながる環境と技術の向上を目指している。

トレーニング 第16回 解答

問題番号	正 答	問題番号	正 答	問題番号	正 答	問題番号	正 答
【No. 1】	②	【No. 31】	④	【No. 61】	⑤	【No. 91】	①
【No. 2】	①	【No. 32】	③	【No. 62】	③	【No. 92】	②
【No. 3】	③	【No. 33】	①	【No. 63】	②	【No. 93】	③
【No. 4】	⑤	【No. 34】	④	【No. 64】	④	【No. 94】	⑤
【No. 5】	③	【No. 35】	①	【No. 65】	④	【No. 95】	②
【No. 6】	④	【No. 36】	③	【No. 66】	①	【No. 96】	③
【No. 7】	②	【No. 37】	④	【No. 67】	③	【No. 97】	④
【No. 8】	①	【No. 38】	①	【No. 68】	④	【No. 98】	④
【No. 9】	③	【No. 39】	②	【No. 69】	②	【No. 99】	②
【No. 10】	②	【No. 40】	⑤	【No. 70】	⑤	【No.100】	①
【No. 11】	②	【No. 41】	⑤	【No. 71】	⑤	【No.101】	③
【No. 12】	②	【No. 42】	①	【No. 72】	③	【No.102】	①
【No. 13】	⑤	【No. 43】	③	【No. 73】	③	【No.103】	②
【No. 14】	②	【No. 44】	⑤	【No. 74】	④	【No.104】	③
【No. 15】	⑤	【No. 45】	④	【No. 75】	①	【No.105】	②
【No. 16】	①	【No. 46】	④	【No. 76】	②	【No.106】	⑤
【No. 17】	④	【No. 47】	①	【No. 77】	④	【No.107】	④
【No. 18】	③	【No. 48】	②	【No. 78】	①	【No.108】	④
【No. 19】	③	【No. 49】	③	【No. 79】	⑤	【No.109】	①
【No. 20】	①	【No. 50】	②	【No. 80】	④	【No.110】	⑤
【No. 21】	④	【No. 51】	⑤	【No. 81】	①	【No.111】	③
【No. 22】	②	【No. 52】	④	【No. 82】	②	【No.112】	①
【No. 23】	⑤	【No. 53】	①	【No. 83】	④	【No.113】	⑤
【No. 24】	④	【No. 54】	③	【No. 84】	⑤	【No.114】	④
【No. 25】	①	【No. 55】	②	【No. 85】	④	【No.115】	④
【No. 26】	②	【No. 56】	⑤	【No. 86】	②	【No.116】	②
【No. 27】	③	【No. 57】	②	【No. 87】	⑤	【No.117】	④
【No. 28】	⑤	【No. 58】	②	【No. 88】	①	【No.118】	①
【No. 29】	③	【No. 59】	⑤	【No. 89】	③	【No.119】	②
【No. 30】	①	【No. 60】	③	【No. 90】	⑤	【No.120】	⑤

トレーニング 第17回 問題

（解答時間：15分間）

検査の説明

検査1 この検査は，計算式の中の記号を手引に従って置き換えて計算し，その答がある箇所と同じ選択肢の番号の位置にマークをするものです。

（手引）

☆ ＝ ＋ 4	○ ＝ ÷ 4
◆ ＝ ÷ 2	★ ＝ × 3
● ＝ × 2	◇ ＝ － 5

		1	2	3	4	5
例題(1)	4 ● ＋ 5 ◇ × 2	3	5	7	9	11

例題では，『●…×2』『◇…－5』に置き換えられます。これらを式に代入すると『4×2＋5－5×2』となり計算すると『3』ですから，マークは次のようになります。

→ 例題(1)正答　1●　2○　3○　4○　5○

検査2 この検査は，与えられた資料A，Bをそれぞれ手引A，Bに従って分類し，その結果のローマ数字（Ⅰ，Ⅱ，Ⅲ…）とアルファベット（a，b，c…）の組合せがある箇所と同じ選択肢の番号の位置にマークをするものです。資料A，Bとも－（ハイフン）で区切った左右で分け，左側を手引の縦列，右側を手引の横列で分類するものとします。

（手引）

A	3147 ～ 3205 3288 ～ 3331	3420 ～ 3513 3012 ～ 3146	3206 ～ 3287 3332 ～ 3419
903 ～ 911 935 ～ 958	Ⅴ	Ⅰ	Ⅳ
959 ～ 976 912 ～ 934	Ⅱ	Ⅵ	Ⅲ

B	◇，★	◆，☆
ツ ～ ノ ア ～ カ	c	f
モ ～ ン キ ～ ス	b	e
セ ～ チ ハ ～ メ	a	d

［資料］

	A	B	1	2	3	4	5
例題(2)	943－3508	タ モ ン － ★	Ⅰ d	Ⅳ a	Ⅰ b	Ⅰ a	Ⅴ a

例題では，資料Aの『943－3508』は左側の『943』が手引Aの縦列『935～958』，右側の『3508』が横列『3420～3513』に分類され，その交差するところのローマ数字は『Ⅰ』です。資料Bの『タモン－★』は，左側の『タモン』の一番初めの文字『タ』が手引Bの縦列『セ～チ』，右側の『★』が横列『◇，★』に分類され，その交差するところのアルファベットは『a』です。その結果の組合せは『Ⅰ a』となりますから，マークは次のようになります。

→ 例題(2)正答　1○　2○　3○　4●　5○

検査3 この検査は，与えられたアルファベットの文字列三組を，手引を用いて仮名に置き換え，その結果と同じ選択肢の番号の位置にマークをするものです。

（手引）

	a	b	c	d
A	ク	セ	ト	ン
B	ユ	ケ	ミ	ハ
C	タ	メ	パ	ヤ

		1	2	3	4	5
例題(3)	A c　C d　B a	ト ヤ ユ	ン メ ユ	ト ユ ヤ	ミ ヤ ユ	ト ヤ ケ

例題では，最初の文字列『A c』は，手引中『A』の行と『c』の列が交差する欄にある『ト』に置き換えられます。同様に，『C d』は『ヤ』に，『B a』は『ユ』に置き換えられ，並べると『トヤユ』となりますから，マークは次のようになります。

→ 例題(3)正答　1●　2○　3○　4○　5○

第17回

（手引）

□ ＝ ÷ 3	▼ ＝ ＋ 9
△ ＝ × 4	■ ＝ ÷ 2
▽ ＝ − 7	▲ ＝ × 3

		1	2	3	4	5
（1）	27 ＋ 16 ■ ＋ 9 □	14	22	30	38	46
（2）	6 □ ＋ 11 ▽ × 2	−1	0	1	2	3
（3）	15 ▼ × 2 − 7 △	5	8	11	14	17
（4）	6 △ ÷ 8 ＋ 2 ▽	−3	−2	−1	0	1
（5）	16 ＋ 5 ▼ − 6 ■	30	27	24	21	18
（6）	37 ＋ 6 ■ × 3 ▽	41	40	39	38	37
（7）	44 − 42 □ − 5 ▲	11	13	15	17	19
（8）	11 ▽ ＋ 5 △ − 1	20	21	22	23	24
（9）	3 ＋ 30 □ − 2 △	6	5	4	3	2
（10）	8 ▲ − 7 △ − 1	3	1	−1	−3	−5

（手引）

A	4580 ～ 4715 4237 ～ 4408	4013 ～ 4236 4716 ～ 4821	4822 ～ 4990 4409 ～ 4579
330 ～ 352 372 ～ 397	Ⅰ	Ⅲ	Ⅴ
308 ～ 329 353 ～ 371	Ⅱ	Ⅳ	Ⅵ

B	◇，◆	□，■
ヨ ～ ン ア ～ ク	c	d
タ ～ ニ ホ ～ ユ	b	a
ケ ～ ソ ヌ ～ ヘ	f	e

[資料]

	A	B	1	2	3	4	5
（11）	316−4604	マエノ − ■	Ⅳ b	Ⅱ a	Ⅳ a	Ⅱ b	Ⅲ a
（12）	344−4230	サエキ − ◇	Ⅲ f	Ⅴ e	Ⅰ f	Ⅲ e	Ⅴ f
（13）	338−4757	アクネ − ◆	Ⅲ e	Ⅲ b	Ⅲ c	Ⅲ f	Ⅲ a
（14）	310−4451	エトウ − □	Ⅵ d	Ⅱ c	Ⅳ d	Ⅵ c	Ⅱ d
（15）	385−4903	ツツミ − ■	Ⅴ f	Ⅲ a	Ⅲ b	Ⅴ a	Ⅱ c
（16）	370−4813	ハマダ − □	Ⅵ e	Ⅵ f	Ⅳ e	Ⅰ f	Ⅳ f
（17）	351−4532	カサイ − ■	Ⅰ d	Ⅴ c	Ⅲ d	Ⅴ d	Ⅰ c
（18）	322−4046	ミヤケ − ◇	Ⅳ a	Ⅵ b	Ⅳ f	Ⅵ a	Ⅳ b
（19）	393−4188	ナルセ − ◆	Ⅲ b	Ⅲ f	Ⅲ e	Ⅲ a	Ⅲ d
（20）	377−4375	フルベ − □	Ⅵ a	Ⅰ e	Ⅵ c	Ⅰ b	Ⅵ e

（手引）

	a	b	c	d
A	フ	エ	ク	ル
B	モ	ソ	ゲ	ウ
C	ペ	テ	イ	チ

				1	2	3	4	5
（21）	C c	B d	A a	イルフ	イウフ	イウモ	イゲフ	テウフ
（22）	B d	C a	A c	ウペク	ウペエ	ウペル	ウモク	ウモエ
（23）	A a	B c	C d	フクイ	フソチ	フクチ	フゲイ	フゲチ
（24）	B b	A c	C d	ソクチ	ソクウ	ソクイ	ソエチ	ソクル
（25）	C b	B a	A b	テモソ	テペエ	テモエ	テモフ	テフエ

				1	2	3	4	5
（26）	B c	A d	C a	ゲルク	ゲエペ	ゲルモ	ゲルペ	ゲクペ
（27）	A d	C c	B b	ルイソ	ルイモ	ルテソ	ルテモ	ルイエ
（28）	C a	A b	B c	ペエテ	ペエゲ	ペエイ	ペフゲ	ペフテ
（29）	A d	C b	B a	クテモ	ルペモ	ルソモ	ルテフ	ルテモ
（30）	C d	B b	A c	チソク	チソエ	チモク	チモエ	チエク

（手引）

□ ＝ ÷ 4	▲ ＝ − 6
■ ＝ × 5	▽ ＝ ÷ 2
△ ＝ ＋ 3	▼ ＝ × 4

		1	2	3	4	5
（31）	45 ▲ ＋ 3 ■ − 28	18	20	24	26	28
（32）	25 − 48 □ ＋ 2 ▲	9	10	11	12	13
（33）	20 □ − 2 ▼ ＋ 7	12	10	8	6	4
（34）	36 □ × 3 − 6 ▼	2	3	4	5	6
（35）	13 ＋ 16 ▽ × 3 ▲	35	31	27	23	19
（36）	9 ■ ÷ 3 − 5 ▲	4	7	10	13	16
（37）	8 ▼ − 6 ▽ ＋ 4	13	18	23	28	33
（38）	19 ＋ 16 □ − 7 △	21	20	19	18	17
（39）	18 △ × 5 ＋ 16 ▽	35	37	39	41	43
（40）	14 − 7 ▲ − 8 □	−2	−1	0	1	2

（手引）

A	2710 ～ 2824 2376 ～ 2511	2512 ～ 2621 2825 ～ 2911	2218 ～ 2375 2622 ～ 2709
145 ～ 166 107 ～ 128	Ⅲ	Ⅱ	Ⅰ
167 ～ 190 129 ～ 144	Ⅳ	Ⅴ	Ⅵ

B	☆，★	○，●
ヌ ～ ヘ コ ～ ソ	a	b
ラ ～ ン タ ～ ニ	c	d
ア ～ ケ ホ ～ ヨ	e	f

[資料]

	A	B	1	2	3	4	5
（41）	126－2249	マワシ－○	Ⅰ f	Ⅲ e	Ⅲ f	Ⅰ e	Ⅰ b
（42）	132－2454	ネコタ－★	Ⅴ b	Ⅳ a	Ⅴ d	Ⅳ b	Ⅴ a
（43）	120－2632	ナミノ－☆	Ⅱ c	Ⅰ a	Ⅲ a	Ⅰ c	Ⅱ a
（44）	171－2365	ノモト－★	Ⅵ a	Ⅵ e	Ⅳ e	Ⅳ a	Ⅳ b
（45）	175－2903	モガタ－☆	Ⅴ a	Ⅴ f	Ⅴ c	Ⅴ e	Ⅴ d
（46）	153－2897	ササキ－●	Ⅱ f	Ⅲ b	Ⅱ a	Ⅲ f	Ⅱ b
（47）	185－2548	テルヤ－☆	Ⅴ d	Ⅵ c	Ⅴ c	Ⅵ d	Ⅴ a
（48）	164－2691	スドウ－★	Ⅰ b	Ⅵ c	Ⅰ a	Ⅵ b	Ⅵ a
（49）	109－2386	ワタセ－○	Ⅱ f	Ⅲ d	Ⅲ c	Ⅱ d	Ⅲ f
（50）	150－2713	ハサカ－●	Ⅲ a	Ⅰ b	Ⅲ d	Ⅰ d	Ⅲ b

（手引）

	a	b	c	d
A	け	ほ	と	む
B	を	へ	ふ	で
C	き	れ	し	こ

				1	2	3	4	5
(51)	B a	A c	C b	をとへ	をほれ	をとれ	をとき	をほへ
(52)	A d	C a	B c	むけふ	むをふ	むきへ	むきと	むきふ
(53)	C a	A d	B b	きむを	きむへ	きむほ	きとへ	きふへ
(54)	B c	A b	C a	ふけき	ふほけ	ふほを	ふほき	ふをき
(55)	A b	C c	B d	ほしこ	ほしむ	ほしで	ほれで	ほふむ

(56)	C b	B d	A c	れでと	れでほ	れふと	れむと	れでむ
(57)	B d	C b	A b	でれほ	でへほ	できほ	でれけ	でれと
(58)	A a	B b	C d	けをこ	けへで	けほこ	けへし	けへこ
(59)	C d	B c	A a	こふけ	こふほ	ことけ	こへけ	こふを
(60)	B b	A a	C c	へけれ	へけし	へけと	へをし	へほし

（手引）

● ＝ ＋ 5	☆ ＝ ÷ 3
◇ ＝ ÷ 2	◎ ＝ × 2
○ ＝ × 3	★ ＝ − 4

		1	2	3	4	5
（61）	26 ＋ 32 ◇ − 7 ◎	20	22	24	26	28
（62）	18 ◇ × 6 ★ × 8	26	25	24	23	22
（63）	23 − 45 ☆ − 6 ◎	2	0	−2	−4	−6
（64）	12 ☆ × 6 ● − 7	22	24	26	28	30
（65）	8 ○ ÷ 4 ★ ＋ 5	7	8	9	10	11
（66）	9 ◎ ＋ 15 ★ × 2	28	25	22	19	16
（67）	21 − 9 ☆ ＋ 5 ○	29	31	33	35	37
（68）	4 ● ＋ 11 ◎ − 16	16	15	14	13	12
（69）	25 − 18 ★ ＋ 5 ◎	19	17	15	13	11
（70）	17 ● − 14 ◇ ＋ 19	24	29	34	39	44

（手引）

A	8524 ～ 8641 8006 ～ 8195	8355 ～ 8523 8642 ～ 8800	8801 ～ 8977 8196 ～ 8354
771 ～ 793 722 ～ 749	Ⅳ	Ⅴ	Ⅵ
750 ～ 770 702 ～ 721	Ⅰ	Ⅱ	Ⅲ

B	●，△	■，☆
ヒ ～ ヨ ア ～ カ	f	e
ラ ～ ン セ ～ テ	c	d
キ ～ ス ト ～ ハ	b	a

[資料]

	A	B	1	2	3	4	5
（71）	731−8279	ノウミ − ●	Ⅵ d	Ⅵ a	Ⅵ c	Ⅵ e	Ⅵ b
（72）	757−8741	クサノ − △	Ⅲ b	Ⅱ b	Ⅲ a	Ⅵ b	Ⅱ a
（73）	768−8128	シライ − ■	Ⅰ a	Ⅵ e	Ⅲ a	Ⅰ e	Ⅵ a
（74）	773−8634	チヂワ − ☆	Ⅴ c	Ⅳ d	Ⅴ a	Ⅳ c	Ⅴ d
（75）	742−8377	タカセ − ■	Ⅴ e	Ⅴ c	Ⅴ b	Ⅴ a	Ⅴ d
（76）	745−8252	ユイタ − ☆	Ⅵ c	Ⅵ f	Ⅵ d	Ⅵ e	Ⅵ a
（77）	724−8580	ホアシ − ●	Ⅱ e	Ⅴ f	Ⅳ f	Ⅱ f	Ⅳ e
（78）	779−8516	フナキ − △	Ⅵ b	Ⅴ c	Ⅵ f	Ⅴ b	Ⅴ f
（79）	708−8893	ミクマ − ■	Ⅵ a	Ⅲ a	Ⅵ b	Ⅲ e	Ⅲ b
（80）	714−8425	ソノベ − △	Ⅱ b	Ⅲ d	Ⅱ c	Ⅲ b	Ⅲ c

（手引）

	a	b	c	d
A	エ	ヤ	パ	ム
B	ナ	ホ	ネ	セ
C	ツ	オ	シ	カ

				1	2	3	4	5
(**81**)	B b	A a	C c	ホナシ	ホエシ	ホエネ	ナエツ	ホヤシ
(**82**)	C b	B d	A b	オネヤ	オムヤ	ホセエ	オセエ	オセヤ
(**83**)	B c	C b	A a	ネオエ	ネツヤ	ネツエ	ネホヤ	ネオヤ
(**84**)	C d	B a	A b	カナエ	カナヤ	カエヤ	カツヤ	セエシ
(**85**)	A d	C a	B b	ムツヤ	ムチホ	エナホ	ムツナ	ムツホ

				1	2	3	4	5
(**86**)	C b	A d	B a	オムナ	オムエ	ツパナ	オセエ	オパナ
(**87**)	B a	A c	C d	ナパシ	ナパカ	ナパセ	ナヤカ	ナヤセ
(**88**)	C d	A c	C a	カパチ	セパツ	カパナ	カパツ	カヤツ
(**89**)	A b	C c	B d	エシセ	ヤシネ	ヤネセ	ヤシム	ヤシセ
(**90**)	B b	C d	A c	ホセム	ホカセ	ホカパ	ホカム	ホセパ

（手引）

◇ ＝ × 2	● ＝ − 7
◎ ＝ ÷ 3	☆ ＝ × 3
◆ ＝ ＋ 5	○ ＝ ÷ 2

		1	2	3	4	5
（ **91** ）	51 − 12 ◎ × 6 ◆	32	31	30	29	28
（ **92** ）	9 ＋ 24 ◆ − 8 ◇	14	18	22	26	30
（ **93** ）	8 ☆ ÷ 4 ＋ 6 ◎	9	8	7	6	5
（ **94** ）	31 − 9 ◇ − 4 ◆	14	13	12	11	10
（ **95** ）	34 ○ − 6 ☆ ＋ 8	31	25	19	13	7
（ **96** ）	7 ☆ − 12 ○ × 4	3	1	−1	−3	−5
（ **97** ）	12 ＋ 9 ◎ − 8 ◆	6	8	10	12	14
（ **98** ）	23 ◆ − 5 ☆ ＋ 9	25	22	19	16	13
（ **99** ）	5 ＋ 14 ◇ ÷ 7 ●	6	5	4	3	2
（ **100** ）	17 ● × 2 ＋ 8 ○	35	28	21	14	7

（手引）

A	6225 ～ 6409 6707 ～ 6840	6841 ～ 6981 6410 ～ 6583	6584 ～ 6706 6011 ～ 6224
505 ～ 527 550 ～ 576	Ⅴ	Ⅳ	Ⅲ
528 ～ 549 577 ～ 600	Ⅵ	Ⅰ	Ⅱ

B	△，▲	▽，▼
ケ ～ ソ ナ ～ ヒ	f	c
タ ～ ト ヨ ～ ン	e	b
ア ～ ク フ ～ ユ	d	a

[資料]

	A	B	1	2	3	4	5
（ **101** ）	564－6185	エガワ－▲	Ⅱ d	Ⅱ a	Ⅲ d	Ⅱ c	Ⅲ f
（ **102** ）	555－6433	サトウ－△	Ⅴ f	Ⅳ c	Ⅴ a	Ⅳ f	Ⅴ c
（ **103** ）	516－6260	ロクタ－▲	Ⅲ e	Ⅴ b	Ⅲ b	Ⅴ e	Ⅱ e
（ **104** ）	547－6872	マキセ－▽	Ⅰ a	Ⅳ c	Ⅰ d	Ⅳ a	Ⅰ c
（ **105** ）	595－6386	シモチ－▼	Ⅵ b	Ⅱ c	Ⅱ b	Ⅵ c	Ⅵ f
（ **106** ）	583－6608	ホンマ－▽	Ⅰ c	Ⅱ d	Ⅰ a	Ⅱ c	Ⅱ a
（ **107** ）	529－6574	ニイミ－▼	Ⅰ b	Ⅳ b	Ⅰ e	Ⅳ e	Ⅰ c
（ **108** ）	572－6749	ムカイ－△	Ⅲ d	Ⅴ f	Ⅴ d	Ⅲ f	Ⅴ a
（ **109** ）	509－6210	テシマ－▲	Ⅴ f	Ⅲ e	Ⅲ f	Ⅴ d	Ⅲ b
（ **110** ）	531－6807	ツキギ－▽	Ⅵ b	Ⅵ f	Ⅵ c	Ⅵ e	Ⅵ a

（手引）

	a	b	c	d
A	ろ	い	ち	の
B	ん	み	は	り
C	あ	す	わ	さ

				1	2	3	4	5
（ **111** ）	A c	C a	B d	ちえは	ちあは	ちえさ	ちあり	ちえり
（ **112** ）	C b	A a	B d	すろは	すろり	すろの	すんり	すんは
（ **113** ）	A b	B a	C b	いみあ	いろあ	ばんあ	いんす	いんみ
（ **114** ）	B a	C d	A d	んさち	んさの	んさり	んわり	んわの
（ **115** ）	C d	B b	A d	さみま	さみこ	さみの	さいま	さすま

				1	2	3	4	5
（ **116** ）	B b	C c	A c	みりち	みすち	みわろ	みわい	みわち
（ **117** ）	A b	B c	C a	いちあ	いはん	いはあ	いみあ	いみん
（ **118** ）	B c	A a	C c	はんわ	はろわ	はろす	みろわ	はんす
（ **119** ）	C c	B b	A c	わみの	わちの	わはい	わはち	わみち
（ **120** ）	A d	B d	C a	のはん	のはあ	のりん	のりあ	ちりあ

第17回

トレーニング 第17回 解答

問題番号	正 答	問題番号	正 答	問題番号	正 答	問題番号	正 答
【No. 1】	④	【No. 31】	④	【No. 61】	⑤	【No. 91】	①
【No. 2】	①	【No. 32】	①	【No. 62】	⑤	【No. 92】	③
【No. 3】	①	【No. 33】	⑤	【No. 63】	④	【No. 93】	②
【No. 4】	②	【No. 34】	②	【No. 64】	①	【No. 94】	①
【No. 5】	②	【No. 35】	②	【No. 65】	①	【No. 95】	⑤
【No. 6】	③	【No. 36】	①	【No. 66】	②	【No. 96】	④
【No. 7】	③	【No. 37】	⑤	【No. 67】	③	【No. 97】	④
【No. 8】	④	【No. 38】	③	【No. 68】	②	【No. 98】	②
【No. 9】	②	【No. 39】	④	【No. 69】	④	【No. 99】	⑤
【No. 10】	⑤	【No. 40】	②	【No. 70】	③	【No.100】	⑤
【No. 11】	②	【No. 41】	①	【No. 71】	⑤	【No.101】	③
【No. 12】	①	【No. 42】	②	【No. 72】	②	【No.102】	④
【No. 13】	③	【No. 43】	④	【No. 73】	①	【No.103】	④
【No. 14】	①	【No. 44】	①	【No. 74】	②	【No.104】	①
【No. 15】	④	【No. 45】	④	【No. 75】	⑤	【No.105】	④
【No. 16】	③	【No. 46】	⑤	【No. 76】	④	【No.106】	⑤
【No. 17】	④	【No. 47】	③	【No. 77】	③	【No.107】	⑤
【No. 18】	⑤	【No. 48】	③	【No. 78】	⑤	【No.108】	③
【No. 19】	①	【No. 49】	②	【No. 79】	④	【No.109】	②
【No. 20】	②	【No. 50】	⑤	【No. 80】	③	【No.110】	①
【No. 21】	②	【No. 51】	③	【No. 81】	②	【No.111】	④
【No. 22】	①	【No. 52】	⑤	【No. 82】	⑤	【No.112】	②
【No. 23】	⑤	【No. 53】	②	【No. 83】	①	【No.113】	④
【No. 24】	①	【No. 54】	④	【No. 84】	②	【No.114】	②
【No. 25】	③	【No. 55】	③	【No. 85】	⑤	【No.115】	③
【No. 26】	④	【No. 56】	①	【No. 86】	①	【No.116】	⑤
【No. 27】	①	【No. 57】	①	【No. 87】	②	【No.117】	③
【No. 28】	②	【No. 58】	⑤	【No. 88】	④	【No.118】	②
【No. 29】	⑤	【No. 59】	①	【No. 89】	⑤	【No.119】	⑤
【No. 30】	①	【No. 60】	②	【No. 90】	③	【No.120】	④

トレーニング
第18回 問題

（解答時間：15分間）

検査の説明

検査1 この検査は，与えられた数式を計算し，さらに（　）内の指示に従って計算したときの結果の数値がある箇所と同じ選択肢の番号の位置にマークをするものです。

	1	2	3	4	5
例題(1)　3 ＋ 13 ＋ 8 （半分）	8	9	10	11	12

例題では，計算すると『24』となり，『(その)半分』という指示に従って計算すると『12』となりますから，マークは次のようになります。

→ **例題(1)正答**　1 ○　2 ○　3 ○　4 ○　5 ●

検査2 この検査は，行と列が数字とローマ数字で示された手引の中から，与えられた数字とローマ数字の交点にある記号を抜き出し，それを分類表によって分類したときに当てはまる記号を選び，その記号がある箇所と同じ選択肢の番号の位置にマークをするものです。

（手引）

	V	II	III	IV	I
1	9	A	ホ	よ	a
4	ナ	し	D	m	40
2	R	x	わ	16	ヌ
5	め	58	e	メ	P
3	i	ト	34	K	を

（分類表）

	大文字	小文字
	偶　数	奇　数
	平仮名	片仮名
英　字	□	¥
数　値	♯	○
仮　名	★	?

	1	2	3	4	5
例題(2)　1 ・ III	★	♯	?	○	¥

例題では，手引の中の『1の行』と『IIIの列』の交点にあるのは『ホ』です。これは，仮名であって，また，片仮名でもありますから，分類表では『？』に分類されます。よって，マークは次のようになります。

→ **例題(2)正答**　1 ○　2 ○　3 ●　4 ○　5 ○

検査3 この検査は，左の正方形を構成しているパーツを裏返すことなく移動させて，その構成パーツと同じものだけでできている図形を選択肢のうちから選び，その答がある箇所と同じ選択肢の番号の位置にマークをするものです。

例題(3)

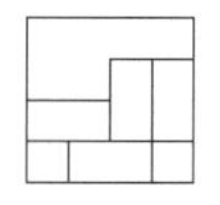

1
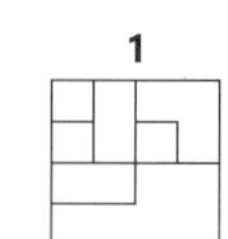

2
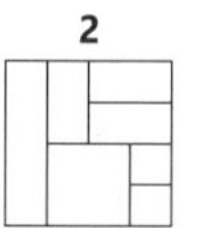

3
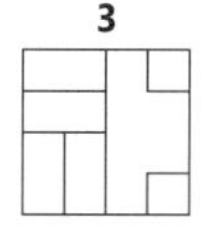

4
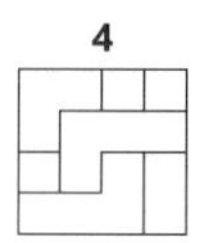

5
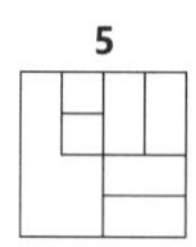

例題では，左の正方形を構成しているパーツだけを使ってできているのは『**5**』ですから，マークは次のようになります。

→ **例題(3)正答**　1 ○　2 ○　3 ○　4 ○　5 ●

		1	2	3	4	5
(**1**)	6 + 4 + 25 (8割)	25	26	27	28	29
(**2**)	9 + 11 + 5 (60%)	15	16	17	18	19
(**3**)	14 + 7 + 3 (2倍)	44	45	46	47	48
(**4**)	5 + 1 + 14 (6割)	14	13	12	11	10
(**5**)	22 + 7 + 3 (8分の1)	8	7	6	5	4
(**6**)	9 + 18 + 3 (70%)	23	22	21	20	19
(**7**)	2 + 5 + 20 (9分の1)	3	4	5	6	7
(**8**)	5 + 15 + 6 (半分)	11	13	15	17	19
(**9**)	13 + 2 + 6 (4倍)	85	84	83	82	81
(**10**)	4 + 12 + 5 (7分の1)	6	5	4	3	2

(手引)

	三	五	四	一	二
V	Y	イ	7	え	r
IV	30	T	o	ル	に
III	ふ	y	ミ	26	N
II	シ	の	V	j	55
I	c	47	つ	S	ソ

(分類表)

	大文字	小文字
	奇数	偶数
	片仮名	平仮名
数値	♪	△
仮名	★	□
英字	♯	○

		1	2	3	4	5
(**11**)	II・三	□	♪	★	○	♯
(**12**)	IV・五	★	○	□	♯	△
(**13**)	III・一	△	★	♯	○	♪
(**14**)	V・二	♯	△	□	★	○
(**15**)	I・四	○	□	♯	△	★
(**16**)	I・五	♯	★	○	♪	□
(**17**)	III・四	★	○	△	□	♯
(**18**)	V・三	○	★	♯	♪	△
(**19**)	IV・二	★	♯	○	△	□
(**20**)	II・一	♪	○	△	★	♯

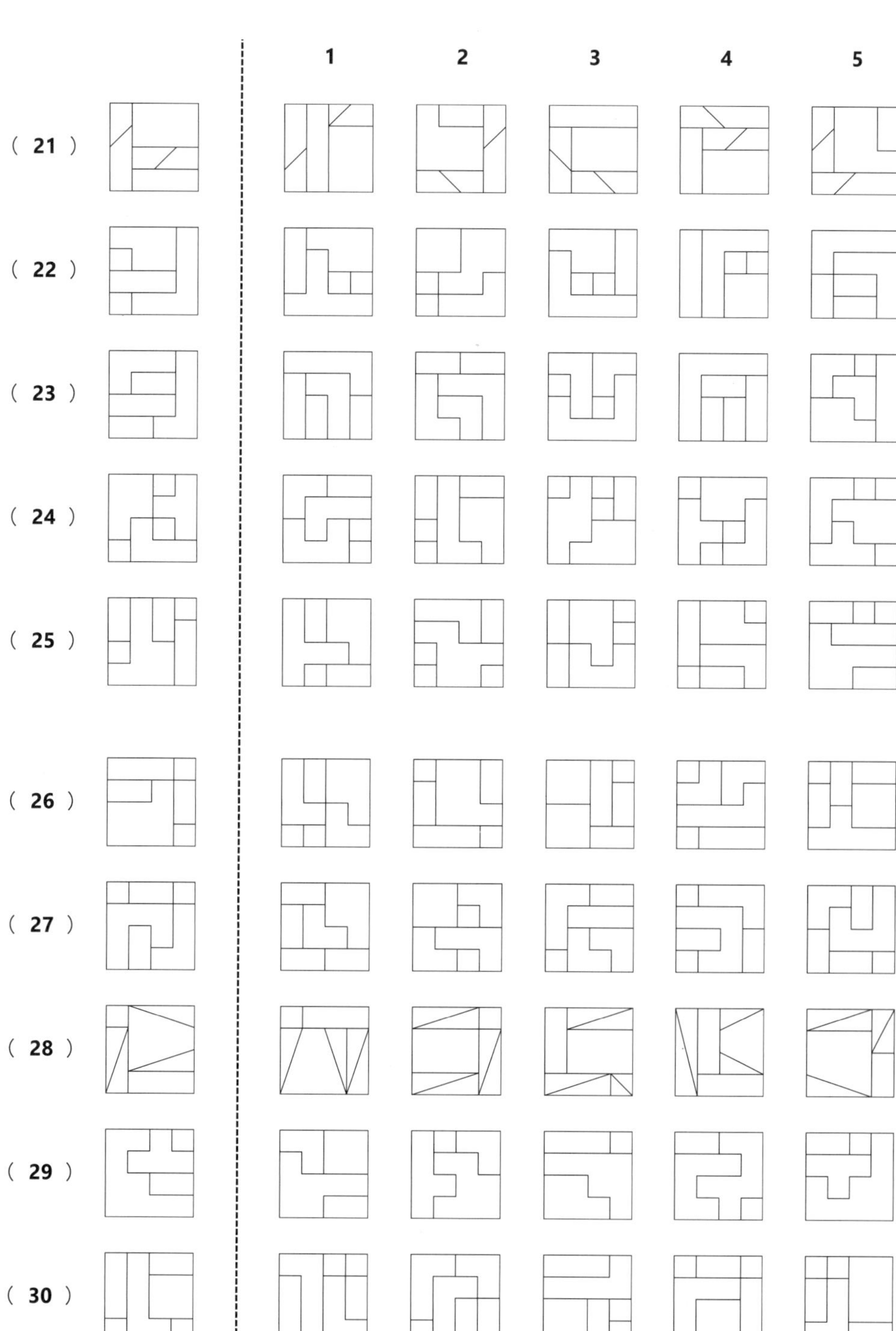

第18回

		1	2	3	4	5
(**31**)	24 ＋ 2 ＋ 7 （2倍）	66	65	64	63	62
(**32**)	23 ＋ 8 ＋ 9 （15%）	5	6	7	8	9
(**33**)	17 ＋ 4 ＋ 7 （半分）	17	16	15	14	13
(**34**)	9 ＋ 13 ＋ 3 （4割）	50	40	30	20	10
(**35**)	7 ＋ 8 ＋ 15 （30%）	13	11	9	7	5
(**36**)	7 ＋ 27 ＋ 15 （7分の1）	3	4	5	6	7
(**37**)	5 ＋ 18 ＋ 6 （3倍）	83	85	87	89	91
(**38**)	6 ＋ 11 ＋ 8 （5分の1）	8	7	6	5	4
(**39**)	3 ＋ 25 ＋ 6 （5割）	16	17	18	19	20
(**40**)	14 ＋ 5 ＋ 9 （4分の1）	7	6	5	4	3

（手引）

	II	I	III	V	IV
1	n	38	I	チ	ら
2	Z	は	25	a	セ
3	9	ユ	い	W	f
4	キ	B	u	め	47
5	り	p	ノ	12	Q

（分類表）

	小文字 / 奇　数 / 平仮名	大文字 / 偶　数 / 片仮名
仮　名	◇	▲
数　値	●	□
英　字	☆	※

		1	2	3	4	5
(**41**)	5 ・ I	※	▲	●	◇	☆
(**42**)	1 ・ IV	☆	◇	※	●	▲
(**43**)	2 ・ III	●	※	◇	▲	□
(**44**)	4 ・ II	◇	●	▲	☆	※
(**45**)	3 ・ V	▲	☆	◇	※	●
(**46**)	1 ・ I	□	※	☆	▲	◇
(**47**)	2 ・ V	※	◇	▲	☆	●
(**48**)	5 ・ III	☆	□	※	◇	▲
(**49**)	4 ・ IV	◇	●	☆	▲	※
(**50**)	3 ・ III	●	▲	◇	※	☆

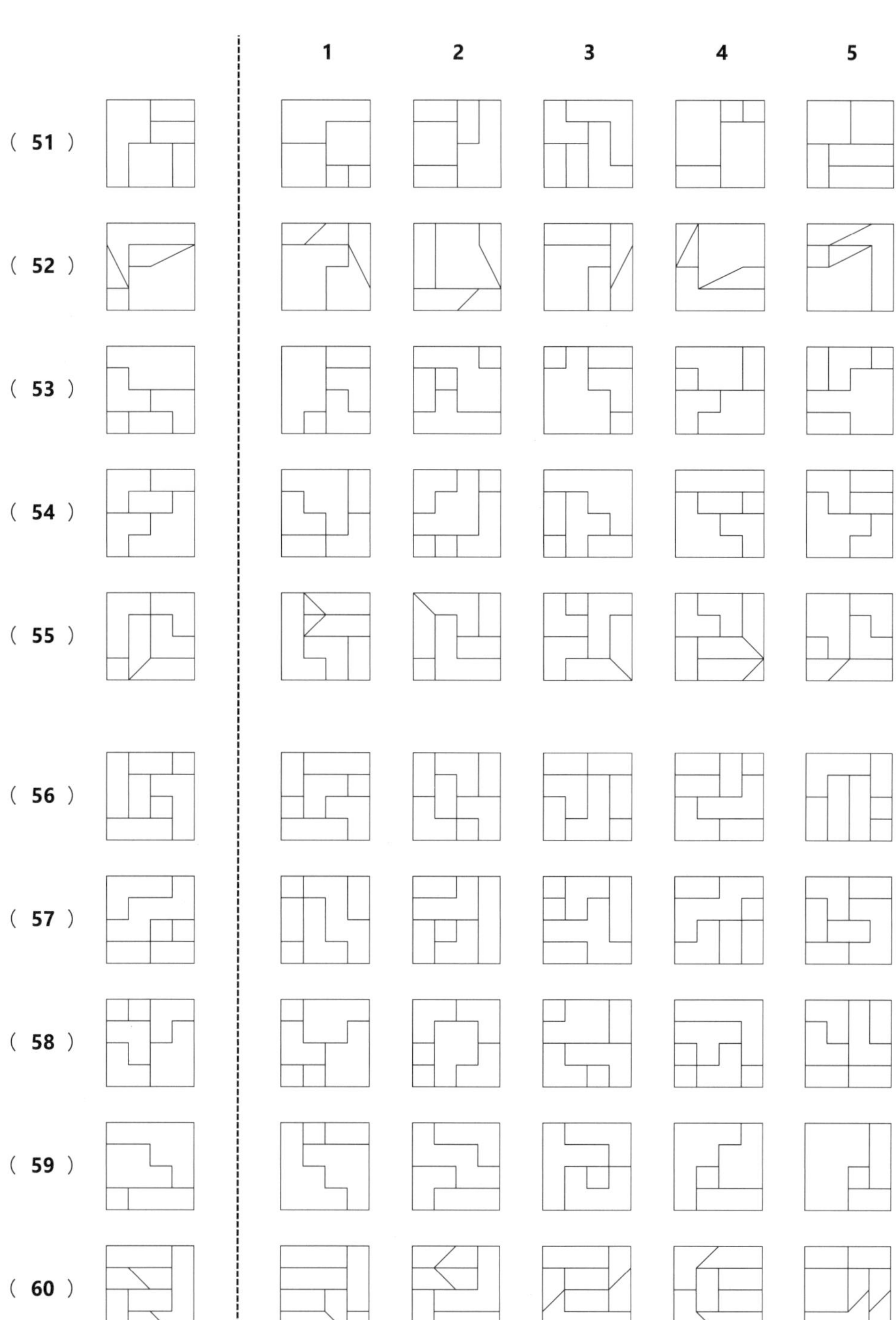

第18回

		1	2	3	4	5
(**61**)	3 ＋ 5 ＋ 25 （2倍）	65	66	67	68	69
(**62**)	22 ＋ 4 ＋ 6 （半分）	15	16	17	18	19
(**63**)	5 ＋ 12 ＋ 3 （1割）	2	3	4	5	6
(**64**)	1 ＋ 9 ＋ 15 （80%）	22	21	20	19	18
(**65**)	2 ＋ 4 ＋ 19 （2割）	9	8	7	6	5
(**66**)	3 ＋ 1 ＋ 16 （5%）	5	4	3	2	1
(**67**)	24 ＋ 8 ＋ 2 （2分の1）	17	18	19	20	21
(**68**)	13 ＋ 2 ＋ 8 （4倍）	94	93	92	91	90
(**69**)	9 ＋ 16 ＋ 7 （25%）	11	10	9	8	7
(**70**)	6 ＋ 5 ＋ 13 （8分の1）	6	5	4	3	2

（手引）

	三	二	四	一	五
1	ク	41	u	F	し
2	q	い	J	17	ロ
3	L	マ	ん	x	32
4	た	N	64	ヒ	g
5	29	h	ツ	め	B

（分類表）

	小文字	大文字
	偶　数	奇　数
	平仮名	片仮名
数　値	@	◇
英　字	▲	!
仮　名	$	◎

		1	2	3	4	5
(**71**)	4 ・ 四	◎	!	@	$	▲
(**72**)	5 ・ 一	▲	@	◎	!	$
(**73**)	2 ・ 五	◇	◎	$	@	!
(**74**)	1 ・ 二	$	!	▲	◇	◎
(**75**)	3 ・ 三	!	◇	◎	$	▲
(**76**)	4 ・ 五	◎	▲	@	!	$
(**77**)	2 ・ 二	$	!	◇	◎	▲
(**78**)	5 ・ 三	!	◎	▲	$	◇
(**79**)	1 ・ 一	▲	$	!	◇	◎
(**80**)	3 ・ 二	@	▲	$	◎	!

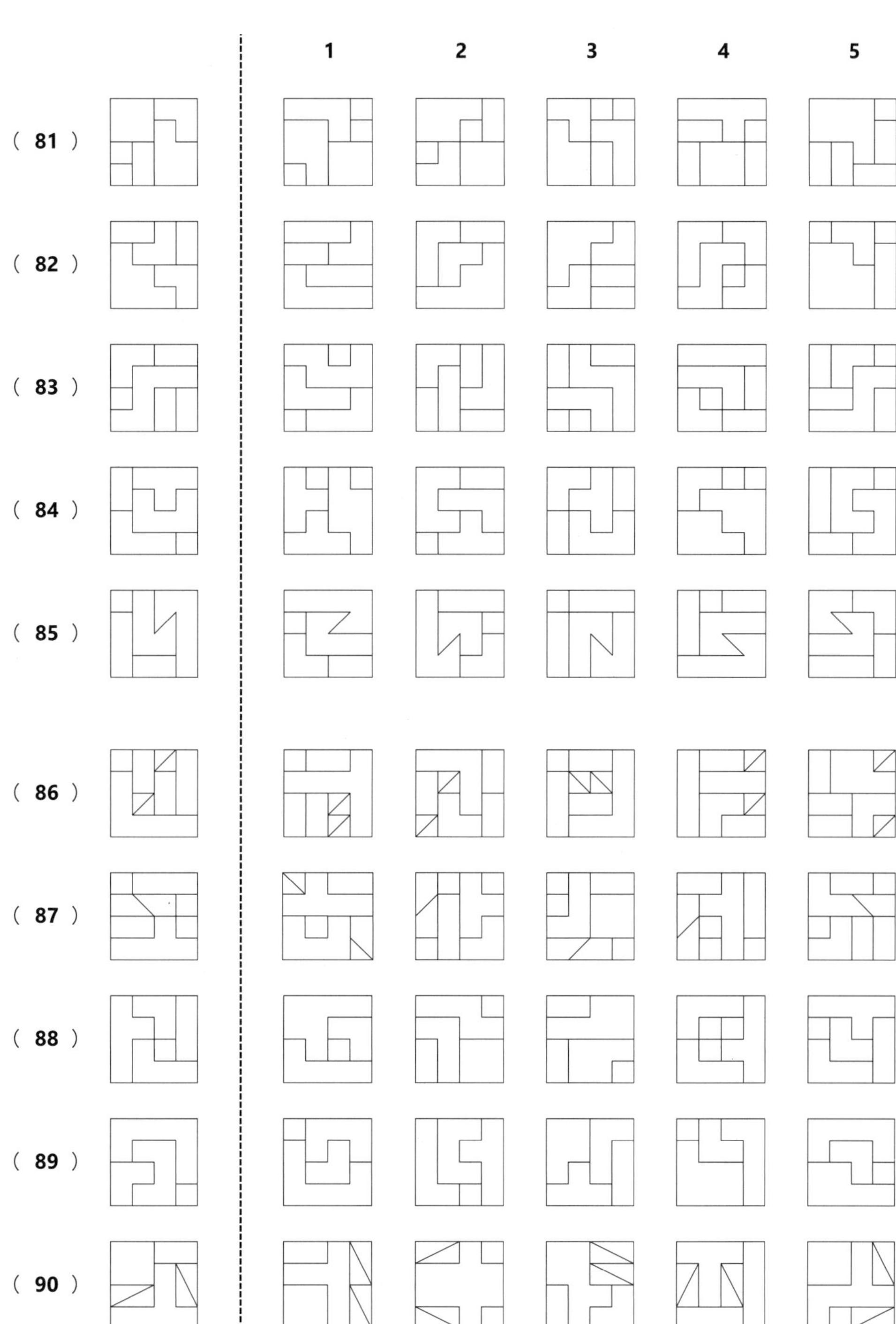

第18回

		1	2	3	4	5
(**91**)	4 ＋ 8 ＋ 21 (3倍)	99	88	77	66	55
(**92**)	28 ＋ 4 ＋ 3 (5分の1)	6	7	8	9	10
(**93**)	6 ＋ 1 ＋ 25 (50%)	14	15	16	17	18
(**94**)	4 ＋ 16 ＋ 7 (3分の1)	6	7	8	9	10
(**95**)	12 ＋ 6 ＋ 4 (5割)	11	12	13	14	15
(**96**)	4 ＋ 23 ＋ 8 (4割)	11	12	13	14	15
(**97**)	5 ＋ 13 ＋ 2 (40%)	4	5	6	7	8
(**98**)	17 ＋ 5 ＋ 9 (2倍)	22	32	42	52	62
(**99**)	3 ＋ 24 ＋ 7 (半分)	16	17	18	19	20
(**100**)	14 ＋ 6 ＋ 8 (7分の1)	2	3	4	5	6

(手引)

	V	II	I	IV	III
一	16	f	わ	ワ	J
二	あ	R	ネ	h	5
三	ク	34	s	Y	す
四	G	ミ	17	る	b
五	m	と	K	24	ホ

(分類表)

	大文字	小文字
	偶　数	奇　数
	片仮名	平仮名
仮　名	○	☆
英　字	＊	◇
数　値	▲	※

		1	2	3	4	5
(**101**)	四 ・ I	○	＊	※	☆	▲
(**102**)	三 ・ V	▲	○	＊	※	☆
(**103**)	一 ・ III	◇	☆	▲	＊	○
(**104**)	五 ・ II	☆	＊	◇	○	※
(**105**)	二 ・ IV	▲	☆	○	＊	◇
(**106**)	三 ・ II	◇	○	☆	▲	＊
(**107**)	一 ・ IV	○	☆	◇	＊	▲
(**108**)	五 ・ I	☆	○	＊	▲	※
(**109**)	二 ・ V	◇	▲	※	＊	☆
(**110**)	四 ・ III	☆	◇	▲	○	＊

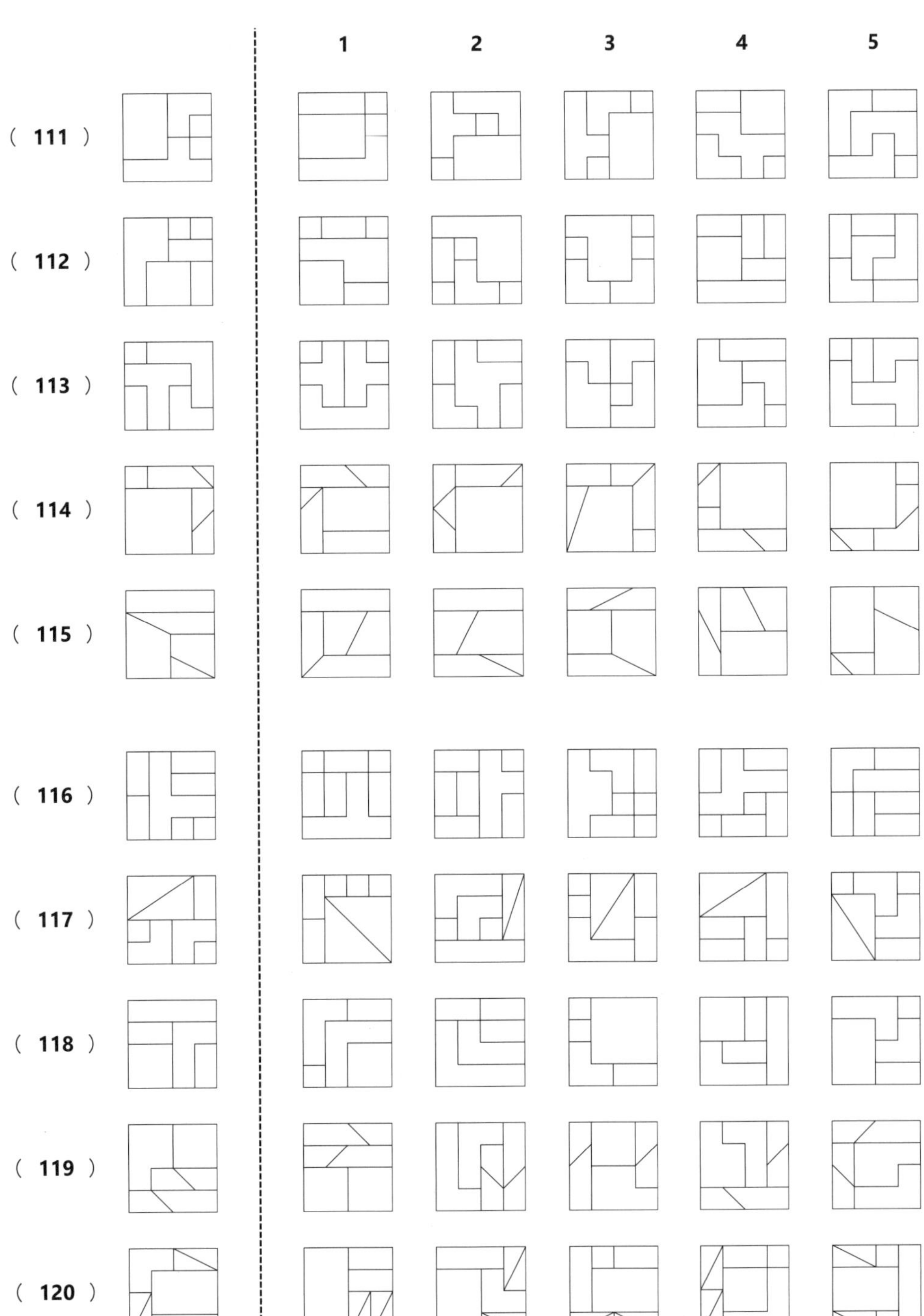
1
2
3
4
5
(111)
(112)
(113)
(114)
(115)
(116)
(117)
(118)
(119)
(120)

トレーニング
第18回 解答

問題番号	正 答	問題番号	正 答	問題番号	正 答	問題番号	正 答
【No. 1】	④	【No. 31】	①	【No. 61】	②	【No. 91】	①
【No. 2】	①	【No. 32】	②	【No. 62】	②	【No. 92】	②
【No. 3】	⑤	【No. 33】	④	【No. 63】	①	【No. 93】	③
【No. 4】	③	【No. 34】	⑤	【No. 64】	③	【No. 94】	④
【No. 5】	⑤	【No. 35】	③	【No. 65】	⑤	【No. 95】	①
【No. 6】	③	【No. 36】	⑤	【No. 66】	⑤	【No. 96】	④
【No. 7】	①	【No. 37】	③	【No. 67】	①	【No. 97】	⑤
【No. 8】	②	【No. 38】	④	【No. 68】	③	【No. 98】	⑤
【No. 9】	②	【No. 39】	②	【No. 69】	④	【No. 99】	②
【No. 10】	④	【No. 40】	①	【No. 70】	④	【No.100】	③
【No. 11】	③	【No. 41】	⑤	【No. 71】	③	【No.101】	③
【No. 12】	④	【No. 42】	②	【No. 72】	⑤	【No.102】	②
【No. 13】	①	【No. 43】	①	【No. 73】	②	【No.103】	④
【No. 14】	⑤	【No. 44】	③	【No. 74】	④	【No.104】	①
【No. 15】	②	【No. 45】	④	【No. 75】	①	【No.105】	⑤
【No. 16】	④	【No. 46】	①	【No. 76】	②	【No.106】	④
【No. 17】	①	【No. 47】	④	【No. 77】	①	【No.107】	①
【No. 18】	③	【No. 48】	⑤	【No. 78】	⑤	【No.108】	③
【No. 19】	⑤	【No. 49】	②	【No. 79】	③	【No.109】	⑤
【No. 20】	②	【No. 50】	③	【No. 80】	④	【No.110】	②
【No. 21】	④	【No. 51】	②	【No. 81】	②	【No.111】	③
【No. 22】	③	【No. 52】	⑤	【No. 82】	③	【No.112】	①
【No. 23】	①	【No. 53】	①	【No. 83】	⑤	【No.113】	⑤
【No. 24】	⑤	【No. 54】	①	【No. 84】	②	【No.114】	④
【No. 25】	⑤	【No. 55】	③	【No. 85】	④	【No.115】	②
【No. 26】	②	【No. 56】	⑤	【No. 86】	③	【No.116】	①
【No. 27】	④	【No. 57】	①	【No. 87】	④	【No.117】	⑤
【No. 28】	①	【No. 58】	②	【No. 88】	⑤	【No.118】	④
【No. 29】	⑤	【No. 59】	④	【No. 89】	①	【No.119】	③
【No. 30】	③	【No. 60】	③	【No. 90】	①	【No.120】	②

トレーニング 第19回 問題

（解答時間：15分間）

検査の説明

検査1 この検査は，与えられた数式を計算し，その答がある箇所と同じ選択肢の番号の位置にマークをするものです。

	1	2	3	4	5
例題(1)　63 ÷ 7 ＋ 22 － 8 × 3	9	8	7	6	5

例題では，計算すると『7』となりますから，マークは次のようになります。

→ 例題(1)正答　1 ○　2 ○　3 ●　4 ○　5 ○

検査2 この検査は，仮名やアルファベットなどの文字で示された八つの座席位置がある円形テーブルと一つの椅子があり，問いで指定される『最初の位置』にある椅子を，『指示1』→『指示2』の順に〈移動の指示〉に従って移動させた後，最後の椅子の位置を示す文字がある選択肢の番号と同じ位置にマークをするものです。ただし，〈移動の指示〉にある『右（または左）隣』とは，テーブルに向かって右（または左）方向のことであり，例えば，位置ハの一つ右隣は位置ロ，一つ左隣は位置ニとなります。なお，例題における〈座席表〉では，参考のため，『最初の位置』にある椅子を●で例示していますが，本題では椅子は示していません。

〈座席表〉

イ　ロ　ハ　ニ　ホ　ヘ　ト　チ（円形テーブルの周囲に時計回りに配置。ハの外側に●）

〈移動の指示〉

あ：一つ左隣へ
い：二つ右隣へ
う：二つ左隣へ
え：三つ右隣へ
お：三つ左隣へ
か：ロかトのうち，近いほうへ
き：ハかチのうち，近いほうへ
く：テーブルを挟んで真向かいへ

	最初の位置	指示1	指示2	1	2	3	4	5
例題(2)	ハ	か	う	イ	ロ	ニ	ホ	ト

例題では，まず，指示1に従い，最初の位置ハにある椅子を，『ロかトのうち，近いほう』へ移動させる場合，ロはハから見て一つ右隣にあり，トはハから見て四つ離れた位置にありますから，より近いのはロとなります。次に，指示2に従うと，ロから二つ左隣はニとなりますから，マークは次のようになります。

→ 例題(2)正答　1 ○　2 ○　3 ●　4 ○　5 ○

検査3 この検査は，数字や文字が各マスに入った3行×4列の二つの表（正本と副本）の同じ位置に同じ数字や文字があるかを見比べて照合し，副本の中で正本と異なっている箇所の個数と同じ選択肢の番号の位置にマークをするものです。

例題(3)

正本

3	7	5	6
2	4	6	2
6	2	5	7

副本

2	7	5	9
3	4	6	2
6	4	8	7

1	2	3	4	5
5	6	7	8	9

例題では，副本の中に正本と異なっている箇所が5箇所（1行目の1列目と4列目，2行目の1列目，3行目の2列目と3列目）ありますから，マークは次のようになります。

→ 例題(3)正答　1 ●　2 ○　3 ○　4 ○　5 ○

		1	2	3	4	5
(**1**)	11 ＋ 12 ÷ 4 × 3 − 14	3	4	5	6	7
(**2**)	27 ÷ 9 × 6 − 17 ＋ 9	8	9	10	11	12
(**3**)	15 − 2 × 9 ＋ 51 ÷ 3	12	13	14	15	16
(**4**)	9 − 16 ＋ 18 × 4 ÷ 6	9	8	7	6	5
(**5**)	7 ＋ 3 × 66 ÷ 9 − 12	17	18	19	20	21
(**6**)	39 ÷ 3 × 2 − 29 ＋ 9	6	5	4	3	2
(**7**)	21 ＋ 72 ÷ 9 × 2 − 13	28	27	26	25	24
(**8**)	13 − 2 × 30 ÷ 15 ＋ 4	11	12	13	14	15
(**9**)	18 ＋ 5 − 6 × 20 ÷ 8	7	8	9	10	11
(**10**)	84 ÷ 7 × 5 − 38 ＋ 2	21	22	23	24	25

〈座席表〉

〈移動の指示〉

あ：一つ左隣へ
い：一つ右隣へ
う：二つ左隣へ
え：二つ右隣へ
お：三つ左隣へ
か：bかeのうち，近いほうへ
き：dかgのうち，近いほうへ
く：テーブルを挟んで真向かいへ

	最初の位置	指示1	指示2	1	2	3	4	5
(**11**)	f	あ	う	a	b	c	f	h
(**12**)	g	く	う	c	d	e	f	h
(**13**)	h	お	く	a	b	e	f	g
(**14**)	c	う	い	a	b	d	f	g
(**15**)	d	か	い	a	d	f	g	h
(**16**)	h	き	あ	a	c	e	f	h
(**17**)	b	お	あ	a	c	d	f	g
(**18**)	a	い	お	b	c	d	f	g
(**19**)	e	き	え	b	d	e	g	h
(**20**)	f	か	え	a	c	e	f	h

	正本				副本				1	2	3	4	5
(21)	ソ	ア	ヨ	テ	ツ	ア	ヲ	テ	2	3	4	5	6
	キ	ワ	シ	ミ	キ	ラ	シ	ミ					
	ネ	フ	モ	イ	ヌ	フ	モ	イ					
(22)	ツ	ヌ	ヰ	ヒ	シ	ヌ	ヰ	ヒ	5	4	3	2	1
	マ	ケ	ウ	ル	ヤ	ク	ウ	レ					
	ン	ヤ	ラ	サ	ン	ヤ	ラ	サ					
(23)	ハ	メ	ホ	カ	ハ	ノ	ホ	カ	3	4	5	6	7
	リ	エ	ニ	ロ	リ	エ	キ	ロ					
	コ	ヲ	セ	チ	フ	ユ	セ	ナ					
(24)	オ	タ	ト	ワ	オ	ク	ト	ワ	8	7	6	5	4
	レ	ス	ノ	ユ	レ	ス	イ	マ					
	ナ	ヘ	ム	ク	ナ	ツ	ム	ク					
(25)	カ	マ	ン	ソ	カ	マ	シ	ソ	1	2	3	4	5
	ヒ	ル	イ	ト	ヒ	ル	イ	ト					
	ツ	コ	ユ	ネ	ソ	コ	ユ	ネ					

	正本				副本				1	2	3	4	5
(26)	モ	フ	シ	ケ	キ	フ	シ	ケ	5	4	3	2	1
	ス	オ	ミ	ハ	ス	オ	ミ	ハ					
	ナ	ヤ	チ	ラ	ナ	ヤ	ナ	ラ					
(27)	ノ	ス	ツ	イ	ノ	ヌ	ツ	イ	3	4	5	6	7
	キ	ニ	モ	マ	キ	ニ	モ	ア					
	ヘ	ヨ	ソ	ロ	ヘ	ヨ	リ	ロ					
(28)	チ	ン	コ	ト	チ	ン	ロ	ト	6	5	4	3	2
	ネ	ウ	リ	カ	ス	ウ	リ	カ					
	ム	ワ	フ	ヰ	ム	ラ	フ	キ					
(29)	ヒ	テ	ニ	ヤ	ヒ	ナ	ニ	マ	9	8	7	6	5
	オ	ラ	ミ	セ	ヲ	フ	キ	セ					
	ル	サ	ク	ヲ	ル	サ	ク	ヲ					
(30)	ホ	ナ	ハ	シ	ホ	ナ	ケ	シ	2	3	4	5	6
	ユ	ア	タ	レ	ユ	ア	タ	レ					
	ケ	メ	ヌ	エ	ク	メ	ヌ	ニ					

		1	2	3	4	5
(**31**)	39 ＋ 65 ÷ 5 － 7 × 6	10	11	12	13	14
(**32**)	11 － 13 ＋ 3 × 2 × 3	15	16	17	18	19
(**33**)	3 × 12 － 49 ÷ 7 － 25	4	5	6	7	8
(**34**)	32 ＋ 68 ÷ 17 － 2 × 9	17	18	19	20	21
(**35**)	14 × 3 ÷ 6 ＋ 9 － 11	3	4	5	6	7
(**36**)	13 ＋ 81 ÷ 9 × 7 － 53	21	22	23	24	25
(**37**)	25 × 2 － 37 ＋ 51 ÷ 17	13	14	15	16	17
(**38**)	14 ＋ 24 － 21 × 5 ÷ 3	5	4	3	2	1
(**39**)	20 － 63 ÷ 3 ＋ 4 × 6	19	20	21	22	23
(**40**)	4 × 6 ＋ 64 ÷ 8 － 20	15	14	13	12	11

〈座席表〉

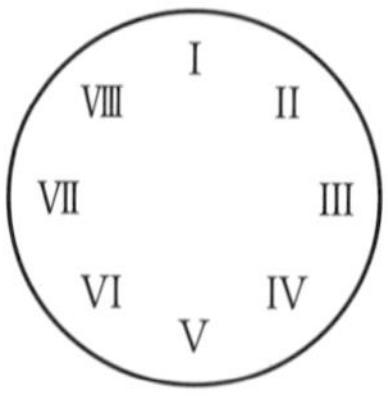

〈移動の指示〉

あ：一つ左隣へ
い：二つ右隣へ
う：二つ左隣へ
え：三つ右隣へ
お：三つ左隣へ
か：ⅠかⅥのうち，近いほうへ
き：ⅢかⅧのうち，近いほうへ
く：テーブルを挟んで真向かいへ

	最初の位置	指示1	指示2	1	2	3	4	5
(**41**)	Ⅵ	き	う	Ⅱ	Ⅴ	Ⅵ	Ⅶ	Ⅷ
(**42**)	Ⅲ	う	え	Ⅰ	Ⅱ	Ⅴ	Ⅵ	Ⅷ
(**43**)	Ⅶ	き	え	Ⅱ	Ⅲ	Ⅳ	Ⅴ	Ⅶ
(**44**)	Ⅳ	あ	く	Ⅰ	Ⅲ	Ⅴ	Ⅵ	Ⅶ
(**45**)	Ⅱ	う	あ	Ⅰ	Ⅱ	Ⅲ	Ⅳ	Ⅴ
(**46**)	Ⅳ	お	う	Ⅰ	Ⅲ	Ⅴ	Ⅶ	Ⅷ
(**47**)	Ⅰ	い	く	Ⅲ	Ⅳ	Ⅵ	Ⅶ	Ⅷ
(**48**)	Ⅴ	え	う	Ⅱ	Ⅲ	Ⅳ	Ⅴ	Ⅶ
(**49**)	Ⅵ	く	お	Ⅱ	Ⅲ	Ⅳ	Ⅴ	Ⅶ
(**50**)	Ⅷ	か	い	Ⅲ	Ⅳ	Ⅵ	Ⅶ	Ⅷ

	正本				副本				1	2	3	4	5
(51)	8	7	5	9	8	7	6	9	3	4	5	6	7
	6	4	3	1	6	4	3	1					
	9	3	1	6	9	8	4	6					
(52)	7	8	9	1	7	6	9	2	7	6	5	4	3
	0	2	3	1	6	2	3	1					
	3	4	3	5	3	4	8	5					
(53)	5	9	7	0	0	9	8	0	1	2	3	4	5
	6	2	1	5	6	2	4	5					
	3	7	6	9	2	9	6	9					
(54)	1	3	2	4	1	3	2	4	6	5	4	3	2
	5	6	1	0	6	5	9	8					
	9	5	8	7	9	5	8	7					
(55)	6	1	3	8	6	1	9	8	5	4	3	2	1
	2	9	0	2	3	9	0	2					
	4	7	5	3	4	6	5	1					

	正本				副本				1	2	3	4	5
(56)	6	2	0	1	6	3	0	1	8	7	6	5	4
	3	9	8	5	3	6	2	9					
	0	8	7	4	0	5	7	4					
(57)	5	4	3	0	6	4	3	8	3	4	5	6	7
	5	1	3	6	5	0	3	6					
	1	2	7	9	4	2	7	5					
(58)	3	9	2	4	3	9	2	4	1	2	3	4	5
	8	6	9	1	8	6	9	1					
	0	7	5	2	0	7	5	3					
(59)	4	6	1	0	4	6	9	0	4	5	6	7	8
	8	2	5	6	6	2	5	8					
	3	7	9	1	3	1	4	1					
(60)	6	1	2	9	6	1	2	9	6	5	4	3	2
	4	8	0	5	4	8	6	5					
	3	9	2	4	5	9	2	4					

		1	2	3	4	5
(**61**)	89 − 57 ÷ 19 × 25 ＋ 1	15	16	17	18	19
(**62**)	14 × 2 − 22 ＋ 40 ÷ 5	12	13	14	15	16
(**63**)	82 − 8 × 9 ＋ 32 ÷ 4	22	21	20	19	18
(**64**)	15 ＋ 33 − 24 ÷ 4 × 6	13	12	11	10	9
(**65**)	4 × 6 − 23 ＋ 45 ÷ 9	4	5	6	7	8
(**66**)	2 × 12 − 52 ÷ 4 ＋ 7	14	15	16	17	18
(**67**)	10 ＋ 3 × 5 − 96 ÷ 6	6	7	8	9	10
(**68**)	28 ÷ 14 ＋ 7 × 14 − 85	17	16	15	14	13
(**69**)	55 ＋ 21 − 66 ÷ 6 × 5	20	21	22	23	24
(**70**)	72 ÷ 12 × 8 ＋ 9 − 46	11	10	9	8	7

〈座席表〉

A
H B
G C
F D
E

〈移動の指示〉

あ：一つ左隣へ
い：二つ右隣へ
う：二つ左隣へ
え：三つ右隣へ
お：三つ左隣へ
か：CかFのうち，近いほうへ
き：EかHのうち，近いほうへ
く：テーブルを挟んで真向かいへ

	最初の位置	指示1	指示2	1	2	3	4	5
(**71**)	C	い	お	B	C	D	E	F
(**72**)	B	か	え	A	C	E	F	H
(**73**)	G	え	い	B	C	E	F	G
(**74**)	A	う	え	B	D	F	G	H
(**75**)	H	く	お	A	B	D	G	H
(**76**)	F	き	い	A	B	C	D	E
(**77**)	E	う	く	A	C	D	F	H
(**78**)	D	お	う	A	C	D	F	G
(**79**)	B	か	あ	C	D	E	G	H
(**80**)	C	き	あ	A	B	D	E	F

	正本				副本				1	2	3	4	5
(81)	か	ま	つ	き	か	ま	つ	き	1	2	3	4	5
	ぬ	こ	ほ	か	ぬ	こ	は	か					
	へ	ん	り	す	へ	ん	り	す					
(82)	て	せ	お	さ	て	せ	を	さ	6	5	4	3	2
	く	ち	わ	と	し	ち	わ	と					
	そ	に	ほ	る	そ	こ	ま	る					
(83)	ま	あ	わ	る	ま	あ	わ	ろ	7	6	5	4	3
	い	や	ち	ほ	り	や	ち	ほ					
	な	む	ね	よ	な	ぬ	ね	よ					
(84)	ら	ろ	お	く	ろ	ら	お	く	2	3	4	5	6
	ゆ	へ	つ	ま	ゆ	く	つ	ま					
	み	け	る	し	き	け	る	へ					
(85)	お	め	む	に	お	め	う	こ	5	4	3	2	1
	せ	ち	へ	ぬ	せ	ち	へ	ぬ					
	そ	ら	わ	ふ	そ	つ	わ	ふ					

	正本				副本				1	2	3	4	5
(86)	よ	に	ひ	み	よ	に	し	み	6	5	4	3	2
	お	し	り	た	お	す	り	に					
	ち	う	か	へ	つ	う	ゆ	へ					
(87)	あ	る	け	う	お	る	け	ふ	4	5	6	7	8
	え	ん	の	お	え	ん	め	お					
	め	よ	く	し	ぬ	よ	そ	し					
(88)	み	も	き	を	み	も	さ	を	7	6	5	4	3
	に	そ	と	う	に	て	と	う					
	や	ね	せ	た	や	れ	せ	た					
(89)	あ	さ	ま	ち	あ	さ	ま	ち	1	2	3	4	5
	わ	い	て	か	ね	い	て	か					
	ふ	な	こ	や	ふ	な	こ	や					
(90)	け	し	よ	へ	け	し	な	つ	2	3	4	5	6
	ま	え	あ	な	こ	う	あ	な					
	に	ゆ	わ	く	に	ゆ	お	く					

		1	2	3	4	5
(**91**)	7 × 8 ÷ 4 − 48 + 43	12	11	10	9	8
(**92**)	33 + 27 + 84 ÷ 7 − 65	5	6	7	8	9
(**93**)	48 ÷ 8 + 12 × 5 − 33	32	33	34	35	36
(**94**)	54 ÷ 18 − 23 × 2 + 52	9	8	7	6	5
(**95**)	4 × 7 + 5 − 39 ÷ 3	16	17	18	19	20
(**96**)	15 ÷ 5 + 2 × 17 − 18	22	21	20	19	18
(**97**)	23 − 48 ÷ 16 × 7 + 7	11	10	9	8	7
(**98**)	52 ÷ 13 + 5 × 14 − 46	24	25	26	27	28
(**99**)	6 + 10 × 3 − 56 ÷ 2	7	8	9	10	11
(**100**)	60 ÷ 4 − 17 + 3 × 6	16	17	18	19	20

〈座席表〉

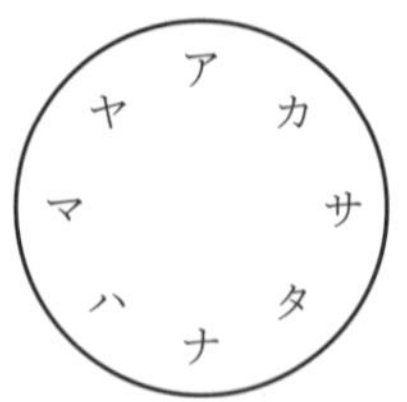

〈移動の指示〉

あ：一つ左隣へ
い：一つ右隣へ
う：二つ左隣へ
え：二つ右隣へ
お：三つ左隣へ

か：アかタのうち，近いほうへ
き：ナかヤのうち，近いほうへ
く：テーブルを挟んで真向かいへ

	最初の位置	指示1	指示2	1	2	3	4	5
(**101**)	カ	き	く	ア	カ	サ	タ	ヤ
(**102**)	ナ	か	う	カ	サ	ハ	マ	ヤ
(**103**)	サ	く	え	ア	カ	ナ	マ	ヤ
(**104**)	タ	き	い	ア	カ	サ	タ	ナ
(**105**)	マ	う	あ	ア	カ	サ	ナ	ヤ
(**106**)	サ	い	く	ア	カ	ナ	ハ	ヤ
(**107**)	ヤ	か	あ	カ	サ	ナ	マ	ヤ
(**108**)	ア	え	く	サ	タ	ハ	マ	ヤ
(**109**)	マ	あ	お	ア	サ	タ	ナ	ハ
(**110**)	ハ	い	う	サ	タ	ナ	ハ	マ

	正本				副本				1	2	3	4	5
(111)	A	F	H	K	A	E	H	K	8	7	6	5	4
	X	V	N	P	Z	U	M	B					
	Q	E	T	U	Q	F	T	U					
(112)	Y	H	N	M	Y	H	N	M	2	3	4	5	6
	J	U	Q	Z	J	U	Q	S					
	S	D	C	V	S	O	C	V					
(113)	L	I	J	Y	L	T	J	Y	1	2	3	4	5
	G	R	D	W	G	R	D	W					
	A	X	V	N	A	X	V	Z					
(114)	P	K	B	E	O	K	B	E	7	6	5	4	3
	Y	V	D	C	Y	V	D	G					
	W	R	O	X	M	R	U	X					
(115)	E	D	F	G	T	D	F	C	3	4	5	6	7
	M	A	P	I	M	N	P	I					
	O	Z	W	T	O	Z	V	J					

	正本				副本				1	2	3	4	5
(116)	M	B	H	F	M	B	H	F	6	5	4	3	2
	N	V	G	D	N	V	Q	D					
	Y	R	T	E	I	R	T	E					
(117)	Z	S	E	R	Z	S	F	R	8	7	6	5	4
	G	C	F	D	G	O	E	D					
	B	H	J	L	R	H	J	L					
(118)	T	Q	U	P	T	O	V	P	1	2	3	4	5
	I	N	M	S	I	N	M	S					
	H	R	A	E	E	R	A	H					
(119)	U	L	M	S	U	I	M	S	3	4	5	6	7
	R	H	V	G	P	H	V	G					
	Q	D	Z	K	Q	D	Z	R					
(120)	K	I	O	C	K	J	D	C	5	4	3	2	1
	X	A	M	V	X	A	M	I					
	G	R	T	E	O	R	T	E					

トレーニング
第19回 解答

問題番号	正 答	問題番号	正 答	問題番号	正 答	問題番号	正 答
【No. 1】	④	【No. 31】	①	【No. 61】	①	【No. 91】	④
【No. 2】	③	【No. 32】	②	【No. 62】	③	【No. 92】	③
【No. 3】	③	【No. 33】	①	【No. 63】	⑤	【No. 93】	②
【No. 4】	⑤	【No. 34】	②	【No. 64】	②	【No. 94】	①
【No. 5】	①	【No. 35】	③	【No. 65】	③	【No. 95】	⑤
【No. 6】	①	【No. 36】	③	【No. 66】	⑤	【No. 96】	④
【No. 7】	⑤	【No. 37】	④	【No. 67】	④	【No. 97】	③
【No. 8】	③	【No. 38】	③	【No. 68】	③	【No. 98】	⑤
【No. 9】	②	【No. 39】	⑤	【No. 69】	②	【No. 99】	②
【No. 10】	④	【No. 40】	④	【No. 70】	①	【No.100】	①
【No. 11】	①	【No. 41】	①	【No. 71】	③	【No.101】	④
【No. 12】	③	【No. 42】	②	【No. 72】	⑤	【No.102】	③
【No. 13】	⑤	【No. 43】	④	【No. 73】	①	【No.103】	③
【No. 14】	③	【No. 44】	①	【No. 74】	⑤	【No.104】	④
【No. 15】	②	【No. 45】	⑤	【No. 75】	④	【No.105】	②
【No. 16】	⑤	【No. 46】	①	【No. 76】	③	【No.106】	④
【No. 17】	④	【No. 47】	①	【No. 77】	②	【No.107】	①
【No. 18】	②	【No. 48】	③	【No. 78】	①	【No.108】	①
【No. 19】	①	【No. 49】	④	【No. 79】	②	【No.109】	②
【No. 20】	②	【No. 50】	④	【No. 80】	⑤	【No.110】	⑤
【No. 21】	③	【No. 51】	①	【No. 81】	①	【No.111】	③
【No. 22】	②	【No. 52】	④	【No. 82】	③	【No.112】	①
【No. 23】	③	【No. 53】	⑤	【No. 83】	⑤	【No.113】	②
【No. 24】	⑤	【No. 54】	③	【No. 84】	④	【No.114】	④
【No. 25】	②	【No. 55】	②	【No. 85】	③	【No.115】	③
【No. 26】	④	【No. 56】	④	【No. 86】	②	【No.116】	⑤
【No. 27】	①	【No. 57】	③	【No. 87】	②	【No.117】	⑤
【No. 28】	③	【No. 58】	①	【No. 88】	⑤	【No.118】	④
【No. 29】	⑤	【No. 59】	②	【No. 89】	①	【No.119】	①
【No. 30】	②	【No. 60】	⑤	【No. 90】	④	【No.120】	②

トレーニング 第20回 問題

（解答時間：15分間）

検査の説明

検査1 この検査は，手引の中の指定された列から数字を取り出して計算や処理を行い，その答がある箇所と同じ選択肢の番号の位置にマークをするものです。なお，ローマ数字は，手引中の列を表しています。

（手引）

	I	II	III	IV	V
a	5	3	5	7	1
b	1	8	6	2	7
c	9	4	3	4	8

		1	2	3	4	5
例題(1)	II ： bをcで割り，aを掛ける	2	4	6	8	10

例題では，『II』の列のそれぞれの値は『b＝8』『c＝4』『a＝3』になりますから，指示された計算式は『8を4で割り，3を掛ける→8÷4×3』となり，その答は『6』です。よって，マークは次のようになります。

→ **例題(1)正答**　1 ○　2 ○　3 ●　4 ○　5 ○

検査2 この検査は，与えられた平仮名，英字，数字の組合せが，指定された分類表の中のどの枠内に区分されるかについて調べ，その枠を示す文字がある箇所と同じ選択肢の番号の位置にマークをするものです。

（分類表）

英字	大文字		小文字	
数字の範囲	0～2500 3201～5400	2501～3200 5401～6000	0～1700 4201～4800	1701～4200 4801～6000
あ行 た行 ま行	(1)	(2)	(3)	(4)
か行 な行 や行	(5)	(6)	(7)	(8)
さ行 は行 わをん	(9)	(10)	(11)	(12)

		1	2	3	4	5
例題(2)	ゆ・d・2754	(8)	(12)	(4)	(7)	(6)

例題では，まず平仮名の『ゆ』が『や行』のある行に区分されます。次に英字の『d』は小文字ですから『小文字』の2列に区分されます。最後に数字の『2754』は『1701～4200』の範囲に含まれます。『や行』のある行と『小文字』で『1701～4200』のある列とが重なるのは分類表『(8)』ですから，マークは次のようになります。

→ **例題(2)正答**　1 ●　2 ○　3 ○　4 ○　5 ○

検査3 この検査は，与えられた表の中で<u>**一度しか現れない単語の欄を二つ**</u>特定し，見本の表と照らし合わせて，それらの欄と同じ位置にある文字の組合せを挙げている選択肢の番号と同じ位置にマークをするものです。なお，選択肢中の文字の組合せは上からあいうえお順又はアルファベット順に記載しています。

（見本の表）

a	b	c	d
e	f	g	h
i	j	k	ℓ

例題(3)

化学	数学	物理	生物
国語	体育	英語	化学
体育	物理	数学	国語

1	2	3	4	5
a d	d g	d k	g j	j ℓ

例題では，表の中で一度しか現れない単語は『生物』と『英語』であり，他の単語は全て二つあります。見本の表で『生物』は『d』の位置，『英語』は『g』の位置にあり，『dg』は『**2**』の位置にありますから，マークは次のようになります。

→ **例題(3)正答**　1 ○　2 ●　3 ○　4 ○　5 ○

第20回

（手引）

	Ⅰ	Ⅱ	Ⅲ	Ⅳ	Ⅴ
a	2	7	3	1	9
b	6	9	2	5	4
c	1	4	5	7	3

		1	2	3	4	5
（**1**）	Ⅲ：最大値からｂを引く	7	6	5	4	3
（**2**）	Ⅳ：ｂにａを足し，ｃを掛ける	36	38	40	42	44
（**3**）	Ⅰ：最大値をａで割る	1	3	5	7	9
（**4**）	Ⅱ：すべての奇数を足す	10	12	14	16	18
（**5**）	Ⅴ：最小値を７倍する	21	23	25	27	29
（**6**）	Ⅰ：ａにｂを掛け，ｃを引く	9	10	11	12	13
（**7**）	Ⅳ：最小値にｂを掛ける	5	6	7	8	9
（**8**）	Ⅲ：ａとｂを足し，ｃを掛ける	15	20	25	30	35
（**9**）	Ⅴ：偶数にａを足す	12	13	14	15	16
（**10**）	Ⅱ：最大値にｃを掛ける	28	30	32	34	36

（分類表）

英字	小文字		大文字	
数字の範囲	0〜2143 3444〜5123	2144〜3443 5124〜6283	1954〜2873 4244〜6283	0〜1953 2874〜4243
な行 あ行 さ行	Ⅰ	Ⅳ	Ⅶ	Ⅹ
や行 ら行 は行	Ⅱ	Ⅴ	Ⅷ	Ⅺ
ま行 た行 か行	Ⅲ	Ⅵ	Ⅸ	Ⅻ

		1	2	3	4	5
（**11**）	ろ・C・5127	Ⅴ	Ⅷ	Ⅱ	Ⅺ	Ⅸ
（**12**）	ね・i・1864	Ⅹ	Ⅲ	Ⅳ	Ⅶ	Ⅰ
（**13**）	む・t・2951	Ⅻ	Ⅵ	Ⅺ	Ⅸ	Ⅲ
（**14**）	あ・M・4219	Ⅳ	Ⅺ	Ⅶ	Ⅰ	Ⅹ
（**15**）	ふ・e・6178	Ⅱ	Ⅳ	Ⅴ	Ⅺ	Ⅷ
（**16**）	き・q・3762	Ⅸ	Ⅰ	Ⅵ	Ⅲ	Ⅻ
（**17**）	せ・W・5623	Ⅶ	Ⅹ	Ⅰ	Ⅷ	Ⅳ
（**18**）	た・R・4490	Ⅸ	Ⅻ	Ⅲ	Ⅴ	Ⅵ
（**19**）	る・z・1116	Ⅷ	Ⅴ	Ⅱ	Ⅰ	Ⅺ
（**20**）	や・F・3084	Ⅴ	Ⅵ	Ⅷ	Ⅺ	Ⅱ

（見本の表）

あ	い	う	え
お	か	き	く
け	こ	さ	し

					1	2	3	4	5
（21）	弥生	霜月	如月	師走	かけ	かし	きし	くさ	こし
	師走	文月	如月	弥生					
	葉月	霜月	葉月	睦月					
（22）	だいこん	なす	こんにゃく	れんこん	えく	えけ	えさ	おけ	おさ
	きゅうり	ごぼう	ごぼう	だいこん					
	たけのこ	こんにゃく	きゅうり	なす					
（23）	キク	ツツジ	バラ	スイセン	あい	あう	いお	いけ	うお
	ヒマワリ	バラ	アジサイ	タンポポ					
	スイセン	タンポポ	アジサイ	ヒマワリ					
（24）	冥王星	銀河	月	太陽	いか	いこ	うく	くこ	くさ
	銀河	太陽	冥王星	惑星					
	月	海王星	彗星	彗星					
（25）	コロンビア	アメリカ	チリ	コロンビア	あお	あか	おか	かく	かけ
	メキシコ	ブラジル	カナダ	キューバ					
	カナダ	キューバ	アメリカ	チリ					

					1	2	3	4	5
（26）	トンボ	ハチ	バッタ	コオロギ	あい	いえ	うえ	えき	かき
	トンボ	バッタ	チョウ	セミ					
	カマキリ	チョウ	セミ	カマキリ					
（27）	糊	画用紙	藁半紙	藁半紙	くし	けこ	けし	こさ	さし
	鉛筆	定規	糊	画用紙					
	鋏	鉛筆	定規	色紙					
（28）	府	道	村	町	いき	いく	うえ	うき	うけ
	県	県	郡	町					
	府	市	市	道					
（29）	かるた	けんだま	てまり	たこあげ	いく	いこ	えか	おく	おこ
	たこあげ	あやとり	おてだま	めんこ					
	おてだま	かるた	てまり	あやとり					
（30）	大正	平成	昭和	文久	いか	いさ	うえ	えさ	えし
	安政	令和	平成	大正					
	昭和	安政	明治	令和					

第20回

（手引）

	I	II	III	IV	V
a	7	6	2	4	3
b	4	8	5	9	6
c	5	3	7	2	8

		1	2	3	4	5
（**31**）	V ： 最大値から a を引く	1	2	3	4	5
（**32**）	I ： 偶数を 2 倍する	2	4	6	8	10
（**33**）	IV ： a に b を掛け，c を引く	26	28	30	32	34
（**34**）	II ： 最小の偶数を c で割る	6	5	4	3	2
（**35**）	I ： すべての奇数を足す	12	13	14	15	16
（**36**）	IV ： 最小値に b を足す	5	7	9	11	13
（**37**）	II ： c に b を掛け，a を引く	14	16	18	20	22
（**38**）	III ： すべての奇数を足し，a で割る	6	7	8	9	10
（**39**）	V ： a に c を掛け，b で割る	3	4	5	6	7
（**40**）	III ： 最大値に b を掛ける	30	35	40	45	50

（分類表）

英字	大文字		小文字	
数字の範囲	2155～3674 5015～7264	0～2154 3675～5014	1925～3134 4875～7264	0～1924 3135～4874
わをん さ 行 ら 行	ア	イ	ウ	エ
た 行 か 行 ま 行	オ	カ	キ	ク
な 行 は 行 あ 行	ケ	コ	サ	シ

		1	2	3	4	5
（**41**）	と・I・4153	ク	キ	カ	コ	オ
（**42**）	わ・X・3502	イ	エ	ア	ウ	ケ
（**43**）	へ・b・1980	コ	ケ	ク	シ	サ
（**44**）	せ・H・4761	カ	イ	ウ	エ	ア
（**45**）	ぬ・m・5284	サ	コ	キ	ケ	ウ
（**46**）	け・p・7156	キ	サ	オ	ク	カ
（**47**）	お・U・6308	ア	シ	コ	オ	ケ
（**48**）	み・S・5527	ク	オ	ケ	カ	キ
（**49**）	ろ・a・2619	エ	ア	サ	ウ	イ
（**50**）	し・f・3195	ウ	コ	イ	ア	エ

（見本の表）

A	B	C	D
E	F	G	H
I	J	K	L

					1	2	3	4	5
（ 51 ）	胡椒	塩	酢	酢	F J	F K	H I	H J	K L
	醤油	味醂	砂糖	胡椒					
	塩	味噌	醤油	砂糖					
（ 52 ）	バレー	卓球	テニス	サッカー	B F	B H	C J	F H	J K
	テニス	野球	バレー	バスケ					
	野球	サッカー	陸上	陸上					
（ 53 ）	叔母	祖母	従兄弟	従姉妹	D I	D J	F I	F L	I J
	祖母	父	母	叔母					
	祖父	従兄弟	父	母					
（ 54 ）	とうふ	あつあげ	ひじき	こんぶ	A C	A D	B E	C E	D G
	わかめ	わかめ	えだまめ	なっとう					
	ひじき	なっとう	えだまめ	あつあげ					
（ 55 ）	分	日	年	年	E F	F I	G J	G K	J L
	時	分	週	時					
	月	秒	日	月					

					1	2	3	4	5
（ 56 ）	柔道	弓道	合気道	剣道	E I	I L	J K	J L	K L
	合気道	剣道	柔道	相撲					
	空手	相撲	弓道	柔術					
（ 57 ）	目	手	鼻	足	C I	E K	F G	F K	K L
	首	耳	足	目					
	耳	手	口	鼻					
（ 58 ）	やもり	めだか	かもめ	かえる	A D	B C	B E	C D	C E
	すずめ	かめ	かめ	めだか					
	かえる	とかげ	とかげ	やもり					
（ 59 ）	硫化水素	酸素	水素	硫化水素	D H	G I	G L	J K	K L
	窒素	二酸化炭素	酸素	二酸化炭素					
	水素	窒素	酵素	炭素					
（ 60 ）	福禄寿	布袋	大黒天	毘沙門天	B G	B H	C K	D G	D H
	寿老人	恵比寿	弁財天	毘沙門天					
	恵比寿	福禄寿	寿老人	大黒天					

（手引）

	I	II	III	IV	V
a	4	3	5	6	8
b	8	9	7	4	2
c	2	6	3	5	7

		1	2	3	4	5
（**61**）	II ： c を a で割り，b を足す	7	9	11	13	15
（**62**）	III ： 最小値に b を掛ける	13	15	17	19	21
（**63**）	IV ： すべての偶数を足し，c で割る	10	8	6	4	2
（**64**）	V ： 最小値に c を足す	7	8	9	10	11
（**65**）	I ： b を c で割り，a を掛ける	16	17	18	19	20
（**66**）	II ： 偶数を4倍する	22	24	26	28	30
（**67**）	V ： a に c を掛け，b を引く	50	51	52	53	54
（**68**）	III ： すべての奇数を足す	14	15	16	17	18
（**69**）	IV ： 最大値から c を引く	1	2	3	4	5
（**70**）	I ： 最大値に a を掛ける	38	36	34	32	30

（分類表）

英字	小文字		大文字	
数字の範囲	0〜1464 2895〜4174	1465〜2894 4175〜5634	2117〜3236 4147〜5634	0〜2116 3237〜4146
な行 あ行 さ行	イ	ニ	ト	ヌ
た行 ま行 か行	ロ	ホ	チ	ル
は行 や行 ら行	ハ	ヘ	リ	ヲ

		1	2	3	4	5
（**71**）	う・g・3159	ル	ハ	イ	ニ	ト
（**72**）	て・O・1623	ヌ	チ	ロ	ル	ホ
（**73**）	り・A・5082	ト	ヘ	リ	ヲ	ハ
（**74**）	の・i・4725	ヘ	ニ	ト	イ	ヌ
（**75**）	く・E・2006	ホ	リ	ル	ロ	チ
（**76**）	ゆ・M・3541	ヲ	ル	ヘ	ハ	リ
（**77**）	ほ・d・2970	リ	イ	ハ	ヲ	ヘ
（**78**）	し・Y・5428	ニ	チ	ヌ	イ	ト
（**79**）	め・r・1234	ル	ロ	ホ	チ	ハ
（**80**）	ち・k・4907	チ	ル	ニ	ホ	ヘ

（見本の表）

a	b	c	d
e	f	g	h
i	j	k	ℓ

問題					1	2	3	4	5
（81）	たまご	まぐろ	うに	ほたて	c g	c h	d h	d ℓ	f h
	ほたて	いくら	いか	あじ					
	まぐろ	たまご	いか	いくら					
（82）	黒	白	赤	緑	e j	e ℓ	f k	i j	i k
	緑	紫	黒	白					
	黄	赤	青	紫					
（83）	スイス	スペイン	スペイン	スイス	a e	e g	e ℓ	g ℓ	h k
	フランス	ドイツ	イギリス	オランダ					
	オランダ	イギリス	ドイツ	イタリア					
（84）	さくら	うめ	さつき	かき	a b	a e	a f	b f	f g
	ひのき	つばき	いちょう	さつき					
	いちょう	かき	うめ	ひのき					
（85）	美術	音楽	数学	書道	b j	b k	c i	c j	e j
	社会	美術	書道	社会					
	国語	理科	数学	国語					

問題					1	2	3	4	5
（86）	森	湖	山	林	a e	c f	c i	d e	d i
	海	森	沼	川					
	川	沼	山	湖					
（87）	メロン	ミカン	モモ	ミカン	g h	g k	j k	j ℓ	k ℓ
	バナナ	リンゴ	バナナ	メロン					
	リンゴ	モモ	スイカ	ブドウ					
（88）	土曜日	火曜日	月曜日	月曜日	g k	g ℓ	h i	h j	j ℓ
	火曜日	木曜日	日曜日	金曜日					
	金曜日	木曜日	水曜日	土曜日					
（89）	とら	うま	ひつじ	ねずみ	f g	f k	f ℓ	i ℓ	k ℓ
	うま	うさぎ	ねずみ	ひつじ					
	とり	とら	たつ	とり					
（90）	中山	村山	中村	村山	a g	b g	b i	c g	c i
	村中	田中	山田	田中					
	山中	山田	中山	村中					

（手引）

	I	II	III	IV	V
a	9	6	3	4	2
b	3	5	9	1	8
c	4	2	5	7	6

			1	2	3	4	5
（**91**）	IV	： 最大値にaを掛ける	24	26	28	30	32
（**92**）	III	： bにcを掛け，aを引く	45	44	43	42	41
（**93**）	V	： 最小値にbを足す	10	8	6	4	2
（**94**）	I	： aにbを掛け，cを引く	22	23	24	25	26
（**95**）	II	： 奇数を4倍する	20	25	30	35	40
（**96**）	III	： 最小値にcを足す	16	14	12	10	8
（**97**）	IV	： すべての奇数を掛ける	6	7	8	9	10
（**98**）	V	： bにcを掛け，aで割る	18	20	22	24	26
（**99**）	I	： 最大値にbを足す	8	9	10	11	12
（**100**）	II	： aをcで割り，bを掛ける	15	17	19	21	23

（分類表）

英字	大文字		小文字	
数字の範囲	1239～2878 3569～4798	0～1238 2879～3568	0～1568 2249～4108	1569～2248 4109～4798
さ行 ら行 わをん	α	β	γ	δ
ま行 は行 た行	ε	ζ	η	θ
か行 あ行 な行	ι	κ	λ	μ

		1	2	3	4	5
（**101**）	も・D・1117	ζ	θ	ε	ι	η
（**102**）	え・j・2059	θ	λ	κ	μ	ι
（**103**）	す・n・3864	β	η	γ	α	δ
（**104**）	つ・s・1702	ε	μ	ζ	η	θ
（**105**）	か・B・1933	λ	ι	μ	ε	κ
（**106**）	れ・v・4418	μ	γ	δ	β	α
（**107**）	に・G・2965	κ	α	λ	ι	μ
（**108**）	ひ・P・3726	η	ε	θ	ζ	ι
（**109**）	を・L・951	γ	δ	α	β	ε
（**110**）	つ・h・4010	ε	λ	ζ	θ	η

（見本の表）

ア	イ	ウ	エ
オ	カ	キ	ク
ケ	コ	サ	シ

問題	表				1	2	3	4	5
（ 111 ）	ヒョウ	シカ	ゾウ	キリン	イコ	イシ	ウコ	カコ	カサ
	ゾウ	ライオン	シマウマ	ヒョウ					
	ライオン	サイ	キリン	シマウマ					
（ 112 ）	山口	福島	山梨	岡山	イエ	ウカ	ウキ	エオ	エカ
	福島	島根	鳥取	山梨					
	福岡	山口	福岡	鳥取					
（ 113 ）	にんじん	さつまいも	じゃがいも	たまねぎ	アサ	アシ	イキ	イサ	サシ
	ながねぎ	いんげん	さつまいも	いんげん					
	じゃがいも	ながねぎ	さといも	たまねぎ					
（ 114 ）	貨物列車	二輪車	電車	自転車	エキ	キサ	キシ	クシ	ケシ
	二輪車	電車	自動車	自転車					
	貨物列車	一輪車	一輪車	三輪車					
（ 115 ）	マンゴー	スモモ	ナシ	アンズ	カコ	ケコ	ケサ	コサ	コシ
	イチゴ	イチゴ	アンズ	スモモ					
	ナシ	ビワ	ライチ	マンゴー					

問題	表				1	2	3	4	5
（ 116 ）	マンボウ	シャチ	イルカ	クジラ	イウ	イオ	イケ	ウオ	ウケ
	クラゲ	エイ	エイ	サメ					
	クジラ	サメ	マンボウ	シャチ					
（ 117 ）	小学校	児童館	発電所	児童館	オケ	オサ	カケ	ケコ	コシ
	警察署	消防署	小学校	消防署					
	図書館	中学校	中学校	発電所					
（ 118 ）	めかじき	たら	ひらめ	かれい	イエ	イカ	オキ	オク	カク
	たら	さけ	さわら	たい					
	さわら	かれい	ひらめ	めかじき					
（ 119 ）	天秤座	双子座	水瓶座	魚座	アイ	アウ	イオ	ウオ	キサ
	山羊座	山羊座	牡羊座	乙女座					
	双子座	牡羊座	乙女座	魚座					
（ 120 ）	晴	雨	曇	雷	エオ	エケ	オコ	カコ	ケコ
	風	雷	晴	雨					
	虹	雪	曇	風					

第20回

トレーニング
第20回 解答

問題番号	正 答	問題番号	正 答	問題番号	正 答	問題番号	正 答
【No. 1】	⑤	【No. 31】	⑤	【No. 61】	③	【No. 91】	③
【No. 2】	④	【No. 32】	④	【No. 62】	⑤	【No. 92】	④
【No. 3】	②	【No. 33】	⑤	【No. 63】	⑤	【No. 93】	①
【No. 4】	④	【No. 34】	⑤	【No. 64】	③	【No. 94】	②
【No. 5】	①	【No. 35】	①	【No. 65】	①	【No. 95】	①
【No. 6】	③	【No. 36】	④	【No. 66】	②	【No. 96】	⑤
【No. 7】	①	【No. 37】	③	【No. 67】	⑤	【No. 97】	②
【No. 8】	③	【No. 38】	①	【No. 68】	②	【No. 98】	④
【No. 9】	②	【No. 39】	②	【No. 69】	①	【No. 99】	⑤
【No. 10】	⑤	【No. 40】	②	【No. 70】	④	【No.100】	①
【No. 11】	②	【No. 41】	③	【No. 71】	③	【No.101】	①
【No. 12】	⑤	【No. 42】	③	【No. 72】	④	【No.102】	④
【No. 13】	②	【No. 43】	⑤	【No. 73】	③	【No.103】	③
【No. 14】	⑤	【No. 44】	②	【No. 74】	②	【No.104】	⑤
【No. 15】	③	【No. 45】	①	【No. 75】	③	【No.105】	②
【No. 16】	④	【No. 46】	①	【No. 76】	①	【No.106】	③
【No. 17】	①	【No. 47】	⑤	【No. 77】	③	【No.107】	①
【No. 18】	①	【No. 48】	②	【No. 78】	⑤	【No.108】	②
【No. 19】	③	【No. 49】	④	【No. 79】	②	【No.109】	④
【No. 20】	④	【No. 50】	⑤	【No. 80】	④	【No.110】	⑤
【No. 21】	②	【No. 51】	①	【No. 81】	②	【No.111】	①
【No. 22】	②	【No. 52】	②	【No. 82】	⑤	【No.112】	⑤
【No. 23】	①	【No. 53】	①	【No. 83】	③	【No.113】	①
【No. 24】	④	【No. 54】	②	【No. 84】	③	【No.114】	③
【No. 25】	③	【No. 55】	③	【No. 85】	①	【No.115】	④
【No. 26】	②	【No. 56】	②	【No. 86】	④	【No.116】	④
【No. 27】	③	【No. 57】	②	【No. 87】	⑤	【No.117】	①
【No. 28】	④	【No. 58】	⑤	【No. 88】	①	【No.118】	⑤
【No. 29】	①	【No. 59】	⑤	【No. 89】	②	【No.119】	②
【No. 30】	④	【No. 60】	①	【No. 90】	⑤	【No.120】	⑤

適性試験解答用紙（TAC PUBLISHING Group オリジナル）

正しいマークの仕方

悪いマークの例　うすい

受験番号		氏名	

解答数		誤答数（1）		正答数（2）	▶	正答数（2）		誤答数（1）		得点
	－		＝				－		＝	

	①②③④⑤		①②③④⑤		①②③④⑤		①②③④⑤
【1】		【31】		【61】		【91】	
【2】		【32】		【62】		【92】	
【3】		【33】		【63】		【93】	
【4】		【34】		【64】		【94】	
【5】		【35】		【65】		【95】	
	①②③④⑤		①②③④⑤		①②③④⑤		①②③④⑤
【6】		【36】		【66】		【96】	
【7】		【37】		【67】		【97】	
【8】		【38】		【68】		【98】	
【9】		【39】		【69】		【99】	
【10】		【40】		【70】		【100】	
	①②③④⑤		①②③④⑤		①②③④⑤		①②③④⑤
【11】		【41】		【71】		【101】	
【12】		【42】		【72】		【102】	
【13】		【43】		【73】		【103】	
【14】		【44】		【74】		【104】	
【15】		【45】		【75】		【105】	
	①②③④⑤		①②③④⑤		①②③④⑤		①②③④⑤
【16】		【46】		【76】		【106】	
【17】		【47】		【77】		【107】	
【18】		【48】		【78】		【108】	
【19】		【49】		【79】		【109】	
【20】		【50】		【80】		【110】	
	①②③④⑤		①②③④⑤		①②③④⑤		①②③④⑤
【21】		【51】		【81】		【111】	
【22】		【52】		【82】		【112】	
【23】		【53】		【83】		【113】	
【24】		【54】		【84】		【114】	
【25】		【55】		【85】		【115】	
	①②③④⑤		①②③④⑤		①②③④⑤		①②③④⑤
【26】		【56】		【86】		【116】	
【27】		【57】		【87】		【117】	
【28】		【58】		【88】		【118】	
【29】		【59】		【89】		【119】	
【30】		【60】		【90】		【120】	

（キリトリ）

適性試験解答用紙（TAC PUBLISHING Group オリジナル）

正しいマークの仕方 ⬬　悪いマークの例（うすい）

受験番号		氏名	

解答数		誤答数（1）		正答数（2）	▶	正答数（2）		誤答数（1）		得点
	−		＝				−		＝	

【1】～【120】 ① ② ③ ④ ⑤

（キリトリ）

適性試験解答用紙（TAC PUBLISHING Group オリジナル）

正しいマークの仕方

悪いマークの例　うすい

受験番号		氏名	

解答数 － 誤答数（1） ＝ 正答数（2）　▶　正答数（2） － 誤答数（1） ＝ 得点

	① ② ③ ④ ⑤		① ② ③ ④ ⑤		① ② ③ ④ ⑤		① ② ③ ④ ⑤
【1】		【31】		【61】		【91】	
【2】		【32】		【62】		【92】	
【3】		【33】		【63】		【93】	
【4】		【34】		【64】		【94】	
【5】		【35】		【65】		【95】	
【6】		【36】		【66】		【96】	
【7】		【37】		【67】		【97】	
【8】		【38】		【68】		【98】	
【9】		【39】		【69】		【99】	
【10】		【40】		【70】		【100】	
【11】		【41】		【71】		【101】	
【12】		【42】		【72】		【102】	
【13】		【43】		【73】		【103】	
【14】		【44】		【74】		【104】	
【15】		【45】		【75】		【105】	
【16】		【46】		【76】		【106】	
【17】		【47】		【77】		【107】	
【18】		【48】		【78】		【108】	
【19】		【49】		【79】		【109】	
【20】		【50】		【80】		【110】	
【21】		【51】		【81】		【111】	
【22】		【52】		【82】		【112】	
【23】		【53】		【83】		【113】	
【24】		【54】		【84】		【114】	
【25】		【55】		【85】		【115】	
【26】		【56】		【86】		【116】	
【27】		【57】		【87】		【117】	
【28】		【58】		【88】		【118】	
【29】		【59】		【89】		【119】	
【30】		【60】		【90】		【120】	

（キリトリ）

適性試験解答用紙（TAC PUBLISHING Group オリジナル）

正しいマークの仕方

悪いマークの例　うすい

受験番号		氏名	

解答数 － 誤答数(1) ＝ 正答数(2) ▶ 正答数(2) － 誤答数(1) ＝ 得点

	①	②	③	④	⑤
【1】〜【120】					

(キリトリ)

適性試験解答用紙（TAC PUBLISHING Group オリジナル）

正しいマークの仕方　　悪いマークの例　うすい

受験番号		氏名	

解答数		誤答数(1)		正答数(2)	▶	正答数(2)		誤答数(1)		得点
	−		=				−		=	

	① ② ③ ④ ⑤		① ② ③ ④ ⑤		① ② ③ ④ ⑤		① ② ③ ④ ⑤
【1】		【31】		【61】		【91】	
【2】		【32】		【62】		【92】	
【3】		【33】		【63】		【93】	
【4】		【34】		【64】		【94】	
【5】		【35】		【65】		【95】	
【6】		【36】		【66】		【96】	
【7】		【37】		【67】		【97】	
【8】		【38】		【68】		【98】	
【9】		【39】		【69】		【99】	
【10】		【40】		【70】		【100】	
【11】		【41】		【71】		【101】	
【12】		【42】		【72】		【102】	
【13】		【43】		【73】		【103】	
【14】		【44】		【74】		【104】	
【15】		【45】		【75】		【105】	
【16】		【46】		【76】		【106】	
【17】		【47】		【77】		【107】	
【18】		【48】		【78】		【108】	
【19】		【49】		【79】		【109】	
【20】		【50】		【80】		【110】	
【21】		【51】		【81】		【111】	
【22】		【52】		【82】		【112】	
【23】		【53】		【83】		【113】	
【24】		【54】		【84】		【114】	
【25】		【55】		【85】		【115】	
【26】		【56】		【86】		【116】	
【27】		【57】		【87】		【117】	
【28】		【58】		【88】		【118】	
【29】		【59】		【89】		【119】	
【30】		【60】		【90】		【120】	

（キリトリ）

適性試験解答用紙（TAC PUBLISHING Group オリジナル）

正しいマークの仕方　　悪いマークの例　うすい

受験番号		氏名	

解答数 － 誤答数（1） ＝ 正答数（2） ▶ 正答数（2） － 誤答数（1） ＝ 得点

① ② ③ ④ ⑤	① ② ③ ④ ⑤	① ② ③ ④ ⑤	① ② ③ ④ ⑤
【1】	【31】	【61】	【91】
【2】	【32】	【62】	【92】
【3】	【33】	【63】	【93】
【4】	【34】	【64】	【94】
【5】	【35】	【65】	【95】
【6】	【36】	【66】	【96】
【7】	【37】	【67】	【97】
【8】	【38】	【68】	【98】
【9】	【39】	【69】	【99】
【10】	【40】	【70】	【100】
【11】	【41】	【71】	【101】
【12】	【42】	【72】	【102】
【13】	【43】	【73】	【103】
【14】	【44】	【74】	【104】
【15】	【45】	【75】	【105】
【16】	【46】	【76】	【106】
【17】	【47】	【77】	【107】
【18】	【48】	【78】	【108】
【19】	【49】	【79】	【109】
【20】	【50】	【80】	【110】
【21】	【51】	【81】	【111】
【22】	【52】	【82】	【112】
【23】	【53】	【83】	【113】
【24】	【54】	【84】	【114】
【25】	【55】	【85】	【115】
【26】	【56】	【86】	【116】
【27】	【57】	【87】	【117】
【28】	【58】	【88】	【118】
【29】	【59】	【89】	【119】
【30】	【60】	【90】	【120】

（キリトリ）

国家一般職（高卒者）・地方初級
公務員試験　適性試験対策やればやるほど伸びるトレーニング　第3版

2018年3月26日　初　版　第1刷発行
2023年2月20日　第3版　第1刷発行
2024年5月2日　　　　　第2刷発行

編著者　TAC株式会社（出版事業部編集部）

発行者　多田敏男
発行所　TAC株式会社　出版事業部（TAC出版）
〒101-8383
東京都千代田区神田三崎町 3-2-18
電話 03（5276）9492（営業）
FAX 03（5276）9674
https://shuppan.tac-school.co.jp

印　刷　株式会社　ワ　コ　ー
製　本　株式会社　常　川　製　本

ISBN 978-4-300-10555-9
N.D.C. 317

乱丁・落丁による交換、および正誤のお問合せ対応は、該当書籍の改訂版刊行月末日までといたします。なお、交換につきましては、書籍の在庫状況等により、お受けできない場合もございます。
また、各種本試験の実施の延期、中止を理由とした本書の返品はお受けいたしません。返金もいたしかねますので、あらかじめご了承くださいますようお願い申し上げます。

TAC出版 書籍のご案内

TAC出版では、資格の学校TAC各講座の定評ある執筆陣による資格試験の参考書をはじめ、資格取得者の開業法や仕事術、実務書、ビジネス書、一般書などを発行しています！

TAC出版の書籍

＊一部書籍は、早稲田経営出版のブランドにて刊行しております。

資格・検定試験の受験対策書籍

- 日商簿記検定
- 建設業経理士
- 全経簿記上級
- 税　理　士
- 公認会計士
- 社会保険労務士
- 中小企業診断士
- 証券アナリスト
- ファイナンシャルプランナー(FP)
- 証券外務員
- 貸金業務取扱主任者
- 不動産鑑定士
- 宅地建物取引士
- 賃貸不動産経営管理士
- マンション管理士
- 管理業務主任者
- 司法書士
- 行政書士
- 司法試験
- 弁理士
- 公務員試験(大卒程度・高卒者)
- 情報処理試験
- 介護福祉士
- ケアマネジャー
- 電験三種　ほか

実務書・ビジネス書

- 会計実務、税法、税務、経理
- 総務、労務、人事
- ビジネススキル、マナー、就職、自己啓発
- 資格取得者の開業法、仕事術、営業術

一般書・エンタメ書

- ファッション
- エッセイ、レシピ
- スポーツ
- 旅行ガイド（おとな旅プレミアム/旅コン）

書籍のご購入は

1 全国の書店、大学生協、ネット書店で

2 TAC各校の書籍コーナーで

資格の学校TACの校舎は全国に展開!
校舎のご確認はホームページにて

資格の学校TAC ホームページ
https://www.tac-school.co.jp

3 TAC出版書籍販売サイトで

CYBER BOOK STORE TAC出版書籍販売サイト

24時間ご注文受付中

https://bookstore.tac-school.co.jp/

新刊情報をいち早くチェック!

たっぷり読める立ち読み機能

学習お役立ちの特設ページも充実!

TAC出版書籍販売サイト「サイバーブックストア」では、TAC出版および早稲田経営出版から刊行されている、すべての最新書籍をお取り扱いしています。
また、会員登録(無料)をしていただくことで、会員様限定キャンペーンのほか、送料無料サービス、メールマガジン配信サービス、マイページのご利用など、うれしい特典がたくさん受けられます。

サイバーブックストア会員は、特典がいっぱい!(一部抜粋)

通常、1万円(税込)未満のご注文につきましては、送料・手数料として500円(全国一律・税込)頂戴しておりますが、1冊から無料となります。

専用の「マイページ」は、「購入履歴・配送状況の確認」のほか、「ほしいものリスト」や「マイフォルダ」など、便利な機能が満載です。

メールマガジンでは、キャンペーンやおすすめ書籍、新刊情報のほか、「電子ブック版TACNEWS(ダイジェスト版)」をお届けします。

書籍の発売を、販売開始当日にメールにてお知らせします。これなら買い忘れの心配もありません。

書籍の正誤に関するご確認とお問合せについて

書籍の記載内容に誤りではないかと思われる箇所がございましたら、以下の手順にてご確認とお問合せをしてくださいますよう、お願い申し上げます。
なお、正誤のお問合せ以外の**書籍内容に関する解説および受験指導などは、一切行っておりません。**
そのようなお問合せにつきましては、お答えいたしかねますので、あらかじめご了承ください。

「Cyber Book Store」にて正誤表を確認する

TAC出版書籍販売サイト「Cyber Book Store」の
トップページ内「正誤表」コーナーにて、正誤表をご確認ください。

URL:https://bookstore.tac-school.co.jp/

2 1の正誤表がない、あるいは正誤表に該当箇所の記載がない ⇒ 下記①、②のどちらかの方法で文書にて問合せをする

★ご注意ください★

お電話でのお問合せは、お受けいたしません。
①、②のどちらの方法でも、お問合せの際には、「お名前」とともに、
「対象の書籍名(○級・第○回対策も含む)およびその版数(第○版・○○年度版など)」
「お問合せ該当箇所の頁数と行数」
「誤りと思われる記載」
「正しいとお考えになる記載とその根拠」
を明記してください。
なお、回答までに1週間前後を要する場合もございます。あらかじめご了承ください。

① ウェブページ「Cyber Book Store」内の「お問合せフォーム」より問合せをする

【お問合せフォームアドレス】

https://bookstore.tac-school.co.jp/inquiry/

② メールにより問合せをする

【メール宛先　TAC出版】

syuppan-h@tac-school.co.jp

※土日祝日はお問合せ対応をおこなっておりません。
※正誤のお問合せ対応は、該当書籍の改訂版刊行月末日までといたします。

乱丁・落丁による交換は、該当書籍の改訂版刊行月末日までといたします。なお、書籍の在庫状況等により、お受けできない場合もございます。
また、各種本試験の実施の延期、中止を理由とした本書の返品はお受けいたしません。返金もいたしかねますので、あらかじめご了承くださいますようお願い申し上げます。

TACにおける個人情報の取り扱いについて
■お預かりした個人情報は、TAC(株)で管理させていただき、お問合せへの対応、当社の記録保管にのみ利用いたします。お客様の同意なしに業務委託先以外の第三者に開示、提供することはございません(法令等により開示を求められた場合を除く)。その他、個人情報保護管理者、お預かりした個人情報の開示等及びTAC(株)への個人情報の提供の任意性については、当社ホームページ(https://www.tac-school.co.jp)をご覧いただくか、個人情報に関するお問い合わせ窓口(E-mail:privacy@tac-school.co.jp)までお問合せください。

(2022年7月現在)